中國學術思想 研究輯刊

二五編

林 慶 彰 主編

第 16 冊

朱子聖人觀念考述（下）

劉 炳 瑞 著

花木蘭文化出版社

國家圖書館出版品預行編目資料

朱子聖人觀念考述（下）／劉炳瑞 著－初版－新北市：
花木蘭文化出版社，2017〔民106〕
目 4+182 面；19×26 公分
（中國學術思想研究輯刊 二五編：第 16 冊）
ISBN 978-986-404-927-1（精裝）
1.（宋）朱熹 2. 學術思想 3. 朱子學
030.8   106001001

ISBN-978-986-404-927-1

中國學術思想研究輯刊
二五編　第十六冊　　　　　　　　ISBN：978-986-404-927-1

朱子聖人觀念考述（下）

作　　者　劉炳瑞
主　　編　林慶彰
總 編 輯　杜潔祥
副總編輯　楊嘉樂
編　　輯　許郁翎、王筑　美術編輯　陳逸婷
出　　版　花木蘭文化出版社
社　　長　高小娟
聯絡地址　235 新北市中和區中安街七二號十三樓
　　　　　電話：02-2923-1455／傳真：02-2923-1452
網　　址　http://www.huamulan.tw 信箱 hml810518@gmail.com
印　　刷　普羅文化出版廣告事業
封面設計　劉開工作室
初　　版　2017 年 3 月
全書字數　327422 字
定　　價　二五編 20 冊（精裝）新台幣 38,000 元　　版權所有·請勿翻印

朱子聖人觀念考述（下）

劉炳瑞　著

目次

第四章　道　統
——朱子視域中的聖人譜系

第一節　「道統」觀念的由來及譜系

「道統」一詞的出現雖晚在宋代，而其觀念實肇端於《論語》和《孟子》。《論語·堯曰》首章記載了堯、舜、禹三聖禪讓之際的話語：「堯曰：『咨！爾舜！天之曆數在爾躬，允執厥中。四海困窮，天祿永終。』舜亦以命禹。」此章還記載了湯武革命之際所告諸侯的誓師之辭。朱子在此章的結末引用了楊時一段話：

> 《論語》之書，皆聖人微言，而其徒傳守之，以明斯道者也。
> 故於終篇，具載堯舜咨命之言，湯武誓師之意，與夫施諸政事者，
> 以明聖學之所傳者，一於是而已，所以著明二十篇之大旨。《孟子》
> 終篇亦歷敘堯、舜、湯、文、孔子相承之次，皆此意也〔註1〕。

孟子認爲「五百年必有王者興，其間必有名世者」（《孟子·公孫丑下》）〔註2〕，其書結尾也有一段與《論語·堯曰》首章類似的話：

> 由堯舜至於湯，五百有餘歲，若禹、皋陶，則見而知之；若湯，
> 則聞而知之；由湯至於文王，五百有餘歲，若伊尹、萊朱，則見而

〔註1〕　《論語集注》第二十，頁195～196。
〔註2〕　朱子注曰：「自堯舜至湯，自湯至文武，皆五百餘年而聖人出。名世，謂其人德業聞望可名於一世者，爲之輔佐，若皋陶、稷、契、伊尹、萊朱、太公望、散宜生之類。」（《孟子集注·公孫丑下》，頁252）。

知之；若文王，則聞而知之。由文王至於孔子，五百有餘歲，若太
公望、散宜生，則見而知之；若孔子，則聞而知之。由孔子而來至
於今，百有餘歲，去聖人之世，若此其未遠也；近聖人之居，若此
其甚也，然而無有乎爾，則亦無有乎爾。（《孟子‧盡心下》）

朱子將這段話與《論語‧堯曰》首章並視爲記載上古聖王授受之際的重
要文獻，他注解《孟子》這段文字說：「此言雖若不敢自謂已得其傳，而憂後
世遂失其傳，然乃所以自見其有不得辭者，而又以見夫天理民彝不可泯滅，
百世之下，必將有神會而心得之者耳。故於篇終，歷序群聖之統，而終之以
此，所以明其傳之有在，而又以俟後聖於無窮也，其指深哉！」〔註3〕在這段
注解之後，朱子更是將讀者的視域引向宋代：

有宋元豐八年，河南程顥伯淳卒。潞公文彥博題其墓曰「明道
先生」。而其弟頤正叔序之曰：「周公殁，聖人之道不行；孟軻死，
聖人之學不傳。道不行，百世無善治；學不傳，千載無眞儒。無善
治，士猶得以明夫善治之道，以淑諸人，以傳諸後；無眞儒，則天
下貿貿焉莫知所之，人欲肆而天理滅矣。先生生乎千四百年之後，
得不傳之學於遺經，以興起斯文爲己任，辨異端，闢邪說，使聖人
之道煥然復明於世。蓋自孟子之後，一人而已……」

朱子由此而創爲「道統」之說。「道統」始見於朱子《中庸章句序》〔註4〕：

蓋上古聖神繼天立極，而道統之傳其來有自。……夫堯舜禹，
天下之大聖也。以天下相傳，天下之大事也……自是以來，聖聖相
傳：若成湯、文、武之爲君，皋陶、伊、傅、周、召之爲臣，既皆
以此而接夫道統之傳，若吾夫子，則雖不得其位，而所以繼往聖、
開來學，其功反有賢於堯、舜者〔註5〕。

值得注意的是，朱子的「道統」之說也透過韓愈而間接受禪宗影響：

斯吾所謂道也，非向所謂老與佛之道也。堯以是傳之舜，舜以
是傳之禹，禹以是傳之湯，湯以是傳之文、武、周公，文、武、周
公傳之孔子，孔子傳之孟軻。軻之死，不得其傳焉。（《原道》）

〔註3〕 《孟子集注‧盡心下》，頁 385。
〔註4〕 陳榮捷：《朱子論集》之《朱熹集新儒學之大成》，台北：學生書局，1982，
頁 13。
〔註5〕 朱子：《中庸章句序》，頁 14～15。

　　陳寅恪考察了韓愈孩提時代隨從兄播遷嶺韶的經歷，斷定韓愈深處新禪宗發祥之地、禪宗新學說宣傳極盛之時，斷不能毫不受其影響。韓愈的道統觀念看似受《孟子》最後一章啓發，實際是受禪宗「教外別傳」之說的啓發〔註6〕。

　　宋代學者由於對「道」的理解不盡相同，因而其所繫傳道之人也存在很大的差異，概言之，比較有影響的傳道者譜系主要有以下幾種：

諸家所列傳道者名錄

列譜者＼傳道者	伏羲	神農	黃帝	堯	舜	禹	湯	文武	周公	孔子	曾子	子思	孟子	荀子	賈誼	董仲舒	揚雄	王通	韓愈	柳宗元	周敦頤	二程	朱子
韓愈				○	○	○	○	○	○	○			○	×			×						
柳開				○	○	○	○	○	○	○			○				○	○	○				
孫復				○	○	○	○	○	○	○			○			○		○	○				
石介	○		○	○	○	○	○	○	○	○			○										
智圓				○	○	○	○	○	○	○			○	○			○	○		○			
契嵩				○	○	○	○	○	○	○			○	○			○						
李覯				○	○	○	○	○	○	○			⊗										
張載	○	○	○	○	○	○	○	○	○	○			○	×	×	×	×	×	×	×			
二程				○	○	○	○	○	○	○			○								○		
胡宏	○	○	○	○	○	○	○	○	○	○			○	×	×	×	×	×	×	×		○	
朱子	○	○	○	○	○	○	○	○	○	○			○	×	×	×	×	×	×	×	○	○	○

○表示爲傳道者，⊗表示由認同轉爲否定，×表示非傳道者（包括有明文提及、據文義推斷得出者兩類），空缺處表示並未談及其是否傳道

〔註6〕《金明館叢稿初編・論韓愈》，頁319～321。

備注：

1. 韓愈的譜系見於《原道》：「斯吾所謂道也，非向所謂老與佛之道也。堯以是傳之舜，舜以是傳之禹，禹以是傳之湯，湯以是傳之文、武、周公，文、武、周公傳之孔子，孔子傳之孟軻。軻之死，不得其傳焉。荀與揚也，擇焉而不精，語焉而不詳。」韓愈所列孔子以上譜系似受《白虎通義》影響，《白虎通義》卷七《聖人》曰：「聖人未歿時，寧知其聖乎？曰：知之。《論語》曰：『太宰問子貢曰：「夫子聖者歟？」孔子曰：「太宰知我乎？」』聖人亦自知聖乎？曰：知之。孔子曰：『文王既歿，文不在茲乎。』何以知帝、王聖人也？《易》曰：『古者伏羲氏之王天下也』，『於是始作八卦』。又曰：『伏羲氏歿，神農氏作』，『神農歿，黃帝、堯、舜氏作』。文俱言『作』，明皆聖人也。《論語》曰：『聖乎，堯舜其由病諸。』何以言禹、湯聖人？《論語》曰：『巍巍乎舜、禹之有天下而不預焉。』與舜比方巍巍，知禹、湯聖人。《春秋傳》曰：『湯以盛德故放桀。』何以言文、武、周公皆聖人？《詩》曰：『文王受命。』非聖不能受命。《易》曰：『湯武革命，順乎天。』湯武與文王比方。《孝經》曰：『則周公其人也。』下言『夫聖人之德，又何以加于孝乎？』」〔註7〕

2. 柳開的譜系是依據《柳開集》卷六《答臧丙第一書》：「嗚呼！聖人之道，傳之以有時矣。三代已前，我得而知之；三代已後，我得而言之，在乎堯、舜、禹、湯、文、武、周公也。執而行之，用化天下，……昔先師夫子，大聖人也，……厥後寖微，楊墨交亂，聖人之道復將墜矣。……孟軻氏出而佐之，辭而闢之，聖人之道復存焉。……孟軻氏沒，聖人之道火於秦，黃老於漢。天知其是也，再生揚雄氏以正之，聖人之道復明焉。……揚雄氏沒，佛於魏、隋之間譸亂紛紛，……重生王通氏以明之，而不耀於天下也。出百餘年，俾韓愈氏驟登其區，廣開以辭，聖人之道復大於唐焉。……自韓愈氏沒，無人焉。今我之所以成章者，亦將復先師夫子之道也。」〔註8〕

3. 孫復的譜系是依據《孫明復小集》卷二《通道堂記》：「吾之所謂道者，堯、舜、禹、湯、文、武、周公、孔子之道也，孟軻、

〔註7〕 陳立：《白虎通疏證》卷七《聖人》，北京：中華書局，1994，頁336。
〔註8〕 《柳開集》卷六《答臧丙第一書》，頁72～74。

荀卿、揚雄、王通、韓愈之道也。」又同卷《答張洞書》曰：「自漢唐以文垂世者眾矣，然多楊墨佛老虛無報應之事、沈謝徐庾妖豔邪侈之辭。至於始終仁義、不叛不離者，惟董仲舒、揚雄、王通、韓愈而已。」〔註9〕

4. 石介的譜系綜合了《徂徠石先生文集》的幾篇文獻，分別是卷五《怪說中》：「昔楊翰林欲以文章為宗於天下，憂天下未盡信己之道，於是盲天下人目，聾天下人耳，使天下人目盲，不見有周公、孔子、孟軻、揚雄、文中子、韓吏部之道；使天下人耳聾，不聞有周公、孔子、孟軻、揚雄、文中子、韓吏部之道。」卷六《復古制》：「夫禮樂、刑政、制度，難備也久矣。始伏羲氏，歷於神農、黃帝、堯、舜、禹、湯、文、武、周公、孔子十有一聖人，然後大備矣。夫十一聖人，思之亦已深矣，經之亦已遠矣，其巧亦已至矣，其智亦已盡矣。後人有作，乃各尚一時之能，苟肆一時之欲，而盡廢古人之制。……吁！且伏羲、神農、黃帝、堯、舜、禹、湯、文、武、周公、孔子十一聖人為之制，信可以萬世常行而不易也。後世無伏羲、神農、黃帝、堯、舜、禹、湯、文、武、周公、孔子，則勿請更作制。後世有伏羲、神農、黃帝、堯、舜、禹、湯、文、武、周公、孔子，則請起今之亡而復古之制歟！」另外，卷七《尊韓》所列的譜系比上面多出少昊氏、顓頊氏、高辛氏三人：「噫！伏羲氏、神農氏、黃帝氏、少昊氏、顓頊氏、高辛氏、唐堯氏、虞舜氏、禹、湯氏、文、武、周公、孔子者十有四聖人，孔子為聖人之至。噫！孟軻氏、荀況氏、揚雄氏、王通氏、韓愈氏五賢人，吏部為賢人而卓。不知更幾千萬億年復有孔子，不知更幾千數百年復有吏部」。在綜合卷十二《上張兵部書》、卷十五《答歐陽永叔書》等文獻之後，可知少昊氏、顓頊氏、高辛氏在石介書中僅一見，在諸儒中亦僅此一見，故不列於表中〔註10〕。石介將少昊、顓頊、高辛列入譜系的

〔註 9〕　《孫明復小集》之《通道堂記》、《答張洞書》，《四庫全書》第1090冊，頁173～176。

〔註10〕　《徂徠石先生文集》卷五《怪說中》，頁62；卷六《復古制》，頁70；卷七《尊韓》，頁79；卷十二《上張兵部書》，頁141；卷十五《答歐陽永叔書》，頁176～177。

說法實源自於僞孔安國《尚書序》:「古者伏犧氏之王天下也,始畫八卦,造書契,以代結繩之政,由是文籍生焉。伏羲、神農、黃帝之書,謂之《三墳》,言大道也;少昊、顓頊、高辛、唐、虞之書,謂之《五典》,言常道也。」〔註11〕

5. 智圓的譜系依據《閒居編》卷十六《對友人問》:「古者周公聖人,既攝政,於是制禮作樂,號令天下,章章然,巍巍然。至於周室衰弱,王綱解紐,禮喪樂崩,號令不行,孔子有聖德而無聖位,乃刪《詩》、《書》,定禮樂,贊《易》道,約魯史,修《春秋》,以代賞罰,使亂臣賊子懼。仲尼無他也,述周公之道也。孔子沒,微言絕,異端起,而孟軻生焉,述周孔之道,非距楊墨。漢興雜霸,王莽僭篡,楊雄生焉,撰《太玄》、《法言》,述周、孔、孟軻之道,以救其弊。漢、魏以降,至晉惠不道,中原喪亂,賞罰不行。隋世王通生焉,修六經代賞罰,以晉惠始,而《續經》、《中說》行焉,蓋述周、孔、軻、雄之道也。唐德天下,房、魏既沒,王、楊、盧、駱作淫侈之文,悖亂正道,後韓、柳生焉,宗古還淳,以述周、孔、軻、雄、王通之道也。」卷二七《敘傳神》:「仲尼得唐、虞、禹、湯、文、武、姬公之道。仲尼既沒,能嗣仲尼之道者,惟孟軻、荀卿、揚子雲、王仲淹、韓退之、柳子厚而已。」〔註12〕

6. 契嵩的譜系係依據《鐔津集》卷十五《文中子碑》:「堯、舜,得聖人之道者也;禹、湯、文、武、周公,得聖人之才者也;兼斯二者,得於聖人,孔子仲尼者也。故曰『夫子賢於堯舜遠矣』。仲尼沒百餘年,而有孟軻氏作,雖不及仲尼,而啓乎仲尼者也。孟軻沒而有荀卿子作,荀卿沒而楊子雲繼之。荀與楊,贊乎仲尼者也,教專而道不一,孟氏爲次焉。去仲尼千餘年,而生於陳隋之間,號文中子者……肖乎仲尼者也。時天下失道,諸侯卿大夫不能修之,獨

〔註11〕 孔安國、孔穎達:《尚書正義》卷一《尚書序》上海:上海古籍出版社,2007,頁 2～4。

〔註12〕 《閒居編》卷十六《對友人問》、卷二七《敘傳神》,見於 CBETA 中華電子佛典協會電子佛典集成在線版,這兩段文字的查閱地址分別是 http://cbetaonline.dila.edu.tw/#/X0949_016,http://cbetaonline.dila.edu.tw/#/X0949_027,查閱日期爲 2016 年 8 月 13 日。

文中子動率以禮，務正人拯物……因採漢魏與六代之政，文之爲續經，廣教化於後世也。非有聖人之道、聖人之才而孰能與於此乎！文中之與仲尼，猶日而月之也。」〔註13〕

7. 李覯的譜系依據《李覯集》祖無擇序：「孔子沒千有餘祀，斯文衰歇。其間作者孟軻、荀卿、賈誼、董仲舒、揚雄、王通之徒，異代相望而不能興衰救敝者，位不得而志不行也。……盱江李泰伯，其有孟軻氏六君子之深心焉。」《李覯集》外集卷三《門人陳次公撰先生墓誌銘》：「余侍先生，得堯、舜、禹、湯，文、武、周公、孔子之事甚詳，皆本《書》、《詩》，非諸子之緒言也。」〔註14〕李覯於孟子的態度比較複雜（見本書相關章節），先是尊孟，後又作《常語》以非孟，故而在表中標示⊗以作分別。

8. 張載的譜系綜合以下幾則材料，並有所推斷：《正蒙·作者》：「『作者七人』，伏羲、神農、皇帝、堯、舜、禹、湯，制法興王之道，非有述于人者也。」〔註15〕又，《經學理窟·周禮》：「自孟軻而下，無復其人。揚雄擇聖人之精，艱難而言之正，止得其淺近者，使之爲政又不知如何，據此所知，又不遇其時，無所告訴。然揚雄比董生孰優？雄所學雖正當，而德性不及董生之博大，但其學差溺於《公羊》讖緯而已。」〔註16〕《經學理窟·義理》：「古之學者便立天理，孔孟而後，其心不傳，如荀揚皆不能知。」〔註17〕又，《經學理窟·自道》：「若仲尼在洙、泗之間，修仁義，興教化，歷後千有餘年，用之不已。今倡此道，不知如何，自來元不曾有人說著，如揚雄、王通又皆不見，韓愈又只尚閒言詞。」〔註18〕《性理拾遺》：「自孔孟而下，荀況、揚雄、王仲淹、韓愈，學亦未能及聖人。」〔註19〕由這幾段文字進行推斷，張載實摒除孟子以下的所有儒者，

〔註13〕　《鐔津文集》卷十五《文中子碑》，《四部叢刊三編》影印鐵琴銅劍樓藏明弘治己未刊本，頁1A～2B。

〔註14〕　李覯：《李覯集》收祖無擇《直講李先生文集序》序，北京：中華書局，2011年第2版，頁1；外集卷三《門人陳次公撰先生墓誌銘》，頁513。

〔註15〕　《張載集》之《正蒙·作者》，頁37。

〔註16〕　《張載集》之《經學理窟·周禮》，頁251。

〔註17〕　《張載集》之《經學理窟·義理》，頁273。

〔註18〕　《張載集》之《經學理窟·自道》，頁291。

〔註19〕　《張載集》之《性理拾遺》，頁373。

荀子、賈誼、董仲舒、揚雄、王通、韓愈、柳宗元等都在其排除之列。

9. 二程的譜系是對以下幾則材料的綜合整理及推斷：增加曾子、子思是因爲：「孔子沒，曾子之道日益光大。孔子沒，傳孔子之道者，曾子而已。曾子傳之子思，子思傳之孟子，孟子死，不得其傳，至孟子而聖人之道益尊。」〔註20〕其摒除荀子、董仲舒、揚雄、韓愈四人是因爲：「揚雄、韓愈說性，正說著才也」〔註21〕，「漢儒如毛萇、董仲舒，最得聖賢之意，然見道不甚分明。下此，即至楊雄，規模窄狹。道即性也。言性已錯，更何所得？」〔註22〕「楊子，無自得者也，故其言蔓衍而不斷，優遊而不決。其論性則曰：『人之性也善惡混，修其善則爲善人，修其惡則爲惡人。』荀子，悖聖人者也，……而謂人之性惡。性果惡邪？」〔註23〕「荀子極偏駁，只一句『性惡』，大本已失。楊子雖少過，然已自不識性，更說甚道？」〔註24〕二程對王通的態度比較模糊，程頤肯定了王通是「隱德君子」，「通之所得，粹矣」，但其書多爲後人勦入而非自著，「續經，其僭益甚矣」〔註25〕。在這樣的情況下考察王通是否得聖人之道則考之無據。實際上，程頤所作《明道先生墓誌銘》說：「先生生乎千四百年之後，得不傳之學於遺經，以興起斯文爲己任。辨異端，闢邪說，使聖人之道煥然復明於世，蓋自孟子之後，一人而已」〔註26〕，這就意味著程顥是直接接續孟子之道的第一人，其餘則無足觀。

10. 胡宏的譜系也是對以下材料的綜合整理和推斷：《知言·大學》：「伏羲、神農、黃帝、堯、舜、禹、湯、文、武、周公、孔子、孟軻之學，立天地之經，成萬物之性者。」〔註27〕《胡宏集》之《程子雅言前序》：「及顏氏子死，夫子沒，曾氏子嗣焉。曾氏子死，孔

〔註20〕 《二程集·河南程氏遺書》卷二五《伊川先生語》，頁327。
〔註21〕 《二程集·河南程氏遺書》卷十九《伊川先生語五》，頁252。
〔註22〕 《二程集·河南程氏遺書》卷一《二先生語一》，頁7。
〔註23〕 《二程集·河南程氏遺書》卷二五《伊川先生語十一》，頁325。
〔註24〕 《二程集·河南程氏遺書》卷十九《伊川先生語五》，頁262。
〔註25〕 《二程集·河南程氏粹言》卷下《賢聖篇》，頁1234。
〔註26〕 《二程集·河南程氏文集》卷十一《明道先生墓表》，頁640。
〔註27〕 《胡宏集》之《知言·大學》，頁32。

子之孫繼之。于其沒也，孟氏實得其傳。孟氏既沒，百家雄張，著書立言，千章萬句，與六經並駕爭衡。其間最名純雅、不駁于正統者，莫如荀、揚。然荀氏以不易之理爲僻，不精之甚也；揚氏以作用得後爲心，人欲之私也。故韓子斷之曰：『軻之死，不得其傳。』……或曰：然則斯文遂絕矣乎？……然則屬之誰乎？曰：程氏兄弟，明道先生、伊川先生也。」〔註28〕《周子通書序》曰：「粵若稽古孔子，述三五之道，立百王經世之法，孟軻氏闢楊墨，推明孔子之澤，以爲萬世不斬，人謂孟氏功不在禹下。今周子啟程氏兄弟以不傳之妙，一回萬古之光明，如日麗天，將爲百世之利澤，如水行地。其功蓋在孔孟之間矣。」〔註29〕

11. 朱子的譜系依據陳榮捷《朱子集新儒學之大成》〔註30〕。

第二節　朱子的聖人譜系

列聖相傳的觀念在宋代發揚光大之後，誰能被納入這個譜系則是另外一件非常重要的事〔註31〕。自韓愈以來，諸家所列道統譜系多有不同（所繫人物及其文獻依據詳見上節表格）。從上節所列表格來看，諸家對從堯至孟子的各位聖人納入譜系自無疑義，差異比較大的是堯之前和孟子之後的人物譜系。程朱學派基本上認同韓愈的道統所繫之人，因而接續孟子之道也就成爲宋代道學家努力的方向。朱子繼承和發展了各家的道統觀念，將各家譜系進行綜理，最後成爲這樣一個譜系：

伏羲……神農……黃帝……堯……舜……禹……湯……文、武……周公……孔子……曾子……子思……孟子……周子……二程子……朱子〔註32〕

〔註28〕 《胡宏集》之《程子雅言前序》，頁156～158。
〔註29〕 《胡宏集》卷三《周子通書序》，頁161。
〔註30〕 陳榮捷：《朱學論集》，台北：學生書局，1982，頁13～18。
〔註31〕 如孫復的道統所繫之人在孔子之後有董仲舒、揚雄、王通、韓愈；石介也說周公、孔子、孟軻、揚雄、文中子、韓愈之道就是堯、舜、禹、湯、文、武之道。見於陳榮捷：《宋明理學之概念與歷史》，台北：中國文哲研究所籌備處，1996，頁295～296。
〔註32〕 《朱學論集》之《朱子集新儒學之大成》，頁13。

這個譜系與諸家相比，所呈現的差異主要體現在朱子於堯舜之前確定了伏羲、神農、黃帝的地位，在孟子和二程之間加入周敦頤，至於荀子、揚雄、王通、韓愈四人則全部排除在外，下面分述朱子的去取依據。

一、朱子道統譜系列入伏羲、神農和黃帝的原因

朱子《大學章句序》說：「一有聰明睿智慧盡其性者出於其間，則天必命之以為億兆之君師，使之治而教之以復其性，此伏羲、神農、黃帝、堯、舜所以繼天立極，而司徒之職典樂之官所由設也。」〔註33〕這是朱子關於伏羲、神農、黃帝三人地位最重要的論述。其實，這三位聖王作為遞相連貫的聖人有著非常悠久的歷史傳統。這種說法始於《易傳》：

> 古者包犧氏之王天下也，仰則觀象於天，俯則觀法於地，觀鳥獸之文，與地之宜；近取諸身，遠取諸物，於是始作八卦，以通神明之德，以類萬物之情。……包犧氏沒，神農氏作。斲木為耜，揉木為耒，耒耨之利，以教天下，蓋取諸《益》。……神農氏沒，黃帝、堯、舜氏作。通其變，使民不倦；神而化之，使民宜之。易窮則變，變則通，通則久。是以自天祐之，吉無不利。黃帝、堯、舜垂衣裳而天下治，蓋取諸《乾》、《坤》〔註34〕。

伏羲、神農、黃帝在堯、舜之前的功績在此得到呈現。漢人作《白虎通義》延續了《易傳》的說法：

> 何以知帝王聖人也？《易》曰：「古者伏羲氏之王天下也」，「於是始作八卦」。又曰：「伏羲氏歿，神農氏作」，「神農歿，黃帝、堯、舜氏作。」文俱言「作」，明皆聖人也〔註35〕。

《易傳》是宋儒（尤其是道學家）言心言性的重要理論依據。《易傳》的地位雖未像《大學》、《中庸》那樣得到單獨升格，但在自宋至明的這段歷史時期中，《易傳》在一開始就變得極為重要，其中儘管有不少與當時思想方向不一致的地方，但宋明儒者經常採用《易傳》、《中庸》已是習以為常〔註36〕。由此之故，《易傳》將伏羲、神農、黃帝作為上古聖人的說法也被道學家普遍

〔註33〕《大學章句序》，頁1。
〔註34〕王弼、韓康伯：《周易注·繫辭下》，北京：中華書局，2011，頁362～363。
〔註35〕《白虎通義》卷七《聖人》，頁335～336。
〔註36〕勞思光：《新編中國思想史》第二冊，頁88。

接受，如張載說：「作者七人：伏羲、神農、黃帝、堯、舜、禹、湯，制法興王者之道，非有述於人者也。」〔註37〕朱子在堯、舜、禹、湯之前加入伏羲、神農、黃帝三人既有《易傳》的傳統因素，也有近世張載、二程等人的影響，茲不贅言。

二、朱子在二程之前列入周敦頤的兩個原因

全祖望說：「濂溪之門，二程子少嘗遊焉。其後伊洛所得，實不由於濂溪。是在高弟滎陽呂公（希哲）已明言之。……晦翁、南軒始確然以爲二程子所自出。」〔註38〕不過，此說不確，胡宏實爲納周敦頤入道統之第一人。胡宏《通書序略》曰：「粤若稽古孔子，述三五之道，立百王經世之法，孟軻氏闢楊墨，推明孔子之澤，以爲萬世不斬，人謂孟氏功不在禹下。今周子啓程氏兄弟以不傳之妙，一回萬古之光明，如日麗天，將爲百世之利澤，如水行地。其功蓋在孔孟之間矣」〔註39〕。朱子對周敦頤評價很高，謂其「清和」、「靜一」，「看得這理熟，縱橫妙用」〔註40〕。在現實政治生活中，朱子又在其任所爲周敦頤建祠祭祀。淳熙十四年（1187），朱子作《通書注序》。據此可知，朱子推戴周敦頤可謂不遺餘力，並將其列入道統譜系。這其中主要有兩個原因：

第一，二程曾受學於周敦頤，朱子將周敦頤列於二程之前，也正是明其淵源所自。儘管有學者指出二程不曾受學於周敦頤〔註41〕，但朱子認爲二程實則稟父命而受學於周敦頤〔註42〕，故此事無可置疑。程顥回憶當時經歷說：「昔受學於周茂叔，每令尋仲尼顏子樂處，所樂何事？」〔註43〕朱子注「回也不改其樂」（《論語・雍也》）還援引了這段文字。「孔顏樂處」關涉到聖賢氣象這一重要論題（詳見本書相關章節），但「孔顏樂處」並非二程孤發自鳴，惟有將周敦頤置於其前纔能顯得名正而言順：

〔註37〕 《張載集》之《正蒙・作者》，頁37。
〔註38〕 《宋元學案》卷十一《濂溪學案上》，頁480。
〔註39〕 《胡宏集》卷三《周子通書序》，頁161。
〔註40〕 《朱子語類》卷九三《孔孟周張程子》，頁2357，朱子弟子蔡沈亦謂其學「精愨深密」。
〔註41〕 如汪應辰謂「濂溪先生高明純正，然謂二程受學，恐未能盡。」
〔註42〕 《朱子語類》卷九三《孔孟周張程子》：「濂溪在當時，……無有知其學者。惟程太中（二程之父）獨知之。這老子所見如此，宜其生兩程子也。」頁2357。
〔註43〕 《二程集・河南程氏遺書》卷二上《元豐己未呂與叔東見二先生語》，頁16。

　　（周敦頤）掾南安時，程珦通判軍事，視其氣貌非常人，與語，
知其為學知道，因與為友，使二子顥、頤往受業焉。敦頤每令尋孔、
顏樂處，所樂何事，二程之學源流乎此矣，故顥之言曰：「自再見周
茂叔後，吟風弄月以歸。有『吾與點也』之意。」〔註44〕

　　（周敦頤）自少即以學行有聞於世，而莫或知其師傳之所自。
獨以河南兩程夫子嘗受學焉，而得孔孟不傳之正統，則其淵源因可
概見〔註45〕。

　　周敦頤的「孔顏樂處」引出程顥的「吟風弄月以歸」，正見出兩者之間的
精神氣質相類，那他們所追求的境界是怎樣的呢？黃庭堅說：「春陵周茂叔，
人品甚高，胸中灑落，如光風霽月。」〔註46〕這句話被李侗拈出，認為「此
句形容有道者氣象絕佳」〔註47〕。朱子在從學李侗期間，李侗令其體驗「未
發」，希望能以此體驗聖賢氣象和有道境界〔註48〕。朱子正是於此而對周敦頤
學說進行深入瞭解並逐漸產生興趣的，他自述此間經歷說：

　　熹自蚤歲即幸得其遺編而伏讀之，初蓋茫然不知其所謂，而甚
或不能以句。壯歲獲遊延平先生之門，然後始得聞其說之一二。比
年以來，潛玩既久，乃若粗有得焉。雖其宏綱大用所不敢知，然於
其章句文字之間，則有以實見其條理之愈密，意味之愈深，而不我
欺也。顧自始讀以至於今，歲月幾何，倏焉三紀。慨前哲之益遠，
懼妙旨之無傳〔註49〕。

　　李侗對灑落氣象的追求始於程顥，程顥又得之於黃庭堅對周敦頤的稱
譽。程顥講求「仁者渾然與物同體」的和樂自得之境，注重心性修養中的「自
然」，反對著力把持，這即是道學家所追求的「灑落自得」境界。李侗作為程
顥仁學的正傳，他主張在喜怒哀樂未發處存養「肫肫其仁」的仁者氣度，通
過「反身而誠」來呈現「清通和樂之象」，這正是李侗在體驗「未發」時使「心
與理一」所獲得的「灑落自得」氣象。周敦頤、程顥、李侗在這「廓然灑落」、

〔註44〕 《宋史》卷四二七《道學傳·周敦頤》，頁 12712。
〔註45〕 《晦庵集》卷八一《周子通書後記》，《朱子全書》第 24 冊，頁 3856～3857。
〔註46〕 任淵等：《山谷詩集注》別集卷上《濂溪詩並序》，上海：上海古籍出版社，
　　　　2012，頁 1063。
〔註47〕 《延平答問》庚辰（紹興三十年，1160）五月八日書，《朱子全書》第 13 冊，
　　　　頁 322。
〔註48〕 《中國近世思想史研究》，頁 120。
〔註49〕 《晦庵集》卷八一《周子通書後記》，《朱子全書》第 24 冊，頁 3857。

「灑落自得」的追求上有相通之處。朱子雖對體驗「未發」缺乏足夠的耐心，對「灑落」也始終談不上興趣，但李侗對朱子潛移默化之中亦會發生其影響〔註50〕。這也正是《宋史·道學傳》特別拈出「孔顏樂處」和「光風霽月」對二程影響的原因，這意味著周敦頤和二程在境界追求方面有著共通之處。清人李光地對二程未承認周敦頤承繼道統之說多有見地：

　　　　其（二程）評論語次，雖未聞以孟氏以後之統歸之（周敦頤），然孔、顏之樂，乃程子自言授受之要。（周敦頤）非其實到仲尼、顏子樂處，豈能開端指示，使學者尋之哉？夫得孔、顏之心，而不得孔孟之道，未之有也。濂溪之心得者深，明道、橫渠之友教者廣，亦猶顏子潛德於孔子之門，孟子修業於戰國之世。故推尊之論，各有攸當，未可執一以疑其二也。如後世多稱孔、孟，未聞有以是掩顏子者。推是，可以論伊洛淵源之際矣〔註51〕。

李光地以顏回並不淹沒於孔孟之間而比況周敦頤的地位並不因是否被二程稱述而受影響。實際上，程氏兩兄弟與周敦頤確實有過交遊往還，但二程對周敦頤的推戴並不多，其稱周敦頤多曰「茂叔」，僅字之而不稱「先生」（按當時傳統與禮俗，稱字多是對平輩），又謂其為「窮禪客」。程顥說「吾學雖有所受，『天理』二字，卻是自家體貼出來」〔註52〕，程頤也稱其兄程顥「生（於孟子）千四百年之後，得不傳之學於遺經」〔註53〕，「孟子之後傳聖人之道者，一人而已」〔註54〕，這自是未將周敦頤納入傳道譜系之中。

同時，周敦頤令二程尋「孔顏樂處」一事尚不足以說明周敦頤有資格能接續此道統。胡瑗提出過對二程影響至深的「顏子所好何學」這個論題。二程曾在太學師事胡瑗，胡瑗令諸生思考的「顏子所好何學」論題跟周敦頤令尋「孔顏樂處」在宋學發展進程中都具有非常重要的意義，但二程和朱子都未因此而將胡瑗納入道統譜系。因此，肯定有比師承關係和「孔顏樂處」（必要條件）更為重要的學術因素（充分條件）在此產生了影響。

第二，從更為深廣的學術層面來看，朱子將周敦頤列入道統譜系實與其《通書》、《太極圖說》有關。周敦頤《通書》又稱為《易通》，朱子以《通

〔註50〕　《中國近世思想史研究》，頁 121～122。
〔註51〕　李光地：《榕村語錄》卷十八《宋六子一》，北京：中華書局，1995，頁 309。
〔註52〕　《二程集·河南程氏外書》卷十二《傳聞雜記》，頁 424。
〔註53〕　《二程集·河南程氏文集》卷十一《明道先生墓表》，頁 640。
〔註54〕　《二程集·河南程氏文集》卷十一《明道先生門人朋友敘述序》，頁 639。

書》上接《論語》、《孟子》〔註55〕，「《通書》覺細密分明，《論》、《孟》又闊」〔註56〕。在朱子的哲學體系中，《通書》和《太極圖說》相爲表裏：「周子留下《太極圖》，若無《通書》，卻教人如何曉得？故《太極圖》得《通書》而始明」〔註57〕，「《通書》一部，皆是解太極說。這道理，自一而二，二而五」〔註58〕。《通書》和《太極圖說》都爲道學中的性理之學提供了形而上的理論支持，而這種理論支撐又是根源性（或原頭性）的，正如朱子所說：

> （周敦頤）所著之書又多放失，獨此一篇本號《易通》（即《通書》），與《太極圖說》並出，程氏以傳於世。而其爲說實相表裏，大抵推一理、二氣、五行之分合，以紀綱道體之精微，決道義文辭祿利之取舍，以振起俗學之卑陋。至論所以入德之方、經世之具，又皆親切簡要，不爲空言。顧其宏綱大用，既非秦漢以來諸儒所及，而其條理之密，意味之深，又非今世學者所能驟而窺也〔註59〕。

> 蓋先生之學，其妙具於《太極》一圖，《通書》之言皆發此圖之蘊，而程先生兄弟語及性命之際，亦未嘗不因其說。觀《通書》之《誠》、《動靜》、《理性命》等章，及程氏書之《李仲通銘》、《程邵公誌》、《顏子好學論》等篇，則可見矣。故潘清逸誌先生之墓，敘所著書，特以作《太極圖》爲稱首〔註60〕。

朱子在這幾段文字中特別強調周敦頤的《通書》（《易通》）、《太極圖說》由程氏流出，先是暗示此兩書必爲周敦頤所傳，繼而又明確指出程氏受其影響之處。朱子實際上是指出周敦頤和二程在性理之學上有授受關係。但是，二程文集中並未有一語言及周敦頤的這兩部著作，反而一再強調他們自己已經直承孔孟。朱子此說必然會招致當時學者的強烈質疑。但他置此於不顧，而必以此爲說，乃是因爲在二程和孟子之間存有一大缺隙，周敦頤正是彌補此缺隙之人。周敦頤是孟子之後闡明心性義理的第一人，誠、性、命、心、太極等觀念都是由《太極圖說》和《通書》而來，若無周敦

〔註55〕　《朱子語類》卷九四《周子之書·通書》，頁2389。
〔註56〕　《朱子語類》卷九四《周子之書·通書》，頁2389。
〔註57〕　《朱子語類》卷九四《周子之書·通書》，頁2389。
〔註58〕　《朱子語類》卷九四《周子之書·通書》，頁2389。
〔註59〕　《晦庵集》卷八一《周子通書後記》，《朱子全書》第24冊，頁3857。
〔註60〕　《晦庵集》卷七五《周子太極通書後序》，《朱子全書》第24冊，頁3628。

頤而直以二程接續孔孟，則會突兀無據。實際上，朱子構建道統譜系的基礎並非僅僅是《孟子》和《尚書・舜典》的「十六字心訣」，也有基於《周易》之太極。若沒有周敦頤《太極圖說》和《通書》中的太極、陰陽和仁、義、禮、智、信這「自一而二，二而五」之說，則理氣之說亦自不能成立。所以朱子的道統譜系始於伏羲，中間又添入周敦頤。漢儒於此殊無貢獻，而邵雍、張載之見亦有所偏，惟周敦頤以「理」為其哲學體系之源泉，故而朱子忘其學術之中有非常鮮明的道家（乃至道教）成分，而必以其列於二程之前〔註61〕。

　　淳熙二年（1175），張栻知桂州靜江（治所在今廣西桂林）時，「以立師道為急」，曾在學宮明倫堂旁邊建周敦頤、程顥、程頤三先生祠，希望學子對三先生「起敬起慕，求其書而讀之，味其言，考其行，講論紬繹，心存而身履，循之以進於孔孟之門牆」〔註62〕。朱子效法了張栻的這種做法，但其重點不在「師道」，而在「道統」。淳熙四年（1177），朱子作《濂溪先生祠堂記》，正是肯定周敦頤對道體所作出的「根源性」探求：

　　　　道之在天下者未嘗亡，惟其託於人者或絕或續，故其行於世者有明有晦，是皆天命之所為，非人智力之所能及也。夫天高地下，而二氣五行紛綸錯糅，升降往來於其間，其造化發育，品物散殊，莫不各有固然之理，而最其大者，則仁、義、禮、智之性，君臣、父子、昆弟、夫婦、朋友之倫是已。是其周流充塞，無所虧間，夫豈以古今治亂為存亡者哉！……《河圖》出而《八卦》畫，《洛書》呈而《九疇》敘，孔子於斯文之興喪，亦未嘗不推之於天。……若濂溪先生者，其天之所畀，而得乎斯道之傳者歟，……蓋自周衰孟軻氏沒，而此道之傳不屬，更秦及漢，歷晉、隋、唐，以至於我有宋。……而先生出焉，不繇師傳，默契道體，建圖著書，根極領要，當時見而知之有程氏者，遂擴大而推明之，使夫天理之微，人倫之著，事物之眾，鬼神之幽，莫不洞然畢貫于一，而周公、孔子、孟氏之傳，煥然復明於當世。〔註63〕

〔註61〕　《朱學論集》之《朱熹集新儒學之大成》，頁16～18。

〔註62〕　《張栻集・新刊南軒先生文集》卷十《三先生祠記》，頁917。

〔註63〕　《晦庵集》卷七八《江州重建濂溪先生書堂記》，《朱子全書》第24冊，頁3739～3740。

淳熙六年（1179）三月，朱子到達南康軍任所，下車伊始就在學宮立濂溪祠以崇戴周敦頤，以二程爲配〔註64〕，因爲周敦頤「心傳道統，爲世先覺，熙寧中曾知本軍」〔註65〕。張栻受朱子所託而作記文，精彩地闡發了朱子立祠的深遠意義：

> 惟先生崛起於千載之後，獨得微旨於殘編斷簡之中，推本太極，以及乎陰陽五行之流布，人物之所以生化，於是知人之爲至靈，而性之爲至善，萬理有其宗，萬物循其則，舉而措之，則可見先生之所以爲治者，皆非私知之所出，孔孟之意于以復明。至於二程先生，則又推而極之，凡聖人之所以教人與學者之所以用工，本末始終，精粗該備。於是五伯功利之習無以亂其正，異端空虛之說無以申其誣，求道者有其序，而言治者有所本。其有功於聖門而流澤於後世，顧不大矣哉！……朱侯之所以望於來者，豈不在於斯乎〔註66〕！

張栻和朱子於此對「道統」的認知而基本一致。淳熙八年（1181）四月，朱子過江州（今江西九江），拜周敦頤書堂遺像而後歸〔註67〕。紹熙五年（1194），朱子又遣馮允中致祭周敦頤、程顥、程頤於道州（今湖南道縣）三先生祠，且親撰祭文曰：

> 於皇道體，沕穆無窮。羲農既遠，孔孟爲宗。秦漢以還，名崇實否。文字所傳，糟粕而已。大賢起之，千載一逢。兩程之緒，自我周翁……〔註68〕。

周敦頤被列入朱子譜系之中的原因至此而益發明朗，即他是二程的老師，又以其《太極圖說》和《通書》啓發了二程對道的根源性做一形而上的探究。

三、餘論

陳榮捷對朱子道統譜系所繫之人進行了一簡明扼要的論述：

> 萬物肇自太極，藉陰陽以運行。「允執厥中」之「中」，堯得之

〔註64〕《朱子年譜》淳熙六年三月「立濂溪周先生祠」條，《朱子全書》第27冊，頁250。
〔註65〕《晦庵集》卷九九《又牒》（知南康榜文又牒），《朱子全書》第25冊，頁4582。
〔註66〕《張栻集・新刊南軒先生文集》卷十《南康軍新立濂溪祠記》，頁916。
〔註67〕《朱子年譜》淳熙八年夏四月「過江州」條，《朱子全書》第27冊，頁272。
〔註68〕《晦庵集》卷八六《謁修道州三先生祠文》，《朱子全書》第24冊，頁4049。

於天，舜得之於堯。舜命禹，則曰「人心惟危，道心惟微，惟精惟
一，允執厥中」。此人心、道心、精、一，四者乃禹得之於舜。文、
武、周公又得禮、敬、義諸德之教於禹。孔子則得其統於文、武、
周公，並以之傳於顏子而爲「博文約禮」之學。再傳而至曾子而爲
《大學》所教格物等等之學。子思受曾子「誠意」之學以傳孟子。
孟子則教人「收放心」與「集義」。周子則於「誠意」之說有發展。
二程於「居敬」與「格物」之學益爲弘揚。凡此道統中諸義，俱可
尋之於朱子所倡之「四書」之中，而爲入道之方，與道統之廣泛綱
領也〔註69〕。

　　朱子以伏羲爲道統之始，以周敦頤連接孔孟和二程，正見出朱子在根本
上是藉助《易傳》而探求道統形而上的哲學依據，這個譜系可以含攝基於《尚
書》和《孟子》始於堯舜的譜系。由於「虞廷十六字」尚未直指天道性命之
根本，而太極、陰陽等理念較之「虞廷十六字」更具有形而上的根源性，那
麼朱子進而以《通書》、《太極圖說》作爲其理論根源，由此上承《論語》、《孟
子》也自是其邏輯之必然〔註70〕。

第三節　被排除在道統譜系的儒者
——荀揚王韓被排除在道統譜系之外的原因

　　從本章第一節所列表格可知，很多學者將荀子、揚雄、王通和韓愈列入
傳道者的譜系之內，但朱子將其全部排斥在道統之外。若由此而探究朱子將
四人排距在外的原因，亦能從側面瞭解什麼樣的人能夠被吸納進這樣的譜系
之中，以下分別論之。

一、荀子和揚雄

　　韓愈在《原道》中已將荀子和揚雄排斥在道統譜系之外，說他們「大醇
而小疵，擇言而不精，語言而不詳」(《原道》)。不過，孫復、智圓、契嵩等
人依舊將其納入其中，因此若要將其排斥在道統譜系之外，需要有十分明確
的理由。

〔註69〕陳榮捷：《朱子新探索》之《新道統》，台北：學生書局，1988，頁429～435。
〔註70〕張克賓：《朱熹與太極圖及道統》，《周易研究》2012年第5期，頁26。

1. 荀子的「性惡論」及其影響

　　朱子對荀子的贊同很少，於《朱子語類》中僅見數處，如謂其「君子大心則天而道，小心則畏義而節」、「能定而後能應」等句說得好〔註71〕；又謂「荀卿諸賦縝密，盛得水住」〔註72〕；朱子還多次稱贊荀子的讀書法：「誦數以貫之，思索以通之，爲其人以處之，除其害以持養之」〔註73〕。相比於揚雄言而無實的「虛胖」，「荀子雖然是有錯，到說得處也自實」〔註74〕，如其論五刑的一篇〔註75〕。朱子對荀子的稱贊僅此寥寥數語，亦可見出朱子並不認同韓愈說荀、揚僅是「大醇而小疵」（《原道》），因爲荀子已經在根本上偏離了孔孟之道，荀子「只是粗。他那物事皆未成箇模樣，便將來說」〔註76〕。

　　荀子學說與思孟學派存在很大差異，荀子在戰國末年對思孟學派有過嚴厲的批評：

> 略法先王而不知其統，猶然而材劇志大，聞見雜博。案往舊造說，謂之五行，甚僻違而無類，幽隱而無說，閉約而無解。案飾其辭而祗敬之曰：此眞先君子之言也。子思唱之，孟軻和之，世俗之溝猶瞀儒，嚾嚾然不知其所非也，遂受而傳之，以爲仲尼、子游爲茲厚於後世，是則子思、孟軻之罪也〔註77〕。

　　朱子所建立的道統譜系正是接續思孟學派而來，荀子斷然非之，這就使得荀子不能被納入道統的原因一目了然，而荀子被朱子抨擊最多的地方正在於其「性惡」論：

> 不須理會荀卿，且理會孟子性善。渠分明不識道理。如天下之物，有黑有白，此是黑，彼是白，又何須辨？荀、揚不惟說性不是，從頭到底皆不識。當時未有明道之士，被他說用於世千餘年。韓退之謂荀、揚「大醇而小疵」。伊川曰：「韓子責人甚恕。」自今觀之，

〔註71〕　《朱子語類》卷一三七《戰國漢唐諸子》，頁3253～3254。
〔註72〕　《朱子語類》卷一三九《論文上》，頁3299。
〔註73〕　《朱子語類》卷十《學四・讀書法上》，頁169；卷一一六《朱子十三・訓門人四》，頁2805。
〔註74〕　《朱子語類》卷一三七《戰國漢唐諸子》，頁3254。
〔註75〕　《朱子語類》卷七八《尚書一・舜典》，頁2000。荀子「五刑」出自《荀子・正論》。
〔註76〕　《朱子語類》卷一三七《戰國漢唐諸子》，頁3253。
〔註77〕　《荀子集解》卷三《非十二子》，頁94～95。

他不是責人恕，乃是看人不破。今且於自己上作工夫，立得本。本立則條理分明，不待辨〔註78〕。

　　韓子說荀、揚「大醇」是泛說。與田駢、慎到、申不害、韓非之徒觀之，則荀、揚爲「大醇」。韓子只說那一邊，湊不著這一邊。若是會說底，說那一邊，亦自湊著這一邊。程子說「荀子極偏駁，揚子雖少過」，此等語，皆是就分金秤上說下來。今若不曾看荀子、揚子，則所謂「偏駁」、「雖少過」等處，亦見不得〔註79〕。

朱子在此不但批判了荀子、揚雄、韓愈，而且連程頤也未放過。荀子、揚雄因論性有誤，便是「於頭段處既錯」，便是「從頭到底皆不識」〔註80〕。之所以出現這種情況，乃是因爲荀子「論氣而不論性」，將「氣質之性」誤認作「天命之性」：

　　荀子言性惡禮僞，其失蓋出於一，大要不知其所自來，而二者亦互相資也。其不識天命之懿，而以人慾橫流者爲性；不知天秩之自然，而以出於人爲者爲禮，所謂不知所自來也。至於以性爲惡，則凡禮文之美是聖人制此以返人之性而防過之，則禮之僞明矣；以禮爲僞，則凡人之爲禮皆反其性矯揉以就之，則性之惡明矣。此所謂互相資也。告子「杞柳」之論，則性惡之意也；「義外」之論，則禮僞之意也〔註81〕。

「既不論性，便卻將此理來昏了」〔註82〕，只說得「下面一截」，因此，他們對道的踐履根本沒有任何意義。但是，荀子畢竟說「塗之人可以爲禹」（《荀子·性惡》），這就使得孟子和荀子之間似乎可以殊途而同歸。朱子曾以此爲題，出了一篇策論題目：

　　問：荀子著書，號其篇曰《性惡》，以詆孟子之云性善者，而曰塗人可以爲禹。夫禹，大聖人也，語其可知之質，可能之具，乃在夫塗之人耳。人之性也，豈果爲惡哉！然且云爾者，何也〔註83〕？

〔註78〕 《朱子語類》卷一三七《戰國漢唐諸子》，頁3254。
〔註79〕 《朱子語類》卷一三七《戰國漢唐諸子》，頁3273。
〔註80〕 《朱子語類》卷一三七《戰國漢唐諸子》，頁3254。
〔註81〕 《晦庵集》卷五九《答趙致道》（周子曰誠無爲），《朱子全書》第23冊，頁2865～2866。
〔註82〕 《朱子語類》卷四《性理一·人物之性氣質之性》，頁65。
〔註83〕 《晦庵集》卷七四《策問》，《朱子全書》第24冊，頁3575。

朱子說荀子到此處，「到底滅這道理不得」，「他只說得氣質之性，自是不覺。」〔註84〕這似乎顯示了荀子性惡論存在的內部矛盾。實際上，公允而論，荀子的「性惡論」雖與孟子「性善論」相反，但他正在這一點上肯定了人的價值：凡是善的、有價值的東西都是人文教化的產物，價值來自文化，文化是人創造的。因此，荀子哲學可稱爲「教養的哲學」，儘管人生來毫無善端，還具有實際的惡端，但人具有智慧，可以使人向善：「塗之人，皆有可以知仁義法正之質，皆有可以能仁義法正之具，然則其可以爲禹，明矣。」（《荀子‧性惡》）孟子認爲人皆可以爲堯舜，是因爲人本來是善的；荀子論證塗之人可以爲禹，是因爲人本來是智的〔註85〕。朱子講求「道問學」，注重格物致知，也講求後天涵養省察的工夫，朱子和荀子在這一點上具有相通的精神氣質。但是，由於荀子「性惡論」顯然不同於思孟學派得以成立的大前提，故而朱子不得不將其排拒在外，對其學說的價值也隨之幾近全盤否定。程朱往往是以孟子爲標尺衡量荀子，如謂「惟是孟子說義理，說得來精細明白，活潑潑地。如荀子空說許多，使人看著，如喫糙米飯相似」〔註86〕。

不寧如此，朱子更在學術流派的屬性上否定了荀子的儒者身份：

> 荀卿則全是申韓，觀《成相》一篇可見。他見當時庸君暗主戰鬥不息，憤悶惻怛，深欲提耳而誨之，故作此篇。然其要，卒歸於明法制，執賞罰而已。他那做處粗，如何望得王通〔註87〕！

> 世人說坑焚之禍起於荀卿。荀卿著書立言，何嘗教人焚書坑儒？

> 只是觀他無所顧藉，敢爲異論，則其末流便有坑焚之理〔註88〕。

荀子門下的李斯、韓非俱爲法家的代表人物，韓非更是法家集大成者。荀子作爲其師，自是難辭其咎。朱子此處指荀子全是申韓，正是抓住了荀子學說中與法家相通的精神內涵。荀子既然是「申韓」，則爲異端，自不能進入純乎儒者的道統譜系。

2. 揚雄的學術缺陷和出處大節

後人常將揚雄和荀子相提並論。不過，若就兩人的出處行事來看，荀子

〔註84〕 《朱子語類》卷五七《孟子七‧離婁下》「天下之言性也」章，頁 1353。
〔註85〕 《中國哲學簡史》，《三松堂全集》第 6 冊，頁 128～129。
〔註86〕 《朱子語類》卷一三七《戰國漢唐諸子》，頁 3272。
〔註87〕 《朱子語類》卷一三七《戰國漢唐諸子》，頁 3255。
〔註88〕 《朱子語類》卷一三七《戰國漢唐諸子》，頁 3256。

畢竟在戰國末年保持了先秦儒者獨立高標、以道自任的精神氣度，而揚雄則不免與時俯仰，在出處大節方面存在不少爭議。揚雄被朱子排斥在道統之列主要有以下兩個因素：

其一，揚雄對「性」的論述以「善惡混」爲核心：「人之性也，善惡混，修其善，則爲善人；修其惡，則爲惡人。」〔註89〕這就特別需要禮樂對人性的約束和化成。朱子說他對性的認識「鶻鶻突突」，與「性善論」有很大的區別，自是很難納入朱子以「性善」爲基礎的道統譜系之中。揚雄之所以有此失，乃是因爲他的學說出自老氏。朱子多次提到「子雲所見處，多得之老氏」〔註90〕，「揚子說到深處，止是走入老莊窠窟裏去，如清靜寂寞之說皆是也」〔註91〕：

> 揚雄則全是黃老。某嘗說，揚雄最無用，眞是一腐儒。他到急
> 處，只是投黃老〔註92〕。

> 雄之學似出於老子。如《太玄》曰：「潛心於淵，美厥靈根。」
> 《測》曰：「『潛心於淵』，神不昧也。」乃老氏說話〔註93〕。

如果說揚雄學術出於黃老有異端傾向，那麼揚雄在《太玄》「事事要分作三截」的做法也跟朱子學說不合：

> 揚子雲爲人深沈，會去思索。如陰陽消長之妙，他直是去推
> 求。……蓋天地間只有箇奇耦，奇是陽，耦是陰。春是少陽，夏是
> 太陽，秋是少陰，冬是太陰。自二而四，自四而八，只恁推去，都
> 走不得。而揚子卻添兩作三，謂之天地人，事事要分作三截。又且
> 有氣而無朔，有日星而無月，恐不是道理。……看他裏面推得辛苦，
> 卻就上面說些道理，亦不透徹〔註94〕。

以此之故，朱子對弟子說「不要看揚子，他說話無好處，議論亦無的實處」〔註95〕，又評價《法言》「議論不明快，不了決，如其爲人。他見識全低，語言極獃，甚好笑！」〔註96〕

〔註89〕 汪榮寶：《法言義疏》卷五《修身》，北京：中華書局，1987，頁85。
〔註90〕 《朱子語類》卷一三七《戰國漢唐諸子》，頁3261。
〔註91〕 《朱子語類》卷一三七《戰國漢唐諸子》，頁3253。
〔註92〕 《朱子語類》卷一三七《戰國漢唐諸子》，頁3255。
〔註93〕 《朱子語類》卷一三七《戰國漢唐諸子》，頁3259。
〔註94〕 《朱子語類》卷一三七《戰國漢唐諸子》，頁3260～3261。
〔註95〕 《朱子語類》卷一三七《戰國漢唐諸子》，頁3254。
〔註96〕 《朱子語類》卷一三七《戰國漢唐諸子》，頁3255。

　　第二，揚雄本仕於漢帝，後在王莽朝中接受偽職，進退失據。石介在北宋初年，欲將揚雄納入傳道譜系，又意識到揚雄這個汙點將不可避免地對其譜系造成衝擊，於是不惜篡改《漢書·揚雄傳》史實，說：「夫趨時，物之情也；徇道，人之難也。噫！諸侯交迎，傾國封之，枉尺直尋，吾死不爲，見之孟軻。尋、邑三公，舜、歆高爵，不作符命，甘投于閣，見之子雲。潮州八千，幾死瘴煙，歸來京兆，不肯嬋娟，見之吏部」〔註97〕。石介將揚雄不肯屈從權貴的風骨與孟子、韓愈等同，這種違背史實的做法，自然瞞不過飽學的宋儒，也瞞不過同樣飽學的清人。全祖望說：「徂徠先生嚴氣正性，允爲泰山第一高座，獨其析理有未精者。其論學統，則曰『不作符命，自投於閣』以美楊雄，而不難改竄《漢書》之言以諱其醜。」〔註98〕

　　程頤說「揚雄去就不足觀」〔註99〕，朱子也非常鄙薄揚雄爲人，說「揚子雲出處非是」〔註100〕，自不會將其納入以道德考量爲重要標準的聖人譜系之中。朱子曾編《楚辭後語》，其中收有揚雄的《反離騷》。朱子在《反離騷》題下加了一段很長的案語，將揚雄的出處大節做了簡明扼要的概述：

　　　　《反離騷》者，漢給事黃門郎、新莾諸吏中散大夫揚雄之所作也。雄少好詞賦，慕司馬相如之作以爲式。又怪屈原文過相如，至不容，作《離騷》，自投江而死。悲其文，讀之未嘗不流涕也。以爲君子得時則大行，不得則龍蛇，遇不遇命也，何必湛身哉！迺作書，往往摭《離騷》文而反之，自岷山投諸江流，以弔屈原云。始雄好學，博覽，恬於勢利，仕漢三世不徙官，然王莾爲安漢公時，雄作《法言》，已稱其美，比於伊尹、周公。及莾篡漢，竊帝號，雄遂臣之，以耆老久次轉爲大夫。又放相如《封禪文》，獻《劇秦美新》以媚莾意，得校書天祿閣上。會劉尋等以作符命爲莾所誅，辭連及雄，使者來，欲收之。雄恐懼，從閣上自投下，幾死。先是，雄作《解嘲》，有「爰清爰靜，遊神之廷。惟寂惟寞，守德之宅」之語，至是京師爲之語曰：「爰清靜，作符命；唯寂寞，自投閣。」雄因病免，既復召爲大夫，竟死莾朝。其出處大致本末如此，豈其所謂龍蛇者耶〔註101〕？

〔註97〕　《徂徠石先生文集》卷十八《送祖擇之序》，頁215。
〔註98〕　《宋元學案》卷二《泰山學案·泰山門人·直講石徂徠先生介·附錄》，頁112。
〔註99〕　《二程集·河南程氏遺書》卷十八《伊川先生語四》，頁231。
〔註100〕　《朱子語類》卷一三七《戰國漢唐諸子》，頁3264。
〔註101〕　《楚辭後語》卷二《反離騷》，《朱子全書》第19冊，頁248～249。

朱子在這段文字中一再提醒讀者留意揚雄的貳臣身份，以及揚雄由此而造成的進退失據的醜態。揚雄在王莽稱制前後的諂媚、跟隨乃至自戕，都有違儒者出處大節，他「得時則大行，不得時則龍蛇」、「守德之宅」的自我標榜適足以成爲其出處大節的反諷。朱子高蹈道德至上的修身原則，在這篇文字當中特別突出了揚雄言行不一的虛僞誇誕，正所謂「自身命也奈何不下，如何理會得別事？」〔註102〕這樣的揚雄自不能列入道統譜系。

二、王通

北宋初年，儒者見朝廷事不振，乃以文中子王通爲取法對象（詳見本書相關章節），這是因爲「文中子之書頗說治道故」〔註103〕，影響一代士風。朱子對文中子的評價是將其人、其學分而述之的，這兩者各自不同，卻又密切相關。

據王通《中說》可知，王通所與交遊的都是隋唐名公貴卿，其門人子弟顯赫一時，可是房玄齡、魏徵作《隋書》，不但未給王通立傳，且無一語言及，這顯得非常不可思議。朱子曾詳細考證過王通的身世，結果亦是無功而返：

> 嘗考文中世系，並看阮逸、龔鼎臣注，及《南史》、《劉夢得集》，次日因考文中世系，四書不同，殊不可曉〔註104〕。

> （《中說》）其間弟子問答姓名，多是唐輔相，恐亦不然，蓋諸人更無一語及其師。人以爲王通與長孫無忌不足，故諸人懼無忌而不敢言，亦無此理，如鄭公（魏徵）豈畏人者哉！……考其事跡，亦多不合。劉禹錫作《歈池江州觀察王公墓碑》，乃仲淹四代祖，碑中載祖諱多不同。及阮逸所注並載關朗等事，亦多不實。王通大業中死，自不同時。如推說十七代祖，亦不應遼遠如此〔註105〕。

王通撲朔迷離的身世並未影響朱子對他的高度贊賞，如謂王通「世務變故、人情物態，施爲作用處，極見得分曉」〔註106〕，「漢魏以來，忽生文中子，

〔註102〕《朱子語類》卷一三七《戰國漢唐諸子》，頁3255。
〔註103〕《朱子語類》卷一二九《本朝三·自國初至熙寧人物》，頁3085。
〔註104〕《朱子語類》卷一三七《戰國漢唐諸子》，頁3260。
〔註105〕《朱子語類》卷一三七《戰國漢唐諸子》，頁3268～3269。
〔註106〕《朱子語類》卷一三七《戰國漢唐諸子》，頁3255。

已不多得」〔註107〕，「見得道理透後，從高視下，一目暸然」〔註108〕。朱子
對文中子的肯定主要在於他識「世變」〔註109〕：

> 王通極開爽，說得廣闊。緣他於事上講究得精，故於世變興亡，
> 人情物態，更革沿襲，施爲作用，先後次第，都曉得；識得箇仁義
> 禮樂都有用處。若用於世，必有可觀。……只細看他書，便見他極
> 有好處，非特荀揚道不到，雖韓退之也道不到〔註110〕！

在荀、揚、王、韓四人中，朱子對文中子的評價最高。不惟如此，王
通亦足以與董仲舒分庭抗禮：「論治體處，高似仲舒，而本領不及；爽似仲
舒，而純不及」〔註111〕；相比於唐代房玄齡、魏徵諸公，王通有志於天下，
識得三代制度，「稍有些本領」〔註112〕。在這一番自遠至近的比較當中，王
通在戰國至漢唐諸子當中的地位自可明晰：

> 看來文中子根腳淺，然卻是以天下爲心，分明是要見諸事業。
> 天下事，他都一齊入思慮來。雖是卑淺，然卻是循規蹈矩，要做事
> 業底人，其心卻公〔註113〕。

王通有志於學古人，有志於天下，其心大公，但是畢竟「可惜不曾向
上透一著，於大體處有所欠闕」。王通之所以有這樣的弊病，「只在於不曾
子細讀書。若是子細讀書，知聖人所說義理之無窮，自然無工夫閑做」。
他不知此病，二十餘歲時卻要仿照六經作續經，一味「將聖人腔子塡滿裏
面」〔註114〕：

> 這人於作用都曉得，急欲見之於用，故便要做周公底事業，
> 便去上書要興太平。及知時勢之不可爲，做周公事業不得，則急
> 退而續《詩》、《書》，續《玄經》，又要做孔子底事業。殊不知孔
> 子之時接乎三代，有許多〈典〉、〈謨〉、〈訓〉、〈誥〉之文，有許
> 多禮樂法度，名物度數，數聖人之典章皆在於是，取而纘述，方

〔註107〕 《朱子語類》卷五九《孟子九·告子上》「性無善無不善」章，頁1384。
〔註108〕 《朱子語類》卷一三七《戰國漢唐諸子》，頁3267。
〔註109〕 《朱子語類》卷一三七《戰國漢唐諸子》，頁3267。
〔註110〕 《朱子語類》卷一三七《戰國漢唐諸子》，頁3256～3257。
〔註111〕 《朱子語類》卷一三七《戰國漢唐諸子》，頁3260。
〔註112〕 《朱子語類》卷一三七《戰國漢唐諸子》，頁3260。
〔註113〕 《朱子語類》卷一三七《戰國漢唐諸子》，頁3260。
〔註114〕 此段文字的引文俱出自《朱子語類》卷一三七《戰國漢唐諸子》，頁 3255～
3257。

做得這箇家具成。王通之時，有甚麼〈典〉、〈謨〉、〈訓〉、〈誥〉？有甚麼禮樂法度？乃欲取漢魏以下者爲之書，……續得這般《詩》、《書》，發明得箇甚麼道理？……他只是急要做箇孔子，又無佐證，故裝點幾箇人來做堯舜湯武，皆經我刪述，便顯得我是聖人。……正如梅聖俞說：「歐陽永叔他自要做韓退之，卻將我來比孟郊！」王通便是如此。……殊不知秦漢以下君臣人物，斤兩已定，你如何能加重〔註115〕！

王通續六經，不過「只是要依他箇模子」，「只是將前人腔子，自做言語填放他腔中，便說我這箇可以比並聖人」〔註116〕，朱子雖未明說王通續經不過是狗尾續貂，但其意不外乎此，正是因爲「他本要自說他一樣道理，又恐不見信於人。偶然窺見聖人說處與己意合，便從頭如此解將去，更不子細虛心，看聖人所說是如何」，所以朱子說「文中子續經，猶小兒豎瓦屋然。世儒既無高明廣大之見，因遂尊崇其書」〔註117〕。「小兒豎瓦屋」之喻，一來見出王通天眞浪漫，其續經猶如小兒做劇，多有自不量力之意；二來見出其所豎者不過是小兒之瓦屋，自不能根基牢固、體系周密，一有風吹草動便會轟然倒塌。王通續經在朱子之前就已失傳，這自在情理之中。朱子說《中說》也非其自作，而王通不嚴謹的治學風格正給了別人將僞書託名於他的機會，正如荀子之學流衍爲韓非、李斯法家之術：

《中說》一書，固是後人假託，非王通自著。然畢竟是王通平生好自誇大，續《詩》續《書》，紛紛述作，所以起後人假託之故。後世子孫見他學周公孔子學不成，都冷淡了，故又取一時公卿大夫之顯者，續緝附會以成之。畢竟是王通有這樣意思在。雖非他之過，亦他有以啓之也。如世人說坑焚之禍起於荀卿〔註118〕……

文中子之書，恐多是後人添入，眞僞難見，……但一一似聖人，恐不應恰限有許多事相湊得好。如見甚荷蕢隱者之類，不知如何得恰限有這人。若道他都是粧點來，又恐粧點不得許多〔註119〕。

〔註115〕《朱子語類》卷一三七《戰國漢唐諸子》，頁3255～3256。
〔註116〕《朱子語類》卷一三七《戰國漢唐諸子》，頁3258。
〔註117〕《朱子語類》卷一三七《戰國漢唐諸子》，頁3270。
〔註118〕《朱子語類》卷一三七《戰國漢唐諸子》，頁3256。
〔註119〕《朱子語類》卷一三七《戰國漢唐諸子》，頁3260。

　　程頤說《中說》有格言，但朱子認爲《中說》不過是爲其作注的阮逸、龔鼎臣爲「增益張大，復借顯者以爲重耳」。既然傳世的《中說》多被人竄入，那麼由《中說》考察王通學說則無所依據。李翱將《中說》視作《太公家教》這樣不入流品的著作，朱子對此並無異議：「文中子不曾有說見道體處，只就外面硬生許多話，硬將古今事變來厭捺說或笑，似《太公家教》。」〔註 120〕

　　除了王通不曾仔細讀書就要代大匠斲這個原因之外，朱子從更深的層面道出了王通學說的精神實質：王通「只本原上工夫都不曾理會。若究其議論本原處，亦只自老莊中來。」〔註 121〕因此，王通說治亂好處極多，但即便「其間有見處」，也不過是老氏〔註 122〕，可見朱子在學術流派上已將王通打入異端的邊緣。

　　不過事情的矛盾之處就在於，周敦頤學說有非常明確的佛老因素（尤其是道教），而朱子對他的這些非儒家因素更像是選擇了視而不見，依舊將其列入道統譜系之中。因此，學說之中是否存在異端因素並不是朱子將某位學者排拒在外的惟一因素，王通不能進入傳道者譜系肯定有比這更爲隱微也更爲重要的因素。實際上，王通不能進入朱子的道統譜系，比異端更重要的原因恐怕是王通「關合漢魏以下之事整頓爲法」〔註 123〕。《中說》中記載了這樣一段話，適可體現王通的這種精神：

　　　　董常曰：「《元經》之帝元魏，何也？」子曰：「亂離斯瘼，吾誰
　　　適歸？天地有奉，生民有庇，即吾君也。且居先王之國，受先王之
　　　道，予先王之民矣，謂之何哉？」董常曰：「敢問皇始之授魏而帝晉，
　　　何也？」子曰：「主中國者，將非中國也。我聞有命，未敢以告人，
　　　則猶傷之者也。傷之者，懷之也。」董常曰：「敢問卒帝之何也？」
　　　子曰：「貴其時，大其事，於是乎用義矣。」〔註 124〕

　　北魏孝文帝的文治武功令王通心馳神往，「天地有奉，生民有庇，即吾君也」這句話自是王通在天下甫定之時的肺腑之言，其對天下治平的渴望一言可盡。可是，這段話也透露出王通跟道學家追跡三代的政治理想存在嚴重的衝突：

〔註 120〕《朱子語類》卷九六《程子之書二》，頁 2476。
〔註 121〕《朱子語類》卷一三七《戰國漢唐諸子》，頁 3260。
〔註 122〕《朱子語類》卷一三七《戰國漢唐諸子》，頁 3267。
〔註 123〕《朱子語類》卷一三七《戰國漢唐諸子》，頁 3260。
〔註 124〕《中說校注》卷七《述史》「董常曰元經之帝元魏」章，頁 181～182。

　　王通……卻要將秦漢以下文飾做簡三代，……如《續詩》、《續書》、《玄經》之作，盡要學簡孔子，重做一簡三代，如何做得！……三代之〈書〉、〈誥〉、〈詔〉、〈令〉，皆是根源學問，發明義理，所以燦然可為後世法。如秦漢以下〈詔〉、〈令〉濟得甚事[註125]？

　　問文中子之學。曰：「他有簡意思，以為堯舜三代，也只與後世一般，也只是偶然做得著。」……因舉答貫瓊數處說，曰：「近日陳同父便是這般說話。他便忌程先生說『帝王以道治天下，後世只是以智力把持天下』。正緣這話說得他病處，他便忌。」[註126]

　　《文中子》，看其書忒裝點，……兼是他言論大綱雜霸，凡事都要硬做。如說禮樂治體之類，都不消得從正心誠意做出。又如說「安我所以安天下，存我所以厚蒼生」，都是為自張本，做雜霸鎡基。[註127]

　　王通雖也追跡三代，但朱子認為他識見不遠，其續《詩》、續《書》之意，正是將三代與後世等同一般，「把兩漢事與三代比隆」[註128]，「做雜霸鎡基」，這種思想傾向與陳亮崇尚功利霸業之說有很多相通之處。由此之故，王通在南宋時成為浙東學術的精神偶像也正在情理之中：

　　陳同父學已行到江西，浙人信向已多。家家談王伯，不說蕭何張良，只說王猛：不說孔孟，只說文中子，可畏！可畏[註129]！

　　又其（《中說》）間被人夾雜，今也難分別。但不合有許多事全似孔子。孔子有荷蕢等人，他也有許多人，便是裝點出來。其間論文史及時事世變，煞好，令浙間英邁之士皆宗之[註130]。

　　或曰：「永嘉諸公多喜文中子。」曰：「然，只是小。他自知定學做孔子不得了，才見簡小家活子，便悅而趨之。譬如泰山之高，他不敢登：見簡小土堆子，便上去，只是小。」[註131]

〔註125〕《朱子語類》卷一三七《戰國漢唐諸子》，頁 3257。
〔註126〕《朱子語類》卷一三七《戰國漢唐諸子》，頁 3269。
〔註127〕《朱子語類》卷一三七《戰國漢唐諸子》，頁 3267。
〔註128〕《朱子語類》卷一三七《戰國漢唐諸子》，頁 3259。
〔註129〕《朱子語類》卷一二三《陳君舉》，頁 2966。
〔註130〕《朱子語類》卷一三七《戰國漢唐諸子》，頁 3267。
〔註131〕《朱子語類》卷一二三《陳君舉》，頁 2962。

　　朱子和陳亮就王霸義利進行了非常激烈的爭論。朱子在這場論戰中絲毫不肯讓步，他正是在與陳亮的激烈論戰中，發現了陳亮與王通相似的精神氣質。在朱子的視域之中，漢高祖、唐太宗之流尚不在聖王之列，王通竟以為魏孝文帝得有天命，這在朱子看來是尤其不合情理的說法。

　　概言之，王通在隋唐之際對世變因革有所關注，朱子對他的推重也正因為他「論世變因革處，說得極好」〔註132〕。不過，其治學的思路使得其學說跟道學家格物致知、窮理盡性的核心要義存在很大的差異，同時又因夾有老氏而顯得駁雜不純，具有淪為異端的傾向。王通續經的行為使他將「後世」與三代等量齊觀，以致成為以陳亮代表的浙東學派的思想資源和精神偶像。綜合以上原因，朱子未將王通列入其道統譜系自在情理之中。

三、韓愈

　　韓愈對宋學的開闢之功深遠宏闊，宋學正是在「繼韓」與「闢佛」的基礎上發展起來的。朱子對韓愈的功績給予了非常充分的肯定，如謂「韓文公於仁義道德上看得分明，其綱領已正」〔註133〕，「韓退之則於大體處見得，……如《原道》一篇，自孟子後無人似他見得。『郊焉而天神格，廟焉而人鬼享。以之為人，則愛而公；以之為心，則和而平；以之為天下國家，無所處而不當』，說得極無疵。」〔註134〕相比於揚雄，韓愈在出處大節方面也無可指謫，但是朱子將其排斥道統之外，這主要有以下三個方面的原因：

　　第一，韓愈急於出仕做官，所託非人，至年老又漸迷其心。朱子曾令弟子比較董仲舒、揚雄、王通、韓愈四人優劣。他提醒弟子，董仲舒自是好人，揚子雲不足道，「只有文中子、韓退之這兩人疑似，試更評看。」弟子多認為韓愈優於文中子，而朱子卻說：

> 如韓退之雖是見得箇道之大用是如此，然卻無實用功處。他當初本只是要討官職做，始終只是這心。他只是要做得言語似《六經》，便以為傳道。至其每日工夫，只是做詩，博弈，酣飲取樂而已。觀其詩便可見，都襯貼那《原道》不起。至其做官臨政，也不是要為國做事，也無甚可稱，其實只是要討官職而已〔註135〕。

〔註132〕《朱子語類》卷一三七《戰國漢唐諸子》，頁3261。
〔註133〕《朱子語類》卷一三七《戰國漢唐諸子》，頁3261。
〔註134〕《朱子語類》卷一三七《戰國漢唐諸子》，頁3255。
〔註135〕《朱子語類》卷一三七《戰國漢唐諸子》，頁3260。

　　這番話其實並非沒有現實依據。朱子曾作《昌黎先生集考異》，爲考證韓愈的生平經歷，特以《新唐書·韓愈傳》爲底本，結合李翱所撰韓愈行狀、皇甫湜所撰墓誌銘和神道碑、《舊唐書·韓愈傳》、《資治通鑑》、洪興祖所撰年譜、程俱《歷官記》、方崧卿增訂年譜等資料考其同異〔註 136〕。由朱子校訂的《昌黎先生集傳》可知，韓愈十九歲至京師，屢考不中，至二十五歲始登進士第，成爲「前進士」。韓愈急於出仕，三考博學宏詞而不中，又接連三次上書宰相求仕〔註137〕，皆不獲報。韓愈只好先後給宣武節度使董晉、武寧節度使張建封作幕僚，但歷時不長，兩位節度使相繼死去。韓愈無所憑依，只好投書唐德宗的寵臣李實，且對這位佞臣多有不實之譽，其目的正是爲了出仕做官，正如韓愈所說：

> 愈來京師，於今十五年，所見公卿大臣不可勝數，皆能守官奉職，無過失而已。未見有赤心事上，憂國如家如閣下者……愈也少從事於文學，見有忠於君、孝於親者，雖在千百年之前，猶敬而慕之，況親逢閣下，得不候於左右，以求效其懇懇〔註138〕。

　　這在朱子看來就是「枉尺直尋」。孟子說：「吾聞觀近臣，以其所爲主；觀遠臣，以其所主。」（《孟子·萬章上》）韓愈憑藉李實的引薦入仕，多有慌不擇路、飢不擇食之感。好在韓愈入仕後從未依附李實，且有詩諷喻李實。韓愈作《順宗實錄》，還備書李實恃寵強愎、專於聚斂。所有這些努力依舊無可掩蓋其急於求仕的熱烈願望。入仕所託非人歷來是被人恥笑的汙點，如藺相如託身於宦者繆賢，司馬相如以狗監楊得意而受知武帝，儘管功業文章斐然，但他們進入仕途的方式依舊受人詬病。司馬遷拒絕任安「以愼於接物，推賢進士爲務」時說：「昔衛靈公與雍渠同載，孔子適陳；商鞅因景監見，趙良寒心；同子參乘，爰絲變色。自古而恥之。夫以中才之人，事有關於宦豎，莫不傷氣，而況於忼慨之士乎！如今朝雖乏人，奈何令刀鋸之餘薦天下豪雋哉！」（《報任安書》）韓愈的遭遇與藺相如、司馬相如、商鞅等人有似之者。

　　元和十三年（818），年過五十的韓愈時爲刑部侍郎（正四品），其作《示兒》詩，回顧了自己三十多年來的出處經歷，可謂洋洋得意：

〔註136〕　《韓昌黎文集校注》附錄《朱子校昌黎先生集傳》，頁 824。
〔註137〕　《韓昌黎文集校注》卷三收有《上宰相書》、《後十九日復上書》、《後廿九日復上書》，讀來確實不免有執著出仕之嫌，張九成謂其第二書「乃復自比爲盜賊管庫，且云『大其聲而疾呼矣』，略不知恥。」見於頁 171～182。
〔註138〕　《韓昌黎文集校注》卷二《上李尚書書》，頁 157～158。

我始來京師，止攜一束書。辛勤三十年，以有此屋廬……恩封高平君，子孫從朝裾。開門問誰來，無非卿大夫。不知官高卑，玉帶懸金魚。問客之所爲，裒冠講唐虞。酒食罷無爲，墓槧以相娛。凡此座中人，十九持鈞樞。……安能坐如此，比肩於朝儒。詩以示兒曹，其無迷厥初〔註 139〕。

　　蘇軾評價此詩「所示皆利祿事也」，朱子亦曰：「此詩所誇，《感二鳥》、《符讀書》之成效極致，而《上宰相書》所謂行道憂世者，則已不復言矣。其本心如何哉？」〔註 140〕由此亦可見出，朱子對韓愈急於仕進、誇耀利祿的做法多有鄙夷。朱子注解「國有道，不變塞焉，……國無道，至死不變」說：「國有道，不變未達之所守；國無道，不變平生之所守也。」〔註 141〕這正是提醒儒者要有一番作爲，並以道進退。孔子作爲「聖之時者」，「可以仕則仕，可以止則止，可以久則久，可以速則速」（《孟子・萬章下》）。以此反觀韓愈，他的出處行事確實未免操之過急。韓愈急於出仕，雖未必只爲求富貴，但還是違背了「待善價而沽」的出處方式，所謂「退之正在好名中」〔註 142〕。

　　第二，韓愈於道確有所見，但他忙於酣飲作詩，只是「做閑雜言語多」〔註143〕，缺乏實際的細密工夫。其文章雖有六經之似，卻不能算作眞正地傳道授業，所以程頤說「揚子之學實，韓子之學華」〔註 144〕，具體表現爲：

　　　韓退之則於大體處見得，……只是空見得箇本原如此，下面工夫都空疏，更無物事撐住襯簿，所以於用處不甚可人意。緣他費工夫去作文，所以讀書者，只爲作文用。自朝至暮，自少至老，只是火急去弄文章；而於經綸實務不曾究心，所以作用不得。每日只是招引得幾箇詩酒秀才和尚度日。有些工夫，只了得去磨煉文章，所以無工夫來做這邊事。兼他說，我這箇便是聖賢事業了，自不知其非。如論文章云：「自屈原、荀卿、孟軻、司馬遷、相如、揚雄之徒」，卻把孟軻與數子同論，可見無見識，都不成議論〔註 145〕。

〔註 139〕錢仲聯：《韓昌黎詩繫年集釋》卷九《示兒》，上海：上海古籍出版社，1984，頁 952。
〔註 140〕《韓昌黎詩繫年集釋》卷九《示兒》引朱子語，頁 956。
〔註 141〕《中庸章句》第十章，頁 21。
〔註 142〕《二程集・河南程氏遺書》卷十八《伊川先生語四》，頁 232。
〔註 143〕《朱子語類》卷一三七《戰國漢唐諸子》，頁 3261。
〔註 144〕《朱子語類》卷一三七《戰國漢唐諸子》，頁 3261。
〔註 145〕《朱子語類》卷一三七《戰國漢唐諸子》，頁 3255。

　　朱子對見道者雖多有肯定（如曾點、子貢等），而實際上他更注重這「下面工夫」，因爲「下學」工夫實了纔能「上達」。韓愈「自朝至暮，自少至老」忙於作文，以致「下面工夫空疏」，詩酒度日，跟道學家嚴整肅毅的作風自是不同。

　　朱子雖認爲韓文力量不及漢文，但依舊鍾情於韓文（尤其是《宴喜亭記》和《韓弘典》），認爲「韓文高」，「千變萬化」，「議論正，規模闊大」，自有好處，「有平易處極平易，有險奇處極險奇」。朱子親下功夫深研韓文，成《昌黎先生文集考異》，其勸學者曰：「古賦雖熟，看屈宋韓柳所做，乃有進步處。」〔註146〕不過，朱子對韓文同樣持一辯證觀念，韓文存在的問題同樣不能忽略：

　　　　才卿問：「韓文《李漢序》頭一句甚好。」曰：「公道好，某看
　　　　來有病。」陳曰：「『文者，貫道之器。』且如六經是文，其中所道
　　　　皆是這道理，如何有病？」曰：「不然。這文皆是從道中流出，豈有
　　　　文反能貫道之理？文是文，道是道，文只如喫飯時下飯耳。若以文
　　　　貫道，卻是把本爲末。以末爲本，可乎？其後作文者皆是如此。」
　　〔註147〕

　　朱子反對捨「道」而談「文」，主張「文」、「道」相合，「道」重於「文」：「道者，文之根本；文者，道之枝葉。惟其根本乎道，所以發之於文，皆道也。三代聖賢文章，皆從此心寫出，文便是道。」在這樣的價值觀念下，韓愈詩酒文章的生活方式使他對道的體認缺乏細密踏實的工夫，正如楊時所說：「至道之歸，固非筆舌能盡也。要以身體之，心驗之，雍容自盡於燕閑靜一之中，默而識之，兼忘於書言意象之表，則庶乎其至矣。反是，皆口耳誦數之學也。」〔註148〕韓愈雖主張「文以載道」，但由於沉湎於作文，缺乏以身體之、以心驗之的工夫，且對「經綸實務」多不究心，終究不免「以文害道」，以致「文道兩失」：「才要作文章，便是枝葉，害著學問，反兩失也」〔註149〕。

　　第三，從更深的學理層次來看，韓愈不能納入道統譜系的原因在於其對「性」的論述與孟子「性善」說存在很大差異。朱子說「文公見得大意已分

〔註146〕　本段文字引文俱出自《朱子語類》卷一三九《論文上》，頁 3299〜3206。
〔註147〕　《朱子語類》卷一三九《論文上》，頁 3305〜3306。
〔註148〕　《龜山集》卷十七《寄翁好德其一》，《四庫全書》第 1125 冊，頁 277。
〔註149〕　《朱子語類》卷一三九《論文上》，頁 3305〜3306。

明〔註150〕，但不曾去子細理會」〔註151〕，其所不能「子細理會」的地方體現在他對「性」的理解存在很大偏差。韓愈論「性」曰：

> 性也者，與生俱生也；情也者，接於物而生也。性之品有三，而其所以為性者五；情之品有三，而其所以為情者七。曰何也？曰：性之品有上、中、下三。上焉者，善焉而已矣；中焉者，可導而上下也；下焉者，惡焉而已矣。其所以為性者五：曰仁、曰禮、曰信、曰義、曰智。上焉者之於五也，主於一而行於四；中焉者之於五也，一不少有焉，則少反焉，其於四也混；下焉者之於五也，反於一而悖於四。性之於情視其品。情之品有上、中、下三，其所以為情者七：曰喜、曰怒、曰哀、曰懼、曰愛、曰惡、曰欲。上焉者之於七也，動而處其中；中焉者之於七也，有所甚，有所亡，然而求合其中者也；下焉者之於七也，亡與甚，直情而行者也。情之於性視其品〔註152〕。

依照韓愈的觀念，仁、禮、信、義、智五者構成「性」，喜、怒、哀、懼、愛、惡、欲七者組成「情」。由於人對構成「性」的五個要素、構成「情」的七個要素具有不同的體認，所以「性」分善、可善可惡、惡三品，「情」也分上、中、下三品。這段文字可以見出一個非常關鍵的問題：韓愈對孟子的推崇主要是其排拒楊墨、摒除異端方面，而對孟子的心性學說並沒有全盤接受，且態度非常模糊不清，韓愈自己對人性的論述又有難以自圓其說的內在矛盾：

> 《原性》人性論主題部份，實際涵有一大內在矛盾，即人性本善論與人性三品說之間所形成的根本矛盾。《原性》劈頭即肯定「性也者，與生而俱生也」，下文更肯定「其所以為性者五，曰仁、曰禮、曰信、曰義、曰智」，這是明確地表示天賦人性本質是善。且下文「上焉者之於五」、「中焉者之於五」、「下焉者之於五」的提法，實質上

〔註150〕 朱子謂韓愈見道已分明，具體而言主要針對其《原道》而言，如謂：「自古罕有人說得端的，惟退之《原道》庶幾近之，卻說見大體。程子謂『能作許大識見尋求』，眞箇如此。他資才甚高，然那時更無人制服他，便做大了，謂『世無孔子，不當在弟子之列』。」見於《朱子語類》卷九六《程子之書二》，頁2476。
〔註151〕 《朱子語類》卷一三九《論文上》，頁3329。
〔註152〕 《韓昌黎文集校注》卷一《原性》，頁22～23。

亦是以天賦人性本質是善爲其邏輯前提。……但是,《原性》在肯定
人性是善的同時,又自相矛盾地提出……「性之品有上中下三」,即
善、可善可惡、惡三品。依《原性》,性三品的差異,在於主於仁(「主
於一」)、少反於仁、反於仁。這似乎表示性三品的差異,是由人的
行爲而決定。但是《原性》既然明白斷定人性分爲三品,就是把人
性分爲三種本質。因此,性本善論便與性三品說構成根本性的內在
矛盾,而難以自圓其說〔註153〕。

韓愈在《原性》中將孟子與荀子、揚雄作等量齊觀,都做了一定的批判:
「孟子之言性曰:人之性善;荀子之言性曰:人之性惡;楊子之言性曰:人
之性善惡混。夫始善而進惡,與始惡而進善,與始也混而今也善惡,皆舉其
中而遺其上下者也,得其一而失其二者也」〔註154〕。韓愈《原性》對孟子的
批判與其《原道》對孟子的推崇形成鮮明的對比,所以程頤說《原性》等文
皆其少作,而《原道》則是其晚年作品:「退之晚年爲文,所得處甚多。……
如曰『軻之死,不得其傳焉』」〔註155〕。「軻之死,不得其傳焉」正是《原道》
當中非常有名的文句。不過,朱子並未採納程頤這種說法,而對其作《原性》
的時間與初衷做了一詳細推斷:

> 此「五原」篇目既同,當是一時之作……皆是江陵以前所作。

> 程子獨以《原性》爲少作,恐其考之或未詳。孟子言人性善,荀子
> 言惡,揚子言善惡混,公乃作《原性》,取三者而折之以孔子之言(即
> 《論語·陽貨》「性相近也,習相遠也」)〔註156〕。

順宗永貞元年(806),韓愈爲江陵法曹參軍〔註157〕,是年韓愈三十九歲,
「五原」既皆作於此之前,自不能算是少作。在朱子看來,韓愈對「性」的
認知雖然比荀子、揚雄要高明得多,但他仍然錯誤地把「氣質之性」當作「天
命之性」〔註158〕,少了一「氣」字〔註159〕:

〔註153〕 鄧小軍:《理學本體:人性論的建立》,《孔子研究》1993年第2期,頁65。

〔註154〕 《韓昌黎文集校注》卷一《原性》,頁23。

〔註155〕 《二程集·河南程氏遺書》卷十八《伊川先生語四》,頁232。

〔註156〕 《韓昌黎文集校注》卷一《原性》所引朱子按語,頁21。所謂「五原」,是
指其以「原」爲題的五篇文章,分別是《原道》、《原性》、《原毀》、《原人》、
《原鬼》。

〔註157〕 洪興祖《韓子年譜》順宗永貞元年乙酉條,不同於呂大防的貞元二十年之說,
此用洪譜。見於呂大防等:《韓愈年譜》,北京:中華書局,1991,頁42。

〔註158〕 《朱子語類》卷五九《孟子九·告子上》「生之謂性」章,頁1377。

韓子見得天下有許多般人，故立爲三品，說得較近。其言曰：「仁義禮智信，性也；喜怒哀樂愛惡欲，情也。」似又知得性善〔註160〕。

「韓公之意，人多看不出。他初便說：『所以爲性者五，曰仁義禮智信；所以爲情者七，曰喜怒哀懼愛惡欲。』下方說『三品』。看其初語，豈不知得性善？他只欠數字，便說得出。」黃嵩老云：「韓子欠說一箇氣稟不同。」曰：「然。他道仁義禮智信，自是了。只說到『三品』，不知是氣稟使然，所以說得不盡。」〔註161〕

朱子既不承認《原性》是韓愈少作，也不否認韓愈於「性善」全無所見（所見僅是氣質之性，而非純乎善的天命之性），到了周敦頤《太極圖說》才對仁、義、禮、智、信五者之性有著較爲詳細的論述。這就更彰顯了韓愈「性三品說」與孟子的「性善論」之間的矛盾。其實孟子論「性」只是純善的天命之性，並未結合「氣」而論其氣質之性（詳見本書相關章節），但這並不妨礙程朱對孟子的肯定。在這樣的視域之下，承認天命之性善要遠比得出氣質之性善這個結論重要得多，因此，韓愈被摒除在以「性善」爲基礎的道統體系之外也自在情理之中。

四、結語

朱子將荀子、揚雄、王通、韓愈四人摒除在道統譜系之外，可主要歸結爲以下幾個方面的原因：其一，由於孟子的「性善論」是思孟學派非常重要理論根基，凡是論「性」偏離了性善之說的儒者都不能進入此道統譜系，而恰好荀子、揚雄、韓愈三人都有不同於「性善論」的觀念。這在朱子看來已是「大本」有虧，其餘則無足觀；其二，朱子一直以排拒異端、保持儒學純粹性爲使命，孟子在這一方面堪稱榜樣。因此，如果某人的學說具有明顯的異端傾向，自不能進入此道統譜系，如朱子斥荀子學說爲申韓、斥揚雄學說導源於黃老、斥王通學說以老莊爲依歸，這都是在學術流派的劃分上將其列入異端行列。這樣，持有這種學說的人自不能進入此道統譜系；其三，道學的一個重要方向就是爲人倫秩序尋找天理上的根本依據，道學家必然會高蹈整肅的道德風節，以道之行否爲進退依據，因而「枉尺直尋」是嚴重違背出

〔註159〕 《朱子語類》卷一三七《戰國漢唐諸子》，頁3272。
〔註160〕 《朱子語類》卷五九《孟子九·告子上》「性無善無不善」章，頁1389。
〔註161〕 《朱子語類》卷五三《孟子三·公孫丑上之下》「人皆有不忍人之心」章，頁1296。

處原則的表現。那麼，在現實政治中存有爭議的揚雄、韓愈自不能被納入此道統譜系；其四，如果說以上因素屬於歷史和哲學的因素，那麼比較現實、更為直接的因素則是朱子與當時不同學術流派的互動使得朱子更為堅定地執持己說，尤其是在與陳亮的激烈論戰之中，他更為明確地執持「正其誼而不謀其利，明其道而不計其功」的觀念（董仲舒語），因此，凡與浙東學者有精神氣質之相通的儒者，自不能進入建立在「言必稱堯舜」的道統譜系之內。王通是陳亮的精神支撐，更遠的荀子則主張「法後王」，並不排斥霸道。他們的學說既與道學家的政治理想不合，也加劇了朱子與浙東學派的激烈論戰。朱子在批駁以陳亮為代表的浙東學者的同時，也一並將他們背後的精神偶像打倒，這多有「擒賊先擒王」之意。一言以蔽之，朱子將四人排拒在道統之外，有很多錯綜複雜的因素，但實際上他就像一個鐵面無情、火眼金睛的大法官，始終以思孟學派作為一把標尺，嚴格地衡量四人的優點與不足，並將其排拒出道統譜系之外。

第五章　闢　佛
——朱子對佛教的借鑒與超越

第一節　中國征服佛教
——佛教的中國化

一、佛教對中國傳統倫理的適應

　　荷蘭漢學家許理和（Erik Zürcher）認為，佛教在中國首先是一種生活方式和一種高度紀律化的行為方式（而不首先是一種思想模式或哲學體系），它被認為能藉此解脫生死輪迴，適合於封閉而獨立的宗教組織（即僧伽的成員）信受奉行〔註1〕。佛教流入中國，在魏晉時始為大盛。佛教對出家修行的倡導除了直接引發家族倫理衝擊，也不免發生對政治倫理的動搖，其思想內容有夷夏之爭與在家出家之爭，這些爭端無疑會給中國傳統人倫觀念一沉重打擊〔註2〕。成書於漢魏之間的《牟子理惑論》就記載了當時儒佛辯難的情形〔註3〕：

　　　　問曰：「《孝經》言『身體髮膚，受之父母，不敢毀傷』，曾子臨沒『啟予手，啟予足』。今沙門剃頭，何其違聖人之語，不合孝子之道也？吾子常好論是非，平曲直，而反善之乎？」牟子曰：「夫訕聖賢不仁，平不中不智也。不仁不智，何以樹德？德將不樹，頑嚚之

〔註1〕 許理和著，李四龍等譯：《佛教征服中國》，南京：江蘇人民出版社，2005，頁431。
〔註2〕 《中國政治思想史》，頁386。
〔註3〕 牧田諦亮校記：高麗版《弘明集》（《弘明集研究》卷上影印），京都：京都大學人文科學研究所，1975，頁9～11。

儔也。論何容易乎？昔齊人乘船渡江，其父墮水，其子攘臂、捽頭、顛倒，使水從口出，而父命得蘇。夫捽頭、顛倒，不孝莫大，然以全父之身。若拱手修孝子之常，父命絕於水矣。孔子曰『可與適道，未可與權』，所謂時宜施者也。且《孝經》曰『先王有至德要道』，而泰伯短髮文身，自從吳越之俗，違於身體髮膚之義，然孔子稱之『其可謂至德矣』。仲尼不以其短髮毀之也。由是而觀，苟有大德，不拘於小。沙門捐家財，棄妻子，不聽音，不視色，可謂讓之至也，何違聖語，不合孝乎？豫讓吞炭漆身，聶政皮面自刑，伯姬蹈火，高行截容，君子為勇而有義，不聞譏其自毀沒也。沙門剃除鬚髮，而比之於四人，不已遠乎？」

問曰：「夫福莫踰於繼嗣，不孝莫過於無後。沙門棄妻子，捐財貨，或終身不娶，何其違福孝之行也？自苦而無奇，自拯而無異矣。」牟子曰：「夫長左者，必短右；大前者，必狹後。孟公綽為趙魏老則優，不可以為滕、薛大夫。妻子財物，世之餘也。清躬無為，道之妙也。老子曰『名與身孰親？身與貨孰多』，又曰觀三代之遺風，覽乎儒墨之道術，誦詩書，修禮節，崇仁義，視清潔，鄉人傳業，名譽洋溢，此中士所施行，恬惔者所不恤。故前有隨珠，後有虓虎，見之走而不敢取，何也？先其命而後其利也。許由棲巢木，夷齊餓首陽，孔聖稱其賢曰『求仁得仁』者也，不聞譏其無後、無貨也。沙門修道德以易遊世之樂，反淑賢以貿妻子之歡，是不為奇，孰與為奇？是不為異，孰與為異哉？」

問曰：「黃帝垂衣裳，制服飾。箕子陳《洪範》，貌為五事首。孔子作《孝經》，服為三德始，又曰『正其衣冠，尊其瞻視』。原憲雖貧，不離華冠；子路遇難，不忘結纓。今沙門剃頭髮，被赤布，見人無跪起之禮，威儀無盤旋之容止，何其違貌服之制，乖搢紳之飾也。」牟子曰：「老子云：『上德不德，是以有德；下德不失德，是以無德』。三皇之時，食肉衣皮，巢居穴處，以崇質樸，豈復須章黼之冠、曲裘之飾哉？然其人稱有德而敦厖，允信而無為，沙門之行有似之矣。」

由於「父子之敬」是「君臣之序」的基礎，「君臣之序」是對「父子之敬」的延伸，這就意味著君臣之義世無所逃，對「孝」與「忠」的否定也正是對

「家」與「國」的否定。廬山慧遠依據《梵網經》、《涅槃經》、《四分律》等佛教經典提出著名的「沙門不敬王者論」，對千年以來無可置疑的「普天之下，莫非王土。率土之濱，莫非王臣」進行大膽挑戰〔註4〕：

> 一曰在家：謂在家奉法，則是順化之民，情未變俗，跡同方內，故有天屬之愛，奉主之禮，禮敬有本，遂因之以成教。二曰出家：謂出家者能遯世以求其志，變俗以達其道。變俗則服章不得與世典同禮，遯世則宜高尚其跡。大德故能濟俗於沈流，拔玄根於重劫。遠通三乘之津，近開人天之路。如今一夫全德，則道洽六親，澤流天下。雖不處王侯之位，固已協契皇極，在宥生民矣。是故內乖天屬之重，而不逆其孝；外闕奉主之恭，而不失其敬也。三曰求宗不順化：謂反本求宗者，不以生累其神，超落塵封者，不以情累其生。不以情累其生，則其生可滅；不以生累其神，則其神可冥。冥神絕境，故謂之泥洹。故沙門雖抗禮萬乘，高尚其事，不爵王侯，而沾其惠者也。四曰體極不兼應：謂如來之與周孔，發致雖殊，潛相影響。出處咸異，終期必同。故雖曰道殊，所歸一也。不兼應者，物不能兼受也。五曰形盡神不滅：謂識神馳騖，隨行東西也〔註5〕。

慧遠的雄辯其實一開始就注定要失敗，事實的情形正如道安所說「不依國主，則法事難立」〔註6〕，要在華夏文明圈傳揚佛教，就要改良教義，藉助世俗政權擴大影響，因而佛教在征服中國的同時，中國也征服了佛教，它只能無條件地接受王權的天經地義和傳統的不言而喻〔註7〕，並不能像中世紀的西方世界，宗教可與王權並立，甚至凌駕於王權之上。

佛教要在中國獲得發展，就不能無視中國延續千百年的人倫禮俗，而要在宗教和世俗之間尋找到一個平衡點，這正是佛教的中國化進程。佛教「修道德以易遊世之樂」（《弘明集·牟子理惑論》）的原始教義也正在悄然發生變化，從而更為重視中國倫理觀念。出家修行的僧人「隱居以求其志，變俗以達其道」，故能「內乖天屬之重而不違其孝，外闕奉主之恭而不失其敬」（《弘

〔註4〕《中國政治思想史》，頁388。
〔註5〕慧皎：《高僧傳》卷六義解三晉廬山慧遠，北京：中華書局，1992，頁220～221。
〔註6〕《高僧傳》卷五義解二晉長安五級寺釋道安，頁178。
〔註7〕葛兆光：《古代中國文化講義》，上海：復旦大學出版社，2012年第2版，頁85～86。

明集・答桓太尉書〉）。題名安世高所譯的《佛說父母恩重難報經》更將孝道
和修證佛法進行了融合。這部佛經認爲，父母對子女有養育之恩，子女即使
右肩扛著父親、左肩扛著母親，雙親在自己肩背上大小便也不應有絲毫怨言，
如此歷經一千年，也不足以報答父母之恩。子女對父母最大的報恩就是教他
們「行慈」，教他們起信、持戒、好施、得智、信如來，乃至獲得解脫〔註8〕。
被譽爲「佛門《孝經》」的《地藏菩薩本願經》隨著地藏信仰的展開而影響深
遠，但這部佛經來歷不明〔註9〕，這部疑僞經的出現也正是爲了適應地藏信仰
當中的孝道因素。即便是講求通透灑脫的禪宗，也意識到傳統的儒家倫理問
題無法迴避。據法海本《壇經》記載：

> 惠能幼小，父又早亡，老母孤遺，移來南海，艱辛貧乏，於市
> 賣柴。忽有一客買柴，遂令惠能送至於官店。客將柴去，惠能得錢，
> 卻向門前，忽見一客讀《金剛經》，惠能一聞，心明便悟，乃問客曰：
> 「從何處持此經典？」客答曰：「我於蘄州黃梅縣東馮墓山禮拜五祖
> 弘忍和尚，見今在彼，門人有千餘眾。我於彼聽見大師勸道俗，但
> 持《金剛經》一卷，即得見性，直了成佛。」惠能聞說，宿業有緣，
> 即便辭親，往黃梅馮墓山，禮拜五祖弘忍和尚〔註10〕。

惠能聞說五祖講經，「即便辭親」，置老母「孤遺」於不顧，終不免於
孝道有虧。所以，如何安置惠能老母便需找到一種合乎常情的說法。據郭
鵬考證，《壇經》法海本「一客」除付柴錢外，分文不肯多給；惠昕本、契
嵩本、宗寶本的「一客」則「取銀十兩與惠能」，而《祖堂集》中的此「一
客」不但有名有姓，還將銀增至一百兩〔註11〕。從《壇經》各版本所記惠
能老母的安置方式及給付柴錢的多少，足以見出禪宗也要極爲愼重地對待
孝養父母一事，連其經典也不得不在這方面漸趨合理。概言之，佛門與孝

〔註8〕 陳士強：《大藏經總目提要・經部》第三冊，上海：上海古籍出版社，2007，
　　　 頁479～480。

〔註9〕 張淼考證認爲，這部經典雖署名唐代實叉難陀所譯，而且在歷代的佛教經錄
　　　 中也沒有出現過該書作爲疑僞經記載的情況，但是，在宋、元、明、高麗等
　　　 諸大藏經中，只有明藏收錄此經，而比明藏較早的宋、元、高麗等諸大藏經
　　　 沒有收錄，此經爲實叉難陀所譯的說法值得懷疑。因此絕大多數研究者都將
　　　 這部經鑑定爲本土著述，也應當屬於疑僞經一類的經典。見於張淼：《佛教疑
　　　 僞經思想研究》，南京大學博士學位論文，2006，頁64。

〔註10〕 郭鵬：《壇經校釋》，北京：中華書局，1983，頁4～5。

〔註11〕 《壇經校釋》，頁6。

道結合，這在一定意義上意味著是佛教征服了中國，而中國的文化傳統也同樣征服了佛教。

　　葛兆光說，「家」與「國」在古代中國是不言而喻的實在，以「孝」爲核心的血緣關係是一種自然感情，而建立在這個自然感情基礎上的人性是維繫家庭、社會以及國家秩序的基礎，基礎動搖則一切秩序都會隨之崩潰〔註12〕。佛教正是比較好地處理了「家」與「國」之間的關係，從而獲得了更爲廣闊的發展空間。

二、佛教積極入世傾向對儒學的影響〔註13〕

　　如果說佛教吸收儒家傳統倫理要素是在其社會生活層面的中國化，那麼佛教對儒家典籍和社會治理的熱心則更彰顯了其明顯的入世傾向。名僧的士大夫化與士大夫的談禪適爲一事之兩面。佛徒往往自譽爲亂世救主，早在南朝劉宋時期的朱昭之就說到這一點：

> 自漢代以來，淳風轉澆，仁義漸廢。大道之科莫傳，五經之學彌寡。大義既乖，微言又絕。眾妙之門莫遊，中庸之儀弗睹。禮術既壞，雅樂又崩。風俗寢頓，君臣無章。正教陵遲，人倫失序。……於是聖道彌綸，天運遠被，玄化東流，以慈繫世，仁眾生民。（《弘明集‧難夷夏論》）

　　北宋僧人智圓也自詡佛教具有與儒家相似的社會教化功能，儒佛兩者並行不悖，而佛教對無上妙道的探討卻較儒學略勝一籌：

> 儒者飾身之教，故謂之外典；釋者修心之教，故謂之內典。蚩蚩生民，豈越於身心哉！噫！儒乎？釋乎？豈共爲表裏乎？世有限於域內者，故原誣於吾教，謂棄之可也。世有滯於釋氏者，往往以儒爲戲。豈知夫非仲尼之教則國無以治，家無以寧，釋氏之道何由而行哉〔註14〕？

〔註12〕　《古代中國文化講義》，頁86。

〔註13〕　這部份內容主要參考了《朱熹的歷史世界》（緒說部份之《道學家「闢佛」與宋代佛教的新動向》，頁64～109），並在此基礎上有側重地進行擴充，尤其是對契嵩解讀《中庸》的具體內容進行了比較詳細地說明。

〔註14〕　智圓：《閑居編》卷一九《中庸子傳上》，見於 CBETA 中華電子佛典協會電子佛典集成在線版，文字地址爲 http://cbetaonline.dila.edu.tw/#/X0949_019，查閱日期爲 2016 年 8 月 13 日。

佛教東傳，與仲尼、伯陽之說爲三。然孔老之訓詞，談性命未極於唯心，言報應未臻於三世。至於治天下，安國家，不可一日無也。……至於濟神明，研至理……大倡其妙者，則存乎釋氏之訓歟〔註15〕？

余英時認爲，佛教的入世轉向始於中唐新禪宗的興起，這種入世傾向在北宋更深了。高僧大德精研外典，爲儒學復興推波助瀾，他們關心時事往往不在士大夫之下，如智圓以僧徒而號「中庸子」。《中庸》本是儒家典籍，在《禮記》之中常常淹沒無聞，其發現與流傳與佛徒「格義」、新道家「清談」的關係最爲密切。從南北朝至宋代這段時期，研讀《中庸》者多有佛學研究之背景，更有僧人解《中庸》之作，最爲有名的是契嵩《中庸解》。智圓和契嵩的思想代表了北宋佛教的新動向，即重視世間法，關懷人間秩序的重建。

尤其值得一提的是，契嵩認爲鄭玄對《中庸》的注解不詳，未能通達性命之說〔註16〕。他說「《中庸》幾於吾道」，一語道破數百年來佛徒深究《中庸》的天機所在，僧徒所重者正是《中庸》的性命之學。契嵩意識到《中庸》與《禮記》之間的明顯差異：《禮記》的主體是「序等差而紀制度」之書，而《中庸》主要是立成人之道、正性命之說，是「禮之極而仁義之原」，仁、義、智、信、禮、樂、刑、政八者都要折衷於中庸，所以「君子將有爲也，將有行也，必修中庸，然後舉也」。中庸之德對下關乎個人的道德修養，對上則關乎天下治平：

其誠其心者，其修其身者，其正其家者，其治其國者，其明德於天下者，捨中庸其何以爲也？（《中庸解》第一）

〔註15〕 志磐：《佛祖統紀》卷十《高論旁世出家・智圓》引智圓《四十二章經》疏，高楠順次郎等編：《大正新修大藏經》第 49 冊，台北：新文豐出版股份有限公司，1996，頁 205。

〔註16〕 鄭玄注曰：「天命，謂天所命生人者也，是謂性命。木神則仁，金神則義，火神則禮，水神則智，土神則信」。契嵩以客主問答的形式行文，他借客之口指出「仁、義、智、信，似非習而得之也。與子所謂仁義禮智信，其於性也，必教而成之，不亦異乎？」於是進而批判鄭玄之說曰：「吾嘗病鄭氏之說不詳，而未暇議之。然鄭氏者，豈能究乎性命之說耶？……彼金、木、水、火、土，其爲物也無知，孰能諄諄而命其然乎？怪哉，鄭子之言也，亦不思之甚矣。如其說，則聖人者何用教也。」契嵩：《鐔津文集》卷四《中庸解》第三，《四部叢刊三編》影印鐵琴銅劍樓藏弘治己未年刊本，頁 5A～5B。本段所引契嵩《中庸解》均出自此本（卷四頁 5A～12B），不再逐段另行出注。

　　夫誠也者，所謂大誠也，中庸之道也。靜與天地同其理，動與
四時合其運。是故聖人以之禮也，則君臣位焉，夫子親焉，兄弟悌
焉，男女辨焉，老者有所養，少者有所教，壯者有所事，弱者有所
安，婚娶喪葬則終始得其宜，天地萬物莫不有其序；以之樂也，朝
廷穆穆，天下無憂，陰陽和也，風雨時也，凡有血氣之屬，莫不昭
蘇，歌於郊社宗廟，而鬼神來假；以之刑也，則軍旅獄訟理，而四
夷八蠻畏其威，其民遠罪而遷善；以之政也，則賢者日進，佞者絕
去，制度大舉，聲明文物，可示於後世。仁之則四海安，義之則萬
物宜，智之則事業舉，信之則天下以實應。聖人之以《中庸》作也
如此。（《中庸解》第四）

　　令人驚嘆的是，契嵩解《中庸》而又將其與《大學》的「修齊治平」縮
合，其影響可謂深矣、遠矣。此外，他認為《中庸》與《洪範》相為表裏，「中
庸」與「皇極」大同小異，「皇極，教也；中庸，道也」。契嵩將「性」與「情」
作了非常明顯的分別，他對人性的論述還沒有與《孟子》的性善說相結合，
所以他認為「善惡，情也，非性也。情有善惡而性無善惡者，何也？性靜也，
情動也，善惡之形見於動者也。」禽獸、眾人、聖賢之間的分別在於他們對
性情的認知不同：

　　　夫犬牛所以為犬牛者，犬牛性而不別也；眾人之所以為眾人也
　　者，眾人靈而不明也；賢人之所以為賢人者，賢人明而未誠也；聖
　　人之所以為聖人者，則聖人誠且明也。（《中庸解》第四）

　　因此，契嵩認為《中庸》非常重要，所以要藉助禮樂來學習《中庸》，「禮
樂修則中庸至矣」。在歷代聖人中，惟舜、孔子、顏回、子思有中庸之德，武
王、周公「能以中庸孝」。由於孔子並未提到堯、禹、文、武、周公等人是否
具有中庸之德，而孟子、李翺等人生於孔子之後，其能否做到中庸則更在難
知之列。契嵩特別提到，李翺是「效中庸者也」。由此可知，李翺對《中庸》
的重視與提倡可謂影響深遠，但《中庸》要晚至北宋真宗、仁宗之際纔由釋
歸儒。儘管儒家士大夫未必接受此前佛徒對《中庸》的解讀（從智圓到契嵩，
《中庸》的解釋權顯然掌握在佛徒手中），但佛徒將儒者的注意力引導至《中
庸》，其功甚偉。

　　余英時說，北宋儒佛之爭的實質恰在於誰的「道」應該成為重建秩序的
最後依據。道學家在士大夫群中「闢佛」，首先便要求重建儒家的「道德性命」
以取代禪宗在「內聖」領域的獨尊地位。

第二節　儒者批判佛教方式的轉型

一、儒者最初批判佛教的側重點

　　早期儒者對佛老的批判主要是圍繞社會經濟、人倫教化和夷夏之辨這幾個核心內容而展開的：

　　從社會經濟角度來看，排佛者認為佛教不從事社會生產，卻占據大量資源，消耗社會財富，他們不勞而獲恰如社會的蠹蟲，引發了新的不公平，為社會危機埋下了深深的隱患，正如韓愈所說：

> 古之為民者四，今之為民者六。古之教者處其一，今之教者處其三。農之家一，而食粟之家六。工之家一，而用器之家六。賈之家一，而資焉之家六。奈之何民不窮且盜也？（《原道》）

　　基於社會經濟因素而對佛教進行的批判在中國歷史上時有出現，即便在道學日漸成熟的南宋初年，胡宏當家國動蕩之際，依舊從這個維度對佛教進行了嚴厲的批判：

> 夫釋氏之道，上焉者以寂滅為宗，以明死生為大，行之足以潔其身，不足以開物成務；下焉者轉罪業，取福利，言之足以恐喝愚俗，因以為利而已矣。魏晉以上，為僧有禁；梁陳以下，曾無限制。今僧徒遍天下，以百萬計。問其力田、積粟、輸賦稅以實倉廩則不知，問其利器械以供上用則不知，問其披堅執銳為國爪牙則不知。故凡問以實用、有益於天下生民者，則曰：「非吾事也。吾所事者，為國焚修、祈天、祝聖，以救度一切眾生耳。」自祖宗以來，德大包荒，於道無所棄，亦崇信之。道君皇帝雖有改更，旋復其舊。然水旱屢興，蝗螟薦起，戎馬生郊，王師傷敗，則祈天之效安在乎？二聖北征，皇宗遠徙，陛下巡遊，靡克有定，則祝聖之效安在乎？盜賊蠢起，賊殺人父兄子弟夫婦，流血成川，死於鋒鏑者以億萬計，則救度一切眾生之效安在乎？其為欺妄，豈不昭明！而或者以為朝廷固知其無用，而度牒之入亦有助於國家。且度牒一時之得幾何，而農工商賈之子孫既為其徒，則不耕而食，不織而衣，高堂大廈，雕鏤文章，以自居處，役徒眾，致滋味，以自奉養而終其身，其費豈特十倍度牒哉！夫為政以均平天下，而坐縱夫庸愚欺誕之奸化誘

善良，失國家丁壯，滅絕天倫，壞亂人紀，百萬群居，蠹生民之衣
食，此臣之所未解者……〔註17〕

　　從人倫教化的角度來看，正道不明而異端橫行，周孔之教式微，人倫散
亂，人類社會就會至於殄滅境地（佛教對人倫教化的衝擊詳見上節）〔註18〕。
儒者到此境地若還不闢異端，就會像明知有盜賊，卻對他聽之任之〔註19〕，
就像有熊熊烈火將及身而不知救：

　　　　惟其天下無二道，聖人無兩心，所以有我底著他底不得，有他
　　　底著我底不得。若使天下有二道，聖人有兩心，則我行得我底，他
　　　行得他底〔註20〕。

　　如果說莊老殘賊義理，佛滅盡人倫，那麼禪學則滅盡義理〔註21〕，異端
害道，至此已極，以身任道的君子安得而不辨：「禪學最害道。莊老於義理滅
絕猶未盡。佛則人倫已壞。至禪，則又從頭將許多義理埽滅無餘。以此言之，
禪最爲害之深者。」〔註22〕因此，要以正道破除異端：

　　　　須看他如何是異端，如何是正道。異端不是天生出來。天下只
　　　是這一箇道理，緣人心不正，則流於邪說。習於彼，必害於此；既
　　　入於邪，必害於正〔註23〕。

　　從夷夏之辨的角度來看，《春秋》大義有「尊王攘夷」之說，孟子也以夷
夏之別斥陳相以夷變夏：「吾聞用夏變夷者，未聞變於夷者也。」（《孟子·滕
文公下》）佛教作爲一種外來宗教，它在傳統禮俗、倫理等多方面所引發的巨
變引起士大夫的深深憂慮。名士顧歡作《夷夏論》，主張佛道兩教有夷夏之別，
所以要取中夏之道教而棄外夷之佛教：

　　　　五帝、三皇，莫不有師。有道之士，無過老、莊，儒林之宗，
　　　孰出周、孔。……端委搢紳，諸華之容；剪髮曠衣，群夷之服。擎
　　　跽磬折，侯甸之恭；狐蹲狗踞，荒流之肅。棺槨殯葬，中夏之制；
　　　火焚水沈，西戎之俗。全形守禮，繼善之教；毀貌易性，絕惡之學。

〔註17〕　《胡宏集》之《上光堯皇帝書》，頁97～98。
〔註18〕　《朱子語類》卷一二六《釋氏》，頁3040。
〔註19〕　《朱子語類》卷一二六《釋氏》，頁3040。
〔註20〕　《朱子語類》卷一二六《釋氏》，頁3015。
〔註21〕　《朱子語類》卷一二六《釋氏》，頁3014。
〔註22〕　《朱子語類》卷一二六《釋氏》，頁3014。
〔註23〕　《朱子語類》卷二四《論語六·爲政下》「攻乎異端」章，頁586。

豈伊同人，爰及異物。鳥王獸長，往往是佛，無窮世界，聖人代興。
或昭五典，或布三乘。在鳥而鳥鳴，在獸而獸吼。教華而華言，化
夷而夷語耳。雖舟車均於致遠，而有川陸之節，佛道齊乎達化，而
有夷夏之別，若謂其致既均，其法可換者，而車可涉川，舟可行陸
乎？今以中夏之性，效西戎之法，既不全同，又不全異。下棄妻孥，
上廢宗祀。嗜欲之物，皆以禮伸；孝敬之典，獨以法屈。悖禮犯順，
曾莫之覺。弱喪忘歸，孰識其舊？且理之可貴者，道也；事之可賤
者，俗也。捨華效夷，義將安取？若以道邪？道固符合矣。若以俗
邪？俗則大乖矣。……佛教文而博，道教質而精。精非麤人所信，
博非精人所能。佛言華而引，道言實而抑。抑則明者獨進，引則昧
者競前。佛經繁而顯，道經簡而幽。幽則妙門難見，顯則正路易遵。
此二法之辨也。聖匠無心，方圓有體，器既殊用，教亦異施，佛是
破惡之方，道是興善之術。興善則自然為高，破惡則勇猛為貴。佛
跡光大，宜以化物；道跡密微，利用為己。優劣之分，大署在茲。
〔註24〕

　　顧歡認為既然佛與道本質相同，且都有著社會教化的功能，但若要考慮
中華傳統禮俗，就要尊道棄佛。顧歡的這段議論雖並非為崇戴儒學而發，但
以此而展開的夷夏之辨則同樣啟迪著儒者。執持這種觀念批判佛教的學者還
有韓愈、孫復、石介等人。如韓愈在其著名的《諫佛骨表》中也說到：

　　　　佛本夷狄之人，與中國言語不通，衣服殊制。口不道先王之法
　　　言，身不服先王之法行，不知君臣之義、父子之情。假如其身尚在，
　　　奉其國命，來朝京師，陛下容而接之，不過宣政一見，禮賓一設，
　　　賜衣一襲，衛而出之於境，不令惑於眾也。

　　夷夏之辨的背後是儒者盲目的文化自大。在中西文明交往日漸頻繁的唐宋
時代，這種以儒家文化為獨尊的價值傾向正是思想封閉保守的側面反映，以此
評判佛教，不但不會產生任何的實際效果，反倒顯出儒者窮驢技窮的窘迫。

　　唐武宗時代的會昌滅佛和後周世宗對佛教的摧毀已經證明，對佛教採取
「人其人，火其書，廬其居」（《原道》）這種殘酷滅絕的排拒方式恰使佛教「野
火燒不盡，春風吹又生」，不但不會奏效，反而還會引發更多新的社會問題。

〔註24〕　蕭子顯：《南齊書》卷五四《高逸傳·顧歡》，北京：中華書局，1972，頁931
　　　　〜932；《中國政治思想史》，頁390。

由於佛教往往能夠取得皇權的支持，儒者對佛教的直接攻擊不但不會獲得官方的支持，反倒會因遭受官方的打擊而招致奇辱，如：

> 河南府進士李藹，決杖，配沙門島。藹不信釋氏，嘗著書數千言，號《滅邪集》，又輯佛書綴爲衾裯，爲僧所訴，河南尹表其事，故流竄焉〔註25〕。

由於儒者並未找到一種有效排拒佛老的方式，佛老不但久排不去，而且大師輩出，這不能不給儒者很大的刺激。在這樣的歷史大背景下，儒家需要轉變對佛老鬥爭的方式，纔能在內聖之學、經典解釋的話語權、社會治理等方面取得勝場〔註26〕。

二、修其本以勝之：儒者排距佛教方式的轉型

佛教久排不去，使得儒者開始反思儒學自身的理論構建，而「疑經惑傳」之風恰好提供了這樣一個寬鬆的學術氛圍。歐陽修的《本論》正出現於這樣的大環境之中。歐陽修作爲唐宋學術一位非常關鍵的過渡人物，他在《本論》中已敏銳而深刻地意識到佛教久排不去的根源在於儒學自身出現了問題，因而這不是單純憑藉口舌，以一人一日之力就能解決的問題，惟有「修其本以勝之」纔是最終也是惟一的出路：

> 佛法爲中國患千餘歲，世之卓然不惑而有力者，莫不欲去之。已嘗去矣，而復大集，攻之暫破而愈堅，撲之未滅而愈熾，遂至於無可奈何。是果不可去邪？蓋亦未知其方也。……堯舜三代之際，王政修明，禮義之教充於天下，於此之時，雖有佛，無由而入。及三代衰，王政闕，禮義廢，後二百餘年而佛至乎中國〔註27〕。由是言之，佛所以爲患者，乘其闕廢之時而來，此其受患之本也。補其闕，修其廢，使王政明而禮義充，則雖有佛，無所施於吾民矣，此亦自然之勢也。……

〔註25〕　《續資治通鑑長編》卷七乾德四年四月「河南府進士李藹」條，頁169。
〔註26〕　余英時：《朱熹的歷史世界》上冊，北京：生活・讀書・新知三聯書店，2004，頁67。
〔註27〕　歐陽修將佛教能否傳入中國歸因於中國世勢的盛衰，這有悖於歷史地理的科學思維。張騫鑿空西域之前，佛教雖可能藉助海路傳入吳、楚等地，但對中國影響更爲深遠、更爲廣泛的佛教乃是通過西域傳入中國內地。這就意味著佛教能否傳入中國並不因爲中國是否盛衰，而在於中國與天竺進行文化交流的途徑是否順暢。

及周之衰，秦并天下，盡去三代之法，而王道中絕。……佛於此時，乘間而出。千有餘歲之間，佛之來者日益眾，吾之所爲者日益壞，……凡所以教民之具，相次而盡廢，然後民之姦者有暇而爲他，其良者泯然不見禮義之及己。……佛於此時，乘其隙，方鼓其雄誕之說而牽之，則民不得不從而歸矣。……

然則將奈何？曰：莫若修其本以勝之。昔戰國之時，楊、墨交亂，孟子患之而專言仁義，故仁義之說勝，則楊、墨之學廢。漢之時，百家並興，董生患之而退修孔氏，故孔氏之道明而百家息。此所謂修其本以勝之之效也。……學問明而禮義熟，中心有所守以勝之也。然則禮義者，勝佛之本也。今一介之士知禮義者，尚能不爲之屈，使天下皆知禮義則勝之矣。此自然之勢也。（上）

……甚矣，人之性善也！彼爲佛者，棄其父子，絕其夫婦，於人之性甚戾，又有蠶食蟲蠹之弊，然而民皆相率而歸焉者，以佛有爲善之說故也。嗚呼！誠使吾民曉然知禮義之爲善，則安知不相率而從哉！……蓋患深勢盛則難與敵，莫若馴致而去之易也。今堯、舜、三代之政，其說尚傳，其具皆在，誠能講而修之，行之以勤而浸之以漸，使民皆樂而趣焉，則充行乎天下，而佛無所施矣。《傳》曰「物莫能兩大」，自然之勢也，奚必曰「火其書」而「廬其居」哉！

……王道不明而仁義廢，則異端之患至矣。……其所以勝之之道，非有甚高難行之說也，患乎忽而不爲爾。……然非行之以勤，浸之以漸，則不能入於人而成化。……救之，莫若修其本以勝之。捨是而將有爲，雖賁育之勇、孟軻之辯、太公之陰謀，吾見其力未及施，言未及出，計未及行，而先已陷於禍敗矣。何則？患深勢盛難與敵，非馴致而爲之莫能也。故曰修其本以勝之，作《本論》〔註28〕。（下）

歐陽修轉變了儒者排拒佛老的視角，他發現儒學自身存在嚴重的問題，儒者需要完成儒學的重生，而不是一味攻擊佛教。這就較韓愈「人其人，火其書，廬其廬」的闢佛方式有很大進步，所以楊時說：「佛入中國千餘年，祇韓、歐二公立得定」〔註29〕歐陽修的這番努力得到蘇軾的熱切贊譽：

〔註28〕　《歐陽修詩文集校箋‧居士集》卷十七《本論》，頁511～520。
〔註29〕　《宋元學案》卷首《宋元儒學案序錄》引楊時語，頁1。

自漢以來，道術不出於孔氏，而亂天下者多矣。晉以老莊亡，梁以佛亡，莫或正之，五百餘年而後得韓愈，學者以愈配孟子，蓋庶幾焉。愈之後二百有餘年而後得歐陽子，其學推韓愈、孟子以達於孔氏，著禮樂仁義之實，以合於大道。其言簡而明，信而通，引物連類，折之於至理，以服人心，故天下翕然師尊之。自歐陽子之存，世之不說者，譁而攻之，能折困其身，而不能屈其言。士無賢不肖不謀而同曰：「歐陽子，今之韓愈也。」

宋興七十餘年，民不知兵，富而教之，至天聖、景祐極矣，而斯文終有愧於古。士亦因陋守舊，論卑氣弱。自歐陽子出，天下爭自濯磨，以通經學古爲高，以救時行道爲賢，以犯顏納說爲忠。長育成就，至嘉祐末，號稱多士。歐陽子之功爲多。嗚呼，此豈人力也哉？非天其孰能使之！歐陽子沒十有餘年，士始爲新學，以佛老之似，亂周孔之實，識者憂之。賴天子明聖，詔修取士法，風屬學者專治孔氏，黜異端，然後風俗一變……歐陽子論大道似韓愈，……此非予言也，天下之言也。〔註30〕

蘇軾這番話所肯定的正是歐陽修爲弘揚儒道所作的巨大努力和取得的巨大功績，歐陽修「修其本以勝之」的觀念扭轉了儒者排拒佛老的基本方向，使儒者更爲關注自身的理論建設。儒者惟有意識到自身不足纔能有機會彌補這些不足而贏得勝場。所以，朱子說：

今之學者往往多歸異教者，何故？蓋爲自家這裡工夫有欠缺處，奈何這心不下，沒理會處。又見自家這裡說得來疏略，無個好藥方治得他沒奈何底心；而禪者之說，則以爲有個悟門，一朝入得，則前後際斷，說得恁地見成捷快，如何不隨他去！此卻是他實要心性上理會了如此。不知道自家這裡有個道理，不必外求，而此心自然各止其所。非獨如今學者，便是程門高弟，看他說那做工夫處，往往不精切〔註31〕。

能從完善儒學自身不足的角度來應對佛教的挑戰自是歐陽修的高明之處，但是歐陽修的《本論》依舊透露出他認識上的嚴重不足。歐陽修雖意識到儒學自身的問題導致了佛教的昌熾，但這些問題不是由於其自身學理的不足，

〔註30〕 《蘇軾文集》卷十《六一居士集敘》，頁315～316。
〔註31〕 《朱子語類》卷一二六《釋氏》，頁3036～3037。

而在於三代衰弊之後，王政廢缺，以致儒家禮樂的貫徹執行不力（是用與不用，以及用得純與不純的問題），這纔給佛教乘虛而入創造機會。因此，「修其本以勝之」的「本」不在於由《孟子》、《中庸》、《易傳》等典籍展開的性理之學，而在於「禮義之爲善」。他認爲，惟修明王政，復歸儒家傳統之禮義，行之以勤，浸之以漸，纔能不爲所屈，而性理之學非儒者之所急。明人徐文昭說：「釋迦生於周定王時，與孔子、老聃並出，則三教乃天地一劫處，況達摩以下，有一片直見本性處，所以雖魁奇俊悟之士，咸宗其教。歐公言『修其本以勝之』是已，然僅區區於禮儀之習，其何能勝？」〔註32〕這幾句話一針見血地指出了歐陽修的問題。這就意味著歐陽修雖在一定程度上找到了佛教久排不去的正確歸因，但直到理學家崛起之後纔能找到解決的辦法，因爲歐陽修認爲此後儒學的發展不是開拓新領域（創新），而是復興古代的禮義（復古）。

三、道學家沉浸釋老的眞實用意

與唐代韓愈、宋初李覯等人與佛教正面交鋒的做法不同，張載、二程等道學家直接攻擊的對象不是出家僧侶，而是在家學禪的士大夫，他們在根本上改變了韓愈「闢佛」的方向，他們反對佛教的堅決態度較之韓愈有過之而無不及，他們持以辯難佛教的理論更爲精微。道學家的「闢佛」首先便是重建儒家的「道德性命」以取代佛教（尤其是禪宗）在內聖領域的獨尊地位〔註33〕。但是，濂洛宗師在其早年的生命歷程中幾乎都有過沉浸釋老的心路歷程，這其實是儒者向佛教、道教藉助新資源的過程。如何在保持儒學純粹性的前提之下，借鑒釋老的經典話題、思想精華及其思維方式，這需要一個漫長的探索過程。

張載「無所不學，與邠人焦寅遊。寅喜談兵，先生說其言。當康定用兵，時年十八，慨然以功名自許。上書謁范文正公，公一見知其遠器，欲成就之，乃責之曰：『儒者自有名教，何事於兵？』因勸讀《中庸》。先生讀其書，雖愛之，猶以爲未足也，於是又訪諸釋老之書累年，盡究其說，知無所得，反而求之六經。」〔註34〕程頤述程顥早年的爲學經歷說：「自十五六時，聞汝南

〔註32〕 《歐陽修詩文集校箋》集評所引《歐陽文忠公文選》徐文昭評《本論》語，頁 515～516。
〔註33〕 《朱熹的歷史世界》，頁 67、86。
〔註34〕 陳俊民：《藍田呂氏遺著輯校》卷《橫渠先生行狀》，北京：中華書局，1993，頁 586～587。

周茂叔論道，遂厭科舉之業，慨然有求道之志。未知其要，泛濫於諸家，出
入於老釋者幾十年，返求諸六經而後得之」〔註35〕。程頤「於書無所不讀」〔註
36〕，且與程顥有類似的求學經歷，雖沒有自言曾泛濫釋老，但在弟子所記語
錄中，程頤對佛理的批判並不少見，而且往往一針見血，若未曾究研其書，
則很難有此識見。所以，有人問朱子：「明道曾看釋老書，伊川則莊列亦不曾
看。」朱子回答說：「後來須著看。不看，無緣知他道理。」〔註37〕《朱子語
類》中記載了朱子這樣一段話似可證明程頤與佛學淵源深厚：

> 近看《石林過庭錄》，載上蔡說伊川參某僧，後有得，遂反之，
> 偷其說來做己使，是爲洛學。嘗疑如石林之說固不足信，卻不知上
> 蔡也恁地說，是怎生地。向見光老，示及某僧與伊川居士帖，後見
> 此帖乃載《山谷集》中，後又見有跋此帖者，乃僧與潘子眞帖。其
> 差謬類如此。但當初佛學只是說無存養底工夫，至唐六祖始教人存
> 養工夫。當初學者亦只是說不曾就身上做工夫，至伊川方教人就身
> 上做工夫，所以謂伊川偷佛說爲己使〔註38〕。

儘管朱子在最後深爲程頤辯解，但這更從一側面印證了程頤對佛學多有
借鑒。程頤回答弟子所問爲何「世之學者多入於禪」時說：「今人不學則已，
如學焉未有不歸於禪也。卻爲佗求道未有所得，思索既窮，乍見寬廣處，其
心便安於此。」〔註39〕程頤斷言，這種局面已經積重難返。程頤所說的這段
話，何嘗不是其自身經歷的寫照。

程門弟子沉浸釋老的風氣更爲濃厚，朱子說：「程門高弟如謝上蔡、游定
夫、楊龜山輩，下梢皆入禪學去」，「游楊謝三君子初皆學禪。後來餘習猶在，
故學之者多流於禪」〔註40〕。其中，謝良佐自禪門來，其學雜有釋老，且老
氏之學爲多，朱子說「上蔡之學，初見其無礙，甚喜之。後細觀之，終不離
禪底見解」：

> 「五峰疾病，彪德美問之，且求教焉。五峰曰：『游定夫先生所
> 以得罪於程氏之門者，以其不仁不敬而已。』」先生云：「言其習不

〔註35〕　《二程集‧河南程氏文集》卷十一《明道先生行狀》，頁638。
〔註36〕　《宋史》卷四二七《道學傳‧程頤傳》，頁12720。
〔註37〕　《朱子語類》卷九三《孔孟周張程子》，頁2359。
〔註38〕　《朱子語類》卷一二六《釋氏》，頁3040。
〔註39〕　《二程集‧河南程氏遺書》卷十八《伊川先生語四‧劉元承手編》，頁196。
〔註40〕　《朱子語類》卷一○一《程子門人‧總論》，頁2556。

著，行不察，悠悠地至於無所得而歸釋氏也。其子德華，謂汪聖錫
云，定夫於程氏無所得，後見某長老，乃有得也。此與呂居仁《雜
記》語同。大率其資質本好者，卻不用力，所以悠悠。如上蔡文定，
器質本駁偏，所以用力尤多。」〔註41〕

楊時少年未學程頤之前，先去看《莊》、《列》文字，「後來雖見伊川，然
而此念熟了，不覺時發出來」。楊時於程門弟子最為年老，故而所得亦深，其
談禪風氣不甚明顯，但於《論語序》中時有流露〔註42〕。游酢晚年嗜佛，在
江湖居，多有尼出入其門，談禪風氣最為濃厚。游酢之學無傳，也無語錄，
但朱子說他「大是禪學」。另如尹焞在虎丘每旦起頂禮佛，亦讀《金剛經》。
張繹聰敏樸茂，其詩都似禪，因為他本是行者出身〔註43〕。

二程高舉繼韓排佛的旗幟，而其門生弟子卻如此深入地沉浸釋老之學，
似有「逆流」之嫌。儒者對「道德性命」之學的關注本受佛教（尤其是禪宗）
影響，二程弟子有意識地借鑒佛教學說也在情理之中。他們援釋入儒，以這
樣方式的改造與完善儒家的「道德性命」之學。這種改造的程度有深淺之不
同，故而他們對佛理的援引亦有深淺之不同。同時，程門弟子也並非謹守師
說，他們也有非常積極的開拓精神，所以朱子說「程門諸高弟覺得不快於師
說，只為他自說得去」〔註44〕。這種局面的造成還是因為「程先生當初說得
高了」，使得性理與治道之間依舊存有很大的空間需要彌合，這也就是朱子所
說的「他們（程門弟子）只看見一截，少下面著實工夫，故流弊至此（下梢
皆入禪學去）」。這並非是弟子背叛師說，而是在堅守儒學大方向的前提下，
對佛老資源的充分借鑒和利用。游酢在這條道路上走得最遠，如其解「克己
復禮」全用佛語〔註45〕。朱子於游酢過度援釋入儒非常不滿：「頃嘗見定夫集，

〔註41〕 《朱子語類》卷一〇一《程子門人・胡康侯》，頁2594。
〔註42〕 楊時注《論語》的著作今已不傳，《郡齋讀書志》作「《楊氏注論語》十卷」，
　　　　《直齋書錄解題》作「《龜山論語解》十卷」。楊時有一篇《論語義序》，朱子
　　　　所謂其「禪學流露」的地方體現在以下文字：「善夫，伯樂之論馬也！以為天
　　　　下馬，不可以形容筋骨相，視其所視而遺其所不視，則馬之絕塵弭轍者無遺
　　　　矣。余於是得為學之方焉。夫道之不可以言傳也，審矣。士欲窺聖學淵源，
　　　　而區區於章句之末，是猶以形容筋骨而求天下馬也，其可得乎？余於是書已
　　　　於牝牡有不知者蓋多矣。學者能視其所視，而遺其所不視，則於余言其庶矣
　　　　乎。」見於《龜山集》卷二五《論語義序》，《四庫全書》第1125冊，頁347。
〔註43〕 本段文字綜合《朱子語類》卷一〇一《程子門人・總論》，頁2555～2560。
〔註44〕 本段文字綜合《朱子語類》卷一〇一《程子門人・總論》，頁2559。
〔註45〕 《朱子語類》卷四十《論語二十三・顏淵上》「顏淵問仁」章：「蓋定夫以『克

極說得醜差，盡背其師說，更說伊川之學不如他之所得。所以五峰（胡宏）臨終謂彪德美曰：『聖門工夫要處只在箇「敬」字。游定夫所以卒爲程門之罪人者，以其不仁不敬故也。』誠如其言。」〔註46〕

呂大臨究研佛理的態度最能說明道學家沉浸釋老的動機：

> 呂與叔（大臨）後來亦看佛書，朋友以書責之，呂云：「某只是要看他道理如何。」〔註47〕

道學家對佛理的研究並不僅僅停留在「看他道理如何」的層面，他們會進而盡取其長而會歸於己，所以朱子說：

> 今云取其長處而會歸於正，便是放不下、看不破也，今所謂應事接物，時時提撕者，亦只是提撕得那儱侗底影像，與自家這下工夫未有干涉也〔註48〕。

實際上，朱子對佛老之學亦是暗中多有借鑒。陳寅恪說：

> 宋儒若程若朱，皆深通佛教者，既喜其義理之高明詳盡，足以救中國之缺失，而又憂其用夷變夏也，乃求得兩全之法：避其名而居其實，取其珠而還其櫝，採佛理之精粹以之注解四書五經，名爲闡明古學，實則吸收異教。聲言尊孔闢佛，實則佛之義理已浸漬濡染，與儒之傳宗合而爲一。此先儒愛國濟世之苦心至可尊敬而曲諒之者也〔註49〕。

這就意味著，在宋代的社會文化環境之下，要真正復興儒學而使之充分發揮收拾人心的作用，就必須以儒學的名義，以解釋的方式，吸收釋老精華而超越之，建立起富於思辨性、系統性的新儒學理論，同時還要建立起能夠令人信服的道統和學統。這正是宋代更爲深刻、更爲艱難的時代命題〔註50〕。因此，對朱子來說，所謂「闢佛」、「排老」並非將佛教（尤其是禪宗）和道

己復禮』與釋氏一般，只存想此道理而已。舊南本游氏《論語》解中全用佛語解此一段，某已削之。若只以想像言克復，則與下截『非禮勿視』四句有何干涉！」頁 1096。
〔註46〕　《朱子語類》卷一○一《程子門人·胡康侯》，頁 2587。
〔註47〕　《朱子語類》卷一○一《程子門人·呂與叔》，頁 2561。
〔註48〕　《晦庵集》卷五九《答陳衛道》（示喻謹悉），《朱子全書》第 23 冊，頁 2844～2845。
〔註49〕　王震邦：《獨立與自由：陳寅恪論學》，台北：聯經出版事業公司，2011，頁 216。
〔註50〕　周光慶：《中國古典解釋學導論》，北京：中華書局，2002，頁 414。

教當作異端進行排拒，而是在充分吸收釋老學說精華之後，如何保證儒家學說的純粹性，而不致於像謝良佐、張九成那樣太過明顯地援引佛老之說來闡釋儒家經典。因此，在儒學經典整體不變的情況下改變其傳注，使之與時俱進乃至與時俯仰，正是朱子這樣的大思想家所苦心經營的所在。

第三節　朱子對佛教的借鑒與超越

一、朱子對儒者不能成功闢佛原因的分析

朱子早年曾沉浸釋老，他自述說「某舊時亦要無所不學，禪、道、文章、楚辭、詩、兵法，事事要學」，朱子早年的詩作也有不少這方面的記載，如謂「端居獨無事，聊披釋氏書。暫釋塵累牽，超然與道俱」（《久雨齋居誦經》）。從學李侗的經歷促使他開始放棄雜學而專注儒學，正如他所說：「且慢，我只一箇渾身，如何兼得許多！」〔註51〕張商英說「吾學佛然後知儒」〔註52〕，朱子沉溺釋老的經歷使他更能夠清晰地抓住其要害而對其進行吸收與駁正。朱子分析佛教興盛而儒學衰微的原因主要有以下兩個方面：

第一，孟子之後的儒學發展出現很大偏差，「吾道之所寄不越乎言語文字之間，而異端之說日新月盛，以至於老佛之徒出，則彌近理而大亂眞矣」〔註53〕。正是讀書人往往以儒學作爲獲取爵祿的工具，給了佛教可乘之機：

> 問：「士大夫末年多溺於釋氏之說者，如何？」曰：「緣不曾理會得自家底原頭，但看得些小文字，不過要做些文章，務行些故事，爲取爵祿之具而已。卻見得他底高，直是玄妙，又且省得氣力，自家反不及他，反爲他所鄙陋，所以便溺於他之說，被他引入去。」〔註54〕

> 有國家者雖隆重儒學，而選舉之制，學校之法，施設注措之方，既不出於文字言語之工；而又以道之要妙無越於釋老之中，而崇重隆奉，反在於彼（釋老）。至於二帝三王述天理、順人心、治世教民、厚典庸禮之大法，一切不復有行之者〔註55〕。

〔註51〕　《朱子語類》卷一○四《朱子一・自論爲學工夫》，頁2620。
〔註52〕　《論語集釋》卷九《公冶上》「夫子之文章」章引，頁323。
〔註53〕　《中庸章句・序》，頁15。
〔註54〕　《朱子語類》卷一二六《釋氏》，頁3036。
〔註55〕　《朱子語類》卷一二六《釋氏》，頁3009。

在他看來，儒者的這些失誤導致先王之道不明，而「先王之道不明，卻令異端橫出豎出」〔註56〕。儒者沉溺於章句訓詁或功名利祿，而佛教很多高僧大德奇絕雄偉，如臨濟不為僧則必作一世渠魁，歸宗不為僧則必作盜賊〔註57〕，其高識遠見已勝儒家一籌。朱子不無沉痛地說道：「今區區小儒，怎生出得他手？宜其為他揮下也。」〔註58〕這正是「人能弘道，非道弘人」的生動寫照。

在修行存養方面，佛教注重專一修行的存養工夫，是「真箇見得，真箇養得」，「見得後，常常得在這裡，不走作，便是養」〔註59〕，因而往往能夠有所得：

> 僧家尊宿得道，便入深山中，草衣木食，養數十年。及其出來，是甚次第！自然光明俊偉。世上人所以只得叉手看他自動〔註60〕。

相比之下，儒者的工夫往往如蜻蜓點水，雖略有所見，卻無存養之功：

> 今儒者口中雖常說性是理，不止於作用，然卻不曾做他樣存得養得：只是說得如此，元不曾用功，心與身元不相管攝，只是心粗。若自早至暮，此心常常照管，甚麼次第！這箇道理，在在處處發見，無所不有，只是你不曾存得養得。佛氏所以行六七百年，其教愈盛者，緣他也依傍這道理，所以做得盛。他卻常在這身上，他得這些子，即來欺負你秀才，你秀才無一人做得似他。今要做，無他，只說四端擴充得便是。〔註61〕。

> 言釋氏之徒為學精專，曰：「便是某常說，吾儒這邊難得如此。看他下工夫，直是自日至夜，無一念走作別處去。學者一時一日之間是多少閑雜念慮，如何得似他！只惜他所學非所學，枉了工夫！若吾儒邊人下得這工夫，是甚次第！如今學者有二病：好高，欲速。這都是志向好底如此。一則是所以學者失其旨，二則是所學者多端，所以紛紛擾擾，終於無所歸止。」〔註62〕

〔註56〕《朱子語類》卷一二六《釋氏》，頁3031。
〔註57〕《朱子語類》卷一二六《釋氏》，頁3011。
〔註58〕《朱子語類》卷一二六《釋氏》，頁3018。
〔註59〕《朱子語類》卷一二六《釋氏》，頁3023。
〔註60〕《朱子語類》卷一二六《釋氏》，頁3019。
〔註61〕《朱子語類》卷一二六《釋氏》，頁3023。
〔註62〕《朱子語類》卷一二六《釋氏》，頁3018。

　　儒者雖然已經意識到闢佛與修本是一體之兩面，但現實的情形是闢之者未能切中其要害，修之者未能培植其根本，佛教興盛而儒學衰微的局面一直存在：

> 幸而一有間世之傑，乃能不爲之屈，而有聲罪致討之心焉，然又不能究其實見之差，而詆以爲幻見空說；不能正之以天理全體之本，而偏引交通生盲之一說以爲主，則既不得其要領矣，而徒欲以戎狄之醜號加之。其於吾徒，又未嘗教之以內修自治之實，而徒驕之以中華列聖之可以爲重，則吾恐其不唯無以坐收摧陷廓清之功，或乃往遺之禽，而反爲吾黨之詬也〔註63〕。

> 唐之韓文公，本朝之歐陽公，以及閩洛諸公，既皆闡明正道以排釋氏，而其言之要切，……皆足以盡見其失。此數人皆未深知道，而其言或出於強爲，是以終有不滿人意處。至二蘇兄弟晚年諸詩，自言不墮落，則又躬陷其中而不自覺矣〔註64〕。

　　由此可見，在儒學的功利化大背景之下，儒者不能成功闢佛是因爲自身的理論不足和修爲工夫未到，而且也未能找到合適、合理的闢佛之方法，以致於儒者「所執皆出禪學之下」（程頤語）。

　　第二，佛教乘虛進入中國，後來又不斷吸收老莊列子的精華，其影響越來越深遠。佛教從東漢時的齋戒變爲魏晉時的義學，又在南北朝時由義學轉而爲達磨以來的禪學，禪學自五代以來分出不少支孽，其中不少高僧大德是了不起的魁偉人物，他們對佛教（尤其是禪學）的發展推波助瀾，形成一股歈動天下的熱潮。正如朱子所說：

> 佛氏乘虛入中國。廣大自勝之說，幻妄寂滅之論，自齋戒變爲義學。如遠法師支道林皆義學，然又只是盜襲莊子之說。今世所傳《肇論》，云出於肇法師，有「四不遷」之說……此是齋戒之學一變，遂又說出這一般道理來。及達磨入來，又翻了許多窠臼，說出禪來，又高妙於義學，以爲可以直超徑悟。而其始者禍福報應之說，又足以鉗制愚俗，以爲資足衣食之計。遂使有國家者割田以贍之，擇地以居之，以相從陷於無父無君之域而不自覺〔註65〕。

〔註63〕　《晦庵集》卷七○《讀大紀》，《朱子全書》第23冊，頁3377。
〔註64〕　《朱子語類》卷一二六《釋氏》，頁3009。
〔註65〕　《朱子語類》卷一二六《釋氏》，頁3009。

　　朱子以歷史的角度關注了佛教自身的發展演變及其與當時社會文化的互動。禪宗直指人心的修行方式簡單易行，這對厭煩了「禮儀三百，威儀三千」（《中庸》）的士大夫來說具有非常強大的吸引力。他特別指出，佛教最初只是談修行，達磨來華之後，「遂換了話頭……盡掉了舊時許多話柄，不必看經，不必靜坐，越弄得來闊」〔註 66〕，「道之在天下，一人說取一般，禪家最說得高妙去」〔註 67〕。不過，參禪只是個呆守法，其「麻三斤」、「乾屎橛」之類的話頭並不體現佛理，而是教修行者麻了心，不落窠臼，不墮理路，「只思量這一路，專一積久，忽有見處，便是悟。大要只是把定一心，不令散亂，久後光明自發。所以不識字底人，才悟後便作得偈頌」〔註 68〕。朱子於此發現了禪學具有不同於此前佛教的獨特氣質，指出禪宗與老莊列子具有出乎尋常的相似性，所以「後來人亦多以莊老助禪」〔註69〕：

　　　　世間惑人之物不特於物爲然。一語一言可取，亦是惑人，況佛氏之說足以動人如此乎！有學問底人便不被它惑〔註70〕。

　　　　先生問人傑：「學者多入於禪，何也？」人傑答以「彼蓋厭吾儒窮格工夫，所以要趨捷徑」。先生曰：「『操則存，舍則亡』，吾儒自有此等工夫，然未有不操而存者。今釋子謂我有簡道理，能不操而存，故學者靡然從之。蓋爲主一工夫，學者徒能言而不能行，所以不能當抵他釋氏之說也。」〔註71〕

　　莊子與禪宗的確存在精神氣質的相通性，如破對待、空物我、泯主客、齊死生、反認知、重解悟、親自然、尋超脫等。在藝術領域，莊禪更渾然一體，難解難分，但禪宗比莊子有更爲超越的地方。莊子努力超脫思維、認識、語言以把握眞正本體的做法在禪宗那裏得到發揚光大。禪宗捨棄了莊子式的寓言和比喻，也捨棄了玄學精巧的抽象，用種種形象直覺的方式來表達和傳遞那些本不可表達與傳遞的東西。禪宗不立文字，這不但把日常語言的多義性、不確定性、含混性做了充分的展開和運用，也使得禪宗的語言和傳道具有很強的主觀任意性，「德山棒，臨濟喝」正是爲了讓參禪者大吃一驚，以此得到啓發與醒悟。

〔註66〕　《朱子語類》卷一二六《釋氏》，頁 3035。
〔註67〕　《朱子語類》卷一二六《釋氏》，頁 3011。
〔註68〕　《朱子語類》卷一二六《釋氏》，頁 3029。
〔註69〕　《朱子語類》卷一二六《釋氏》，頁 3025。
〔註70〕　《朱子語類》卷一二六《釋氏》，頁 3011。
〔註71〕　《朱子語類》卷一二六《釋氏》，頁 3035。

修行者必須超越語言工具，擺脫外在的權威與偶像，啓靈於個體感受與領悟而非知識與認知，在自立自解中勇往直前，以獨特的個體體驗完成對人生謎、生死關的參悟。既然不需日常的思維邏輯，不需某種特定的幽靜環境，不用遵守共同的社會規範，不用特定的儀式規矩坐禪修練，禪宗的悟道便成爲完全獨特的個體感受和直觀體會，於是悟道也便超越了必然性而具有強烈的隨意性和偶然性，惟有在感性世界和感性經驗中無住生心纔是眞正的超越。相反，若執著於外物而追求精神的超越，反倒無法超越。禪宗所觸及的是時間的短暫瞬刻與世界、宇宙、人生的永恆之間的關係。「永恆在瞬刻」的頓悟使得參禪者有一種長久追尋和執著之後突然扔下的解脫快感，這時的「我」不是在理智、意念、情感上相信佛、屬於佛、屈從於佛，而是在此瞬刻領悟到我即佛，佛即我，我與佛是一體。禪宗包含對感性世界的肯定和自然生命的幻想，原本否定生命、厭棄世界的佛教，最終變成了這種充滿生意的禪宗，宗教也便具有了很強的生活意味，這就意味著中國哲學所追求的人生最高境界不是宗教的，而是審美的。它超世間，而即世間，超感性，而不離感性〔註72〕。

　　概言之，佛教作爲一種受眾廣泛且影響深遠的宗教，具有豐富多元的內容和簡便易行的方式，直截快捷的成效使其對士大夫和一般民眾都具有強烈的吸引力。不同的社會群體往往能夠對其各取所需，佛教（尤其是禪宗）因而具有非常深厚的民眾基礎：

> 以其有空寂之說而不累於物欲也，則世之所謂賢者好之矣；以其有玄妙之說而不滯於形器也，則世之所謂智者悅之矣；以其有生死輪回之說，而自謂可以不淪於罪苦也，則天下之傭奴、爨婢、黥髠、盜賊，亦匍匐而歸之矣。此其爲說所以張皇輝赫，震耀千古，而爲吾徒者方且蠢蠢焉鞠躬屏氣，爲之奔走服役之不暇也〔註73〕。

　　這就意味著闢佛必須關注不同社會群體對佛教的不同訴求，有的放矢纔能收攬其效。

〔註72〕 本段文字綜合李澤厚：《莊玄禪宗漫述》，收於《中國古代思想史論》，北京：生活・讀書・新知三聯書店，2009，頁 208～230。

〔註73〕 《晦庵集》卷七十《讀大紀》，《朱子全書》第 23 冊，頁 3377。陳淳說：「佛氏之說，雖深山窮谷之中，婦人女子皆爲之惑，有淪肌浹髓牢不可解者。原其爲害有兩般：一般是說死生罪福，以欺罔愚民；一般是高談性命道德，以眩惑士類。死生罪福之說，只是化得世上一種不讀書、不明理、無見識等人。性命道德之說又較玄妙，雖高明之士皆爲所誤。」見於《北溪字義》卷下「佛老」條，頁 68。

二、朱子與佛教的互動

朱子注「攻乎異端，斯害也已」（《論語·爲政》），引程顥之說曰：

> 佛氏之言，比之楊墨，尤爲近理，所以其害爲尤甚。學者當如
> 淫聲美色以遠之，不爾，則駸駸然入於其中矣[註74]。

但是，朱子對佛老並未如程顥所說僅是「如淫聲美色以遠之」，更能「修其本以勝之」，朱子對佛教的借鑒與超越，主要有以下幾個方面：

第一，朱子否認佛教義理的眞實性與原創性，認爲佛經及其教義不過是從《老子》、《莊子》、《列子》等中國典籍七拼八湊的產物：「老子先唱說，後來佛氏又做得灑脫廣闊，然考其語多本莊列」[註75]。認識到這一點，就能捉住佛教的「正贓」。朱子這種觀念其實從宋祁而來，遂以此作爲瓦解佛教教義原創性的重要手段：

> 宋景文《唐書》贊[註76]，說佛多是華人之譎誕者，攘莊周列
> 禦寇之說佐其高。此說甚好。如歐陽公只說箇禮法，程子又只說自
> 家義理，皆不見他正贓，卻是宋景文捉得他正贓。佛家先偷列子。
> 列子說耳目口鼻心體處有六件，佛家便有六根，又三之爲十八
> 戒。……初間只有《四十二章經》，無恁地多。……今則文字極多，
> 大概都是後來中國人以莊列說自文，夾插其間，都沒理會了[註77]。

在朱子看來，佛教偷得老莊列子的精華，遂失去《四十二章經》時代原本具有的質樸面貌，經過巧妙加工之後纔得以自立門戶。慧遠在晉宋時的講論尚不免「成片盡是老莊意思」，達磨入來之後纔大決藩籬，掃蕩一切，不立文字，直指人心，愈高愈妙，儒者爲其吸引纔「折而入之」。

[註74] 《論語集注·爲政》「攻乎異端」章，頁57。
[註75] 《朱子語類》卷一二六《釋氏》，頁3011。
[註76] 據《新唐書》卷一八一《李蔚傳贊》：「人之惑怪神也，甚哉！若佛者，特西域一槁人耳。裸顛露足，以乞食自資，癯辱其身，屛營山藪，行一概之苦，本無求於人，徒屬稍稍從之。然其言荒茫漫靡，夷幻變現，善推不驗無實之事，以鬼神死生貫爲一條，據之不疑。掊嗜欲，棄親屬，大抵與黃老相出入。至漢十四葉，書入中國。蹟夫生人之情，以耳目不際爲奇，以不可知爲神，以物理之外爲畏，以變化無方爲聖，以生而死，死復生，回覆償報，歆豔其間爲或然，以賤近貴遠爲惠。鞮譯差殊，不可研詰。華人之譎誕者，又攘莊周、列禦寇之說佐其高，層累架騰，直出其表，以無上不可加爲勝，妄相夸脅而倡其風。於是，自天子達庶人，皆震動而祠奉之。」頁5355。
[註77] 《朱子語類》卷一二六《釋氏》，頁3008。

朱子執持此說，實際是將佛教歸之於老莊、楊墨，釋老「氣象規模大概相似」〔註78〕。因此，辨楊墨就是辨老莊，也是辨佛教，其中自有一內在的同質相關性，正如朱子所說：

> 孟子不闢老莊而闢楊墨，楊墨即老莊也。今釋子亦有兩般：禪學，楊朱也；若行布施，墨翟也。……然今禪家亦自有非其佛祖之意者，試看古經如《四十二章》等經可見。……今看《圓覺》云：「四大分散，今者妄身，當在何處？」即是竊《列子》「骨骸反其根，精神入其門，我尚何存」語。宋景文說《楞嚴》前面咒是他經，後面說道理處是附會。《圓覺》前數疊稍可看，後面一段淡如一段去，末後二十五定輪與夫誓語，可笑〔註79〕。

> 楊朱即老子弟子。人言孟子不闢老氏，不知但闢楊墨，則老莊在其中矣。佛氏之學亦出於楊氏。其初如不愛身以濟眾生之說，雖近於墨氏，然此說最淺近，未是他深處。後來是達磨過來，……只說人心至善，即此便是，不用辛苦修行；又有人取莊老之說從而附益之，所以其說愈精妙，然只是不是耳〔註80〕。

朱子不厭其煩地將禪學和布施歸之於楊墨，又指陳其經籍的虛妄附會（如謂《楞嚴經》做得雖極好〔註81〕，而佛書中唯此經最巧〔註82〕，但當初只有阿難一事和燒牛糞時一咒，其餘皆是房融等文章之士添入的附會之說），意在捉住佛教的「正賍」來消解其權威性和神秘性，藉此彰顯儒學的正統性。同時，孟子在戰國初期已成功地排拒墨翟、楊朱之說，那麼，既然佛教與之有精神的內在相關性，佛學自可不用再辨而明。朱子於此藉重了孟子闢楊墨的功績，以顯示儒學早在戰國之際就已經具備完勝佛學的可能性。這一悠久的歷史傳統和盛大的歷史功績在朱子排拒佛老時再次得到發揚光大。

儘管朱子自詡由此而捉得佛教「正賍」，但是不得不面臨的殘酷現實是，他這樣的闢佛方式實建立在對佛教極為嚴重的錯誤認知之上。勞思光認為，朱子對禪宗雖有基本之瞭解，但於大空、妙有、真常等說實無所知。佛教在印度自有其發展歷史，大小乘經論也是一步步出現，東晉佛徒雖藉助道家詞語進行格

〔註78〕 《朱子語類》卷一二六《釋氏》，頁3012。
〔註79〕 《朱子語類》卷一二六《釋氏》，頁3007。
〔註80〕 《朱子語類》卷一二六《釋氏》，頁3007～3008。
〔註81〕 《朱子語類》卷一二六《釋氏》，頁3007～3008。
〔註82〕 《朱子語類》卷一二六《釋氏》，頁3011。

義，但這並不意味著佛教剽竊老莊列子之言。佛經之翻譯更是莊重嚴肅，不得謂之是文士所作。因此，朱子以這種方式對佛教進行的批判只能代表他藉此否定佛教捨棄人倫關係的做法這一思想傾向〔註83〕，因為當初孟子對墨翟、楊朱的批評也正是建立在人倫基礎之上，正如他所說：「佛老之學，不待深辨而明。只是廢三綱五常，這一事已是極大罪名！其它更不消說。」〔註84〕

　　第二，佛教的心性之學是其吸引士大夫的重要方面，所以，朱子儘管對佛老之學批判很多（如謂「釋氏之見，蓋是瞥見水中天影耳」）〔註85〕，但依然肯定佛教對心性之論確實有所見，認為「釋氏見得高底儘高」〔註86〕。這既是伊洛君子闢佛不下而不得要領的地方，也正是道學家需要不斷完善的關鍵方面〔註87〕。因此，朱子除了從佛教的歷史演變方面揭穿其「正贓」，更要完成儒家自身的心性之學。

　　朱子認為，儒釋於心性方面的差別，是虛實之別：「儒釋言性異處，只是釋言空，儒言實，釋言無，儒言有」〔註88〕。朱子說佛老「空虛寂滅」的心性論是其錯誤的根源，這使它「從劈初頭便錯了」〔註89〕：

　　　　釋氏合下見得一個道理空虛不實，故要得超脫，盡去物累，方是無漏為佛地位。……若吾儒合下見得個道理便實了，故首尾之不合〔註90〕。

　　　　釋老稱其有見，只是見得箇空虛寂滅。……莫親於父子，卻棄了父子；莫重於君臣，卻絕了君臣；以至民生彝倫之間不可闕者，它一皆去之。所謂見者見箇甚物？且如聖人「親親而仁民，仁民而愛物」；他卻不親親，而劈地要仁民愛物。……他則不食肉，不茹葷，以至投身施虎！此是何理〔註91〕！

　　相對於「空虛寂滅」，儒家心性之學的「實」、「有」是從「誠」而來。「誠」是道學家拈出來的一個核心概念。這個字向來被儒者輕易放過，但由於《中

〔註83〕　《新編中國哲學史》三上，頁232～234。
〔註84〕　《朱子語類》卷一二六《釋氏》，頁3014。
〔註85〕　《朱子語類》卷九七《程子之書三》，頁2501。
〔註86〕　《朱子語類》卷一二六《釋氏》，頁3013。
〔註87〕　《朱子語類》卷一二六《釋氏》，頁3039。
〔註88〕　《朱子語類》卷一二六《釋氏》，頁3013。
〔註89〕　《朱子語類》卷一二六《釋氏》，頁3017。
〔註90〕　《朱子語類》卷一二六《釋氏》，頁3016。
〔註91〕　《朱子語類》卷一二六《釋氏》，頁3014。

庸》在宋代的地位越來越重要，而「誠」正是《中庸》核心要義，所以「誠」字自宋初以來就爲道學家所重視。周敦頤《通書》以「誠」開篇，認爲「誠」是「聖人之本」，聖人不過是「誠而已矣」，「誠」是「五常之本，百行之源」，因此將「誠」的地位提得很高〔註92〕。程頤始以「無妄」解「誠」，朱子又益以兩字，其釋「誠」爲「誠者，眞實無妄之謂。陰陽合散，無非實者」〔註93〕，眞實無妄正是天理之本然〔註94〕。

「誠」是對天道和人倫最好的形容。從天道而言，「誠」是「其爲物不貳，則其生物不測」（《中庸》），萬古常然，眞實極致而無一毫之不盡；就人倫而言，實理流行而賦予在人，賢愚不肖皆有，這既是天理流行的眞實處，也是人倫秉彝的依據。所以，儒學的「眞實無妄」就與佛教的「空虛寂滅」形成了一種截然不同的倫理觀：

> 宇宙之間，一理而已，天得之而爲天，地得之而爲地，而凡生於天地之間者，又各得之以爲性，其張之爲三綱，其紀之爲五常，蓋皆此理之流行，無所適而不在。若其消息盈虛，循環不已，則自未始有物之前，以至人消物盡之後，終則復始，始復有終，又未嘗有頃刻之或停也。儒者於此既有以得於心之本然矣，則其內外精粗自不容有纖毫之間，而其所以修己治人、垂世立教者，亦不容其有纖毫造作輕重之私焉。是以因其自然之理，而成自然之功，則有以參天地，贊化育，而幽明巨細無一物之遺也。若夫釋氏則自其因地之初而與此理已背馳矣，乃欲其所見之不差，所行之不繆，則豈可得哉！蓋其所以爲學之本心，正爲惡此理之充塞無間，而使己不得一席無理之地以自安，厭此理之流行不息而使己不得一息無理之時以自肆也，是以叛君親，棄妻子，入山林，捐軀命，以求其所謂空無寂滅之地而逃焉。其量亦已隘，而其勢亦已逆矣。然以其立心之堅苦，用力之精專，亦有以大過人者，故能卒如所欲而實有見焉。但以其言行求之，則其所見雖自以爲至玄極妙有不可以思慮言語到者，而於吾之所謂窮天地、亘古今、本然不可易之實理，則反瞢然其一無所覩也。雖自以爲直指人心，而實不識心；雖自以爲見性成

〔註92〕周敦頤《通書》的第一、二篇即〈誠上〉、〈誠下〉。
〔註93〕《中庸章句》第十六章，頁25。
〔註94〕《中庸章句》第二十章，頁31～32。

佛，而實不識性。是以殄滅彝倫，墮於禽獸之域，而猶不自知其有罪。蓋其實見之差有以陷之，非其心之不然而故欲爲是以惑世而罔人也。至其爲説之窮，然後乃有不舍一法之論，則似始有爲是遁詞以蓋前失之意，然亦其秉彝之善有終不可得而殄滅者，是以剪伐之餘，而猶有此之僅存，又以牽於實見之差，是以有其意而無其理，能言之而卒不能有以踐其言也。凡釋氏之所以爲釋氏者，始終本末不過如此，蓋亦無足言矣〔註95〕。

在朱子看來，性即理，所以聖人之道必明其性而率之，凡修道之教，無不本於此〔註96〕。佛教之所以會有這樣的錯誤與告子「生之謂性」相似，即分別「性」和「用」爲兩截，「作用是性：在目曰見，在耳曰聞，在鼻溴香，在口談論，在手執捉，在足運奔」〔註97〕，以「作用」是「性」，則棄君背父，無所不至：

> 性命之理，只在日用間零碎去處，亦無不是，不必著意思想，但每事尋得一個是處，即是此理之實，不比禪家見處，只在儱侗恍惚之間也。所云釋氏見處，只是要得六用不行則本性自見，只此便是差處。六用豈不是性？若待其不行然後性見，則是性在六用之外別爲一物矣。譬如磨鏡，垢盡明見，但謂私欲盡而天理存耳，非六用不行之謂也。又云其接人處不妨顛倒作用，而純熟之後卻自不須如此。前書所譏，不謂如此，正謂其行處顛錯耳。只如絕滅三綱、無父子君臣一節，還可言接人時權且如此，將來熟後卻不須絕滅否？此箇道理，無一息間斷，這裏霎時間壞了，便無補填去處也。又云雖無三綱五常，又自有師弟子上下名分，此是天理自然，他雖欲滅之，而畢竟絕滅不得。然其所存者，乃是外面假合得來，而其眞實者卻已絕滅。故儒者之論，每事須要眞實是當，不似異端，便將儱侗底影像來此罩占眞實地位也。此等差互處，舉起便是，不勝其多，寫不能窮，説不能盡。今左右既是於彼留心之久，境界熟了，雖説欲卻歸此邊來，終是脱離未得〔註98〕。

〔註95〕　《晦庵集》卷七十《讀大紀》，《朱子全書》第 23 冊，頁 3376～3377。

〔註96〕　《朱子語類》卷一二六《釋氏》，頁 3039。

〔註97〕　《朱子語類》卷一二六《釋氏》，頁 3022。

〔註98〕　《晦庵集》卷五九《答陳衛道》（示喻謹悉），《朱子全書》第 23 冊，頁 2843～2844。

佛教把心弄得精專，守住一點孤明，卻把握不到一點實理，這正是其根本差誤之處。佛教的「作用是性」由於在根本上存有致命錯誤，以致於把道理事物作高妙的看，卻把人事倫常當作粗礪的看，其以擺脫爲依歸的修養工夫也就終無所得〔註99〕。相比之下，儒家的心性之學以「誠」爲基本要義，道之大原出於天，流行於日用人事。人生天地之間，與道不可須臾離，修道須就人事上理會得千頭萬緒，各得所宜，方可使此道實具於我。聖門傳授心法，正欲使道心常爲一身之主〔註100〕，隨其所受之性而明其當然之理與當行之路，以天理之公勝人欲之私，讓人心聽命於道心。這樣，形而上的性命之學又與形而下的人事倫常就因「眞實無妄」而密切結合。

第三，針對普通民眾的層面，朱子將與佛老輪迴、地獄、禍福相關的鬼神觀念進行辯駁。傳統儒家對六合之外的事往往存而不論，儘管孔子一再強調「敬鬼神而遠之」（《論語·泰伯》），「未能事人，焉能事鬼」、「未知生，焉知死」（《論語·先進》），但實際上，孔子不僅沒有顯言鬼神之確無（對鬼神「敬而遠之」的前提即是鬼神的存在），反而對鬼神多有頌贊，如《中庸》引孔子藉助鬼神而言「誠不可掩」曰：

> 鬼神之爲德，其盛矣乎！視之而弗見，聽之而弗聞，體物而不可遺。使天下之人齊明盛服，以承祭祀。洋洋乎！如在其上，如在其左右。

實際上，儒家依舊保持了對超然世界的敬畏，如《周禮·春官》說「大宗伯之職，掌建邦之天神、人鬼、地示之禮，以佐王建保邦國」〔註101〕，與之相對應的是「以冬日至致天神人鬼，以夏日至致地示物魅」，鄭玄注曰：

> 天、人，陽也。地、物，陰也。陽氣升而祭鬼神，陰氣升而祭地祇物魅，所以順其爲人與物也。致人鬼於祖廟，致物魅於墠壇，蓋用祭天地之明日〔註102〕。

儒家典籍中對鬼神的討論並不在少數，如《左傳·僖公三十一年》說「鬼神非其族類，不歆其祀」，又如《禮記·樂記》謂「明則有禮樂，幽則有鬼神……

〔註99〕 《朱子哲學思想的發展與完成》，頁387。
〔註100〕 《中庸章句·中庸章句序》，頁14。
〔註101〕 《周禮注疏》卷十八《春官宗伯》鄭玄注此句曰：「立天神地祇人鬼之禮者，謂祀之，祭之，享之。禮，吉禮是也……自吉禮於上，承以立安邦國者，互以相成，明尊鬼神，重人事。」頁645。
〔註102〕 《周禮注疏》卷三十二《春官宗伯》鄭玄注，頁1065。

禮樂之極乎天而蟠乎地，行乎陰陽而通乎鬼神；窮高極遠而測深厚」。再如，士喪禮的兩個理路，其一是對死者遺體（魄）的處理，其一是對死者精神（魂）的處理，爲安頓死者的靈魂而設置的禮儀多有「事死如事生」的意味，例如復者登上屋脊，執死者之衣爲其招魂，以盡愛之道；爲祭奠死者而擺放在地上的酒食，是鬼神憑依之所〔註103〕。

　　漢靈帝中平四年（187），康巨翻譯的《問地獄事經》在中國開始流傳。隨著佛教和道教興起，佛教的地獄故事、道教的酆都大帝故事逐漸與中國的泰山故事（在中國傳統觀念中，泰山主死）結合在一起，成爲關於人死之後所居之世界的想像來源，中國文化之中固有的鬼神之觀念在此進一步得到強化〔註104〕，呈現出更爲明顯的宗教傾向。

　　佛徒和道士對地獄的想像力極其豐富，他們極力渲染地獄的恐怖，活人在世間所造成的罪孽成爲死者在地獄遭受苦難的依據。人在地獄受完苦之後還要繼續在「六道輪迴」中循環往復，歷盡艱辛。民間流傳的經變與造像更以通俗易懂的方式使這一理念在民間廣泛流傳。《周易・坤・文言》說「積善之家，必有餘慶；積不善之家，必有餘殃」，道教在此基礎上又發展出承負觀念。這兩種說法中的報、承都不及自身，對本人缺乏約束和警飭力。佛教則認爲人有「前世」、「現世」和「來世」之說，三世連續不斷，互爲因果，六道輪迴都要自身承受〔註105〕。陳淳說：「常人所惑死生罪福之說，一則是恐死去陰司受諸苦楚，一則是祈求爲來生之地。故便能捨割，做功德，做因果，或庶幾其陰府得力，免被許多刑憲，或覬望其來生作個好人出世，子子孫孫長享富貴，免爲貧賤禽獸之徒。佛家唱此說以罔人，故愚夫愚婦皆爲之惑。」〔註106〕這種觀念是佛教帶給中國的新思維，它所具備的威懾力使得普通人很難抗拒，乃由畏生敬，由敬生信。

　　因此，朱子認爲佛教先知死，學來學去只是學一個不動心〔註107〕，對輪迴和鬼神的關注實則脫離了現實世界的價值，轉而追求一「捨離世界」，朱子

〔註103〕　彭林：《中國古代禮儀文明》，北京：中華書局，2013，頁240～242。

〔註104〕　《朱子語類》卷一二六《釋氏》：「鄭問：『輪迴之說，是佛家自創否？』曰：『自《漢書》載鬼處，已有此話模樣了。元城《語錄》載，溫公謂「吾欲扶教耳。」溫公也看不破，只是硬憑地說。」頁3033。

〔註105〕　《古代中國文化講義》，頁81～83。

〔註106〕　《北溪字義》卷下「佛老」條，頁68。

〔註107〕　《朱子語類》卷一二六《釋氏》，頁3024。

不滿於佛教對現實人生價值與社會責任的捨棄和否定，特別強調了現實人生的重要性：

> 聖人不說死。已死了，更說甚事？聖人只說既生之後，未死之前，須是與他精細理會道理教是。胡明仲（寅）侍郎自說得好：「人，生物也，佛不言生而言死；人事可見，佛不言顯而言幽。」〔註108〕

朱子對由畏怖而信奉佛老的做法是釜底抽薪，亦即承認鬼神的存在，但眞實存在的鬼神並非佛老所說的鬼神。朱子注《中庸》「鬼神之爲德」章說：

> 程子曰：「鬼神，天地之功用，而造化之迹也。」張子曰：「鬼神者，二氣之良能也。」愚謂以二氣言，則鬼者陰之靈也，神者陽之靈也。以一氣言，則至而伸者爲神，反而歸者爲鬼，其實一物而已。……鬼神無形與聲，然物之終始，莫非陰陽合散之所爲，是其爲物之體，而物所不能遺也〔註109〕。

《朱子語類》有一章專以「鬼神」標目，其討論更爲貼切，而陳淳《北溪字義》專門列出的「鬼神」一條，更是對朱子討論「鬼神」精義的總結。陳淳意識到「鬼神」不能總作一說，必須將其分而論之：「鬼神一節，說話甚長，當以聖經說鬼神本意作一項論，又以古人祭祀作一項論，又以後世淫祀作一項論，又以後世妖怪作一項論。」〔註110〕這四目各自綜述了朱子「鬼神」觀念的精髓，其釋「鬼神」本義說：

> 程子曰：「鬼神者，造化之迹也。」張子曰：「鬼神者，二氣之良能也。」說得皆精切。造化之迹，以陰陽流行著見於天地間者言之。良能，言二氣之往來，是自然能如此。大抵鬼神只是陰陽二氣之屈伸往來。自二氣言之，神是陽之靈，鬼是陰之靈。靈云者，只是自然屈伸往來恁地活爾。自一氣言之，則氣之方伸而來者屬陽，爲神；氣之已屈而往者屬陰，爲鬼。如春夏是氣之方長，屬陽，爲神；秋冬是氣之已退，屬陰，爲鬼；其實二氣只是一氣耳〔註111〕。

朱子、陳淳都引程頤〔註112〕、張載之說而對「鬼神」的概念進行重新解

〔註108〕《朱子語類》卷一二六《釋氏》，頁3024～3025。
〔註109〕《中庸章句》第十六章，頁25。
〔註110〕《北溪字義》「鬼神」條，頁56。
〔註111〕《北溪字義》「鬼神」條，頁56～58。
〔註112〕據大槻信良考證，此處所引程子爲程頤，程頤之說曰：「以功用，謂之鬼神」，「鬼神者，造化之迹也」。朱子《中庸》「鬼神之爲德」章注係渾成其說，見於《朱子四書集注典據考》，頁624。

釋，完全褪去其神秘色彩，而使其成為一客觀實在，從根本上消解了佛老用以恫嚇世人的依據。「鬼神」的內涵不復是佛老觀念中的概念，那麼輪迴、報應之類的說法也就隨而失去所據。在張載看來，所謂「輪迴」不過是氣的聚散屈伸。值得一提的是，朱子認為佛教的宗教儀式也在間接的方面影響了整個人的生活狀態：「俗人之奉佛者，每晨拜跪備至；及其老也，體多康健，以為獲福於佛。不知其日勞筋骨，其它節省運用血氣，所以安也。」〔註113〕這就意味著，拜佛所帶來的身康體健實際上是在拜佛的儀式中鍛鍊了筋骨，疏通了血脈，提振了精神，這其實也是「自求多福」。

　　第四，為減弱乃至闢除佛教在民間的影響，除了上述理論構建之外，朱子依然借鑒了先儒通過社會教化、經濟振興的努力來排拒佛老的傳統方式，在現實政治生活中對佛教的發展有所抑制。朱子一方面興辦學校來擴大儒家禮教對人事倫常的影響，另一方面則壓縮佛教的生存空間，並削弱其信仰基礎。這是朱子在現實政治生活中復興禮教、排拒佛老的一體兩面，這兩者協調並進，互為補充。

　　從延平問學之後，朱子已然明顯地意識到儒釋不能兩立，惟有在儒家領域用功使力，纔能真見得佛教的不足，也纔能更為自覺地肩負起排拒佛老的使命。朱子自述其由釋反儒的經歷時說：

> 某年十五六時，亦嘗留心於此。一日在病翁（劉子翬）所會一僧，與之語。其僧只相應和了說，也不說是不是；卻與劉說，某也理會得簡昭昭靈靈底禪。劉後說與某，某遂疑此僧更有要妙處在，遂去扣問他，見他說得也煞好。及去赴試時，便用他意思去胡說。是時文字不似而今細密，由人粗說，試官為某說動了，遂得舉。（時年十九。）後赴同安任，時年二十四五矣，始見李先生。與他說，李先生只說不是。某卻倒疑李先生理會此未得，再三質問。李先生為人簡重，卻是不甚會說，只教看聖賢言語。某遂將那禪來權倚閣起。意中道，禪亦自在，且將聖人書來讀。讀來讀去，一日復一日，覺得聖賢言語漸漸有味。卻回頭看釋氏之說，漸漸破綻，罅漏百出！〔註114〕

　　朱子暫且將佛老之說一齊放下，只將自家文字像童蒙初學時那樣不帶任何先見的閱讀，「漸見得一二分意思，便漸見得他一二分錯處，迤邐看透了後，

〔註113〕《朱子語類》卷一二六《釋氏》，頁3038。
〔註114〕《朱子語類》卷一〇四《朱子一·自論為學工夫》，頁2620。

直見得他無一星子是處」〔註115〕。朱子正是從對儒學的研究找回自信，因此，排拒佛老異端的最根本手段還是從自身涵養做起，見得道理精熟，便「不用著力排擯，自然不入心來矣」〔註116〕，自能將原來浸染的佛老之習「銷鑠無餘」〔註117〕。這正是歐陽修所謂的「修其本以勝之」。

朱子顯然意識到，世人篤信佛教並非是天生使然，佛老風氣濃厚之地必是儒家教化薄弱之地。惟有復興學校，教化民眾，普及禮教，纔能移風易俗，裁抑佛老之風。黃榦說朱子「所至必興學校，明教化」〔註118〕，朱子熱衷於此也正是要「明義反本，以遵先王教學之遺意」：

> 古者聖王設爲學校，以教其民，由家及國，大小有序，使其民無不入乎其中而受學焉。而其所以教之之具，則皆因其天賦之秉彝而爲之品節，以開導而勸勉之，使其明諸心，修諸身，行於父子、兄弟、夫婦、朋友之間，而推之以達乎君臣、上下、人民、事物之際，必無不盡其分焉者。及其學之既成，則又興其賢且能者，置之列位。是以當是之時，理義休明，風俗醇厚，而公卿、大夫、列士之選，無不得其人焉。此先王學校之官，所以爲政事之本、道德之歸，而不可以一日廢焉者也〔註119〕。

從朱子歷任地方官的政績來看，黃榦之言確爲實錄〔註120〕。早在紹興二十一年（1151），朱子釋褐同安主簿，職兼縣學，乃復縣學四齋，更名「志道」、「據德」、「依仁」、「遊藝」，爲之延請名師，置辦圖書。朱子率諸生行鄉飲禮，又奏請禁民間男女奔誘，檢會婚儀，約束施行。不過，由於朱子此間尚未從延平問學，所有這些努力都側重於儒學的復興，其對佛老之學的裁抑尚屬間接。淳熙六年（1178），朱子知南康軍，「首以興教善俗爲務」〔註121〕，故而修葺軍學，每五六日親爲諸生講說，又修訂釋奠、祈報、婚冠、喪祭之禮頒行州縣。朱子發現白鹿洞乃「四面山水清邃環合，無市井之喧，有泉石之勝。眞群居講學、遯跡著書之所」〔註122〕，可是「廬山山水之勝，甲於東南老佛

〔註115〕《晦庵集》卷五九《答陳衛道》（示喻謹悉），《朱子全書》第23冊，頁2844。
〔註116〕《晦庵集》卷五九《答陳衛道》（示喻謹悉），《朱子全書》第23冊，頁2844。
〔註117〕《朱子語類》卷一○四《朱子一・自論爲學工夫》，頁2620。
〔註118〕《朱子行狀》，《朱子全書》第27冊，頁552。
〔註119〕《晦庵集》卷七八《靜江府學記》，《朱子全書》第24冊，頁3741。
〔註120〕此節討論朱子復興學校的舉措主要參考了陳榮捷《朱熹》，頁142～154。
〔註121〕《張栻集・新刊南軒先生文集》卷十《南康軍新立濂溪祠記》，頁915。
〔註122〕《晦庵集》卷九九《白鹿洞牒》，《朱子全書》第25冊，頁4584。

之居」〔註 123〕，「老佛之居以百十計，其廢壞無不興葺。至於儒生舊館，只此（白鹿洞書院）一處。既是前朝名賢古跡，又蒙太宗皇帝給賜經書，所以教養一方之士德意甚美。而一廢累年，不復振起。吾道之衰，既可悼懼，而太宗皇帝敦化育材之意，亦不著於此邦，以傳於後世，尤長民之吏所不得不任其責者」〔註 124〕，乃重建白鹿洞書院，「謂此前修之逸跡，復關我聖之宏橅」〔註 125〕。書院既成，朱子又奏請賜白鹿洞書院匾額並御書石經及印本九經注疏、《論語》、《孟子》等書。朱子為白鹿洞書院撰寫了振爍千古的《白鹿洞書院揭示》，至今仍影響深遠〔註 126〕。在這篇學規的結末，朱子表露了以興學而振興教化的心願：

> 熹竊觀古昔聖賢所以教人為學之意，莫非使之講明義理，以修其身，然後推以及人，非徒欲其務記覽、為詞章，以釣聲名、取利祿而已也。今人之為學者，則既反是矣。然聖賢所以教人之法，具存於經，有志之士，固當熟讀深思而問辨之。苟知其理之當然，而責其身以必然，則夫規矩禁防之具，豈待他人設之而後有所持循哉！近世於學有規，其待學者為已淺矣，而其為法又未必古人之意也。故今不復以施於此堂，而特取凡聖賢所以教人為學之大端……諸君其相與講明遵守而責之於身焉，則夫思慮云為之際，其所以戒謹而恐懼者，必有嚴於彼者矣。其有不然，而或出於此言之所棄，則彼所謂規者，必將取之，固不得而略也。諸君其亦念之哉〔註 127〕。

　　紹熙元年（1190），朱子知漳州，到郡後首先頒布禮教，禁止「男女聚僧廬為傳經會，女不嫁者私為庵舍以居」〔註 128〕，推重儒家禮教：「臨漳素號道院，比年風俗浸薄，先生以民未知禮，至有居父母喪而不服衰絰者。首下教述古今禮律以開喻之，又採古喪葬、嫁娶之儀，揭以示之，命父老解說，以訓子弟。其俗尤崇尚釋氏之教，男女聚僧廬為傳經會，女不嫁者

〔註 123〕　《晦庵集》卷二十《申修白鹿洞書院狀》，《朱子全書》第 21 冊，頁 905。
〔註 124〕　《晦庵集》卷九九《白鹿洞牒》，《朱子全書》第 25 冊，頁 4584。
〔註 125〕　《晦庵集》卷二十《申修白鹿洞書院狀》，《朱子全書》第 21 冊，頁 905。
〔註 126〕　我從事教職的廣雅中學，其舊址乃是張之洞創建的廣雅書院，其無邪堂前尚矗立著名士李文田以工麗小篆書寫的《白鹿洞書院揭示》。與之並立的還有張之洞書《許君說文解字序》、吳大澂書《鄭君六藝論》、汪鳴鑾書《程子四箴》。每經過此處，無不深加敬意。
〔註 127〕　《晦庵集》卷七四《白鹿洞書院揭示》，《朱子全書》第 24 冊，頁 3587。
〔註 128〕　《朱子行狀》，《朱子全書》第 27 冊，頁 551。

私爲菴舍以居，悉禁之。俗爲大變。時到校訓誘諸生，如南康時，其至郡齋請業問難者，接之不倦。又擇士之有行義、知廉恥者，使列學職，爲諸生倡。」〔註129〕

朱子在漳州的佛教聖境往往有意唱出崇儒闢佛的反調。漳州天寶山十二峰有排闥送青之秀美，佛門古刹開元寺正建造於此山之中。朱子卻在開元寺之上的山頂修造儒學書舍，歸然雄鎮其上。白雲岩本是唐代虔誠禪師駐錫的聖地，朱子專門擇取此地講《大學》「誠意」章，還留下「與造物遊」的橫額〔註130〕。此外，爲在漳州推行經界，朱子還奏請將荒廢已久的寺院田產收回，以副韓愈「人其人，廬其居」之意。朱子知漳州僅一年有餘，但所有這些努力使得漳州成爲朱子的「過化之邦」，成效顯著，正如陳淳所說：「平時習浮屠爲傳經禮塔之會者，在在皆爲之屏息；平時附鬼爲妖，迎遊於街衢而掠抄於閭巷，亦皆相視斂戢，不敢輒舉」〔註131〕。

紹熙五年（1194），朱子知潭州，修復嶽麓書院，增加員額。日常公事雖冗繁，朱子依舊在夜間與諸生講論。《朱子語類》有朱子在嶽麓書院整頓學風的記載：

> 先生至嶽麓書院，抽簽子，請兩士人講《大學》，語意皆不分明。先生遽止之，乃諭諸生曰：「前人建書院，本以待四方士友，相與講學，非止爲科舉計。某自到官，甚欲與諸公相與講明。一江之隔，又多不暇。意謂諸公必皆留意，今日所說，反不如州學，又安用此贅疣！明日煩教授諸職事共商量一規程，將來參定，發下兩學，共講磨此事。若只如此不留心，聽其所之。學校本是來者不拒，去者不追，豈有固而留之之理？且學問自是人合理會底事。只如『明明德』一句，若理會得，自提省人多少。明德不是外面將來，安在身上，自是本來固有底物事。只把此切己做工夫，有甚限量！此是聖賢緊要警策人處，如何不去理會？不理會學問，與蚩蚩橫目之氓何異？」〔註132〕

〔註129〕《朱子年譜》卷四紹熙元年夏四月二十四條到郡條，《朱子全書》第 27 冊，頁 342。

〔註130〕《朱子大傳》，頁 807～824。

〔註131〕《朱子語類》卷一〇六《朱子三・外任・漳州》，頁 2653～2654。

〔註132〕《朱子語類》卷一〇六《朱子三・外任・潭州》，頁 2655。

千載之後再讀這段文字，依舊可以想見朱子嚴毅而堅定的風神。

南宋諸帝對佛教亦多有沉溺。宋孝宗爲批判韓愈《原道》，專門作了一篇《原道辨》，其略曰：「三教本不相遠，特所施不同，至其末流，昧者執之而自爲異耳。以佛修心，以道養生，以儒治世可也，又何惑焉。」這篇文章寫成之後，孝宗給侍講史浩看。史浩認爲韓愈所作《原道》是爲了「扶世立教」，其「在帝王傳道之宗，乃萬世不易之論」，今欲「融會釋、老，使之歸於儒宗，末章乃欲以佛修心，以道養生，以儒治世，是本欲融會而自生分別」，「大學之道，自物格、知至而至於天下平，可以修心，可以養生，可以治世，無所處而不當矣，又何假於釋、老之說邪？」〔註133〕孝宗三教並持，正見出其欲「會歸三教，並爲我用」的爲治傾向。這在極力保持儒學純粹性的儒者看來，是極不能容忍的事情。對於皇帝沉溺佛老的傾向，朱子希望通過封事、論對乃至經筵來引導，如朱子在《壬午應詔封事》中說：

> 竊以爲聖躬雖未有過失，而帝王之學不可以不熟講也……然竊聞之道路，……比年以來，聖心獨詣，欲求大道之要，又頗留意於老子、釋氏之書。疏遠傳聞，未知信否？然私獨以爲若果如此，則非所以奉承天錫神聖之資而躋之堯舜之盛者也。……虛無寂滅，非所以貫本末而立大中。是以古者聖帝明王之學，必將格物致知以極夫事物之變，使事物之過乎前者，義理所存，纖微畢照，瞭然乎心目之間，不容毫髮之隱，則自然意誠心正，而所以應天下之務者，若數一二、辨黑白矣。苟惟不學，與學焉而不主乎此，則內外本末顛倒繆戾，雖有聰明睿智之資、孝友恭儉之德，而智不足以明善，識不足以窮理，終亦無補乎天下之治亂矣。然則人君之學與不學，所學之正與不正，在乎方寸之間，而天下國家之治不治，見乎彼者如此其大，所繫豈淺淺哉！《易》所謂「差之毫釐，繆以千里」，此類之謂也。

> 蓋「致知格物」者，堯、舜所謂「精」、「一」也；「正心誠意」者，堯、舜所謂「執中」也。自古聖人口授心傳而見於行事者，惟此而已。……臣愚伏願陛下捐去舊習無用浮華之文，攘斥似是而非邪詖之說，少留聖意於此遺經，延訪眞儒深明厥旨者，置諸左右，

〔註133〕《建炎以來朝野雜記》乙編卷二第19條，頁544。

以備顧問，研究充擴，務於至精至一之地，而知天下國家之所以治
者不出乎此，然後知體用之一原、顯微之無間，而獨得乎堯、舜、
禹、湯、文、武、周公、孔子之所傳矣。於是考之以六經之文，鑑
之以歷代之跡，會之於心，以應當世無窮之變，以陛下之明聖，而
所以浚其源、輔其志者如此其備，則其所至，豈臣愚昧所能量哉！
〔註134〕

朱子將「所學正與不正」與天下治亂、君德高下聯繫起來，他希望孝
宗留心堯舜以來的道學，摒去耽溺佛老的舊習，這樣纔能在根本上明乎心
性修養和天下治理的大道。這實際上也是朱子第一次將道學向孝宗作正式
普及和推介。

朱子對儒學復興作出的巨大努力，使他能夠非常自信地說道：「吾儒廣大
精微，本末備具，不必它求。」〔註135〕實際上朱子的這些自信，最主要地還
是來自於其「四書」體系的建立。對宋儒來說，闢佛不再是韓愈「人其人，
火其書，廬其居」的暴戾，也不再是二程弟子過於明顯的援佛入儒，而是在
充分借鑑其學術精華的基礎上，將這些內容內化到儒學的體系之中，而又能
保持儒學的純粹性和正統性。儒家學說的開放性和包容性使得它有非常巨大
的思想空間吸收從佛老借鑑而來的精神內涵，從而再次煥發出活力。即便如
此，朱子依舊表達了一種深深的憂慮：

釋氏之教，其盛如此，其勢如何拗得他轉？吾人家守得一世再
世，不崇尚他者，已自難得。三世之後，亦必被他轉了。不知大聖
人出，「所過者化，所存者神」時，又如何〔註136〕？

朱子之後畢竟未出「大聖人」，王陽明在幾百年後將陸九淵「心學」發揚
光大，其於佛理的援引更為明顯，這似乎又被朱子不幸而言中。朱子為闢佛
而付出了非常巨大的努力，但是這並不意味著在朱子的生前與身後，佛教（尤
其是禪學）就因此而立即衰落以致失去影響。宋儒所謂「修其本以勝之」，更
多地是指其在理論建設方面取得了前所未有的成功，較禪宗略勝一籌。朱子
並不認為他對佛老的論辯已經取得決定性的勝利，因為佛老之學並非僅存於
道觀和佛剎，明有其名的佛老好辨，而披著儒學外衣的異端難辨。朱子批評

〔註134〕《晦庵集》卷十一《壬午應詔封事》，《朱子全書》第 20 冊，頁 571～573。
〔註135〕《朱子語類》卷一二六《釋氏》，頁 3018。
〔註136〕《朱子語類》卷一二六《釋氏》，頁 3041。

陸九淵說：「異端不止是楊墨佛老，這箇是異端之大者。」〔註137〕所以，朱子已經在根本屬性上將陸氏學術排除在儒家門庭之外。職是之故，陸九淵死後，朱子說了一句意味深長的話：「可惜死了告子」。他始終認為陸氏只是禪學，比告子「生之謂性」所引發的問題還要禍患無窮。

　　令人深思的不惟如此，朱子死後不久，他作為儒學宗師的地位得到承認，《四書章句集注》也從民間傳習而成為官學，這種看似皆大歡喜的結局卻引發了歷史的弔詭之處：朱子學並未因此而得到真正的尊崇，反而成為士子們干祿進取的青雲梯，再次重蹈武帝之後經學的衰頹軌跡，其衰落的速度反較佛老更為迅速。相反，陸九淵的學說在明代得到王守仁的發揚而掩襲天下，煥發出令人驚嘆的生命力。這不得不令人感慨，學術之發展確實有人力所難轉移的重要因素。

　　梁漱溟說，西方文化意欲向前，其中心在調和人與物之關係；中國文化意欲執中，其中心要義在調和人與人之關係；印度文化則返身向後，意欲調整人與己之關係。道學家借鑒了以佛教為代表的印度文明之後，更為強調內在道德修養與外在人倫之結合，《大學》從格物致知到正心誠意，都是為了處理好「人與己」的關係，而齊家、治國、平天下的核心乃在於協調好「人與人」之關係。佛教對中華文明的影響可謂深矣、遠矣。

〔註137〕《朱子語類》卷二四《論語六・為政下》「攻乎異端」章，頁586。

第六章　踐　形
——朱子視域中的孔門高弟

　　要對朱子的聖人觀念及其成聖方法作一歷史考察，一個很好的辦法是審視朱子如何評價孔門弟子。孔子弟子親炙孔子之學，他們沒有能成為像孔子那樣聖人的原因，或許更有助於我們對朱子的聖人觀念作一深入瞭解。朱子以其系統觀念評價孔門弟子，這看似有點削足適履，但這樣的方式反而更易見出其觀念的獨特性。

　　在《史記・仲尼弟子列傳》中，司馬遷綜合整理了《論語》、《孔子家語》等資料，展現了孔門弟子的不同風采，他們「咸為師傅，崇仁厲義」〔註1〕，風華絕代，令人思慕。不過，孔子在世時，弟子們對道的體認已存在明顯的分別，孔子死後，弟子所達到的境界又復高下懸絕，當時已不免「譽者或過其實，毀者或損其真」的情形〔註2〕。朱子認為，即便是顏回、曾子、子貢等孔門高弟，對孔子之道的體認也各自不同：

　　　　或問：「『夫子之牆數仞，不得其門而入』，夫子之道高遠，故不
　　　得其門而入也。」曰：「不然。顏子得入，故能『仰之彌高，鑽之彌
　　　堅』，至于『在前在後，如有所立，卓爾』。曾子得入，故能言『夫
　　　子之道忠恕』。子貢得入，故能言『性與天道不可得聞，文章可得而
　　　聞』。他人自不能入耳，非高遠也。七十子之徒，幾人入得？譬如與
　　　兩人說話，一人理會得，一人理會不得；會得者便是入得，會不得

〔註1〕　《史記》（三家注本）卷一三〇《太史公自序》，頁3313。
〔註2〕　《史記》（三家注本）卷六七《仲尼弟子列傳》，頁2226。

者便是入不得。且孔子之教眾人，與教顏子何異？顏子自入得，眾
人自入不得，多少分明！」〔註3〕

孔門高弟的差異由此可見一斑，以下則分別論述朱子視域中的孔子弟
子。

第一節　顏回

一、通往聖賢境界的途徑

顏回，字子淵，魯人，少孔子三十歲，在孔門弟子中被列於「德行」
一科。顏回作為孔子最喜愛的弟子，司馬遷為他作傳，僅從《論語》中擇
取了幾章來突出他的品行高尚，並未像子貢本傳那樣進行深入發揮。有學
者以為，這要歸因於司馬遷把顏回當作「書呆子、窩囊廢」〔註4〕，實際的
情形可能沒這樣簡單。我們如果讀其〈伯夷叔齊列傳〉、〈屈原賈誼列傳〉
等篇章，就會知道司馬遷對那些道德高尚卻境遇慘淡的各樣人物有著深切
的悲憫。一個可能的原因在於，顏回早死，未及建立功業，故而無事蹟可
述。不過最主要的原因可能還在於，以《論語》為代表的儒家經典對顏回
的記載多以言語為主，其具體事蹟本就不多。這些事蹟由於多和孔子有關，
司馬遷就將其用在〈孔子世家〉裏面，將孔子與顏回合寫。因而，顏回本
傳就只能簡略述之。這即是司馬遷的「互見法」。同時，顏回之學也很難探
究，《論語》記載顏回為學的章節雖不少，但其中除了孔子對顏回好學的稱
美，便是顏回對孔子之道的贊歎。所以，要藉此詳細闡述顏回的出處行事
或思想內涵非常困難〔註5〕。

顏回與孔子相看兩不厭，可謂恩義兼盡，在捍衛孔子時雖非子路那樣勇
猛剽悍，卻也有「雖千萬人，吾往矣」的大勇。孔子被困在匡地時與顏回相
失。師徒二人再次相聚，都談到了生死，孔子說：「吾以女為死矣。」顏回說：
「子在，回何敢死？」（《論語·先進》）這一問一答，正見出師徒二人深摯的
情誼：若孔子不幸而遇難，顏回必捐生赴死；顏回捐生赴之而不死，必上告

〔註3〕　《朱子語類》卷四九《論語三十一·子張篇》「叔孫武叔語大夫章」，頁1213
　　　　～1214。
〔註4〕　《史記》（全本全注全譯本）卷六七《仲尼弟子列傳》，頁4562。
〔註5〕　蔡仁厚：《孔門弟子志行考述》，台北：商務印書館，1985年第7版，頁1。

天子，下告方伯，請討匡人而復仇。若孔子依舊活在人間，顏回就要愛惜其死而避匡人之鋒芒〔註6〕。誰知顏回卻先死。顏回死後，孔子哭之沉慟，不知不覺間哀已過情，門人說：「子慟矣！」孔子說：「有慟乎？非斯人之為慟而誰為？」（《論語・先進》）

　　如今提及「亞聖」，人們往往會想到孟子，程朱雖稱孟子有「命世亞聖之才」〔註7〕，但實際上他們所說的「亞聖」往往指顏回，如程頤說「如顏子便渾厚不同，顏子去聖人，只毫髮之間。孟子大賢，亞聖之次也」〔註8〕，朱子也說「顏子亞聖，猶不能無違於三月之後」〔註9〕。因而，孟子對聖人之道的體認尚在顏回之下，而顏回與孔子只有「毫髮之間」微乎其微的距離。

　　顏回所以能如此，主要取決於他後天的努力。顏回初學時，問仁於孔子，孔子答以「克己復禮為仁」（《論語・顏淵》）。這一句也是孔門心法。如果把仁比作水的話，那麼「克己復禮」就像疏通壅塞的溝渠使水周流無滯，其實質是存天理、滅人欲。心之全德莫非天理，但有時而壞於人欲，克己就是勝己之私。克己別無巧法，應像孤軍猝遇強敵，盡力捨死向前，「打疊殺了他」。

　　克己雖無巧法，卻有先後，應先從易見的克去，再去理會難見的，就像剝百合，須去了一重，方去剝第二重。很多人好高騖遠，還未做好第一重就想做第二重。至於克己與復禮的關係，朱子認為克己便能復禮，不是克己之外，別有復禮工夫。克己則禮自復，正如閑邪則誠自存。如果說「克己」是大做工夫，那麼「復禮」便是事事皆落腔窠，使父子自是父子之禮，使君臣自是君臣之禮，只「克己」而不「復禮」便會流入釋氏異端。「禮」是天理之節文，也是人事之儀則，非禮之處即是私欲流露，所以無私便是仁，故而要存本心之全德，動容周旋無不中禮，日用之間莫非天理流行。

　　顏回默識心通，於天理人欲之際判然分明，進而問其行之之目。聖人教人有定本，所以孔子教顏回「非禮勿視，非禮勿聽，非禮勿言，非禮勿動」，正如舜「使契為司徒，教以人倫：父子有親，君臣有義，夫婦有別，長幼有序，朋友有信」。顏回未盡的私欲本已是「紅爐上一點雪」，又得孔子此教，

〔註6〕　《論語集注・先進》「子畏於匡」章引胡寅說，頁129。
〔註7〕　《孟子集注・滕文公上》「滕文公問為國」章，頁260。
〔註8〕　《孟子集注・孟子序說》引程頤說，頁199。
〔註9〕　《論語集注・公冶長》「或曰雍也仁而不佞」章，頁76。

平生受用「克己復禮」無窮,「不違仁」也只是這箇,「不遷怒,不貳過」也只是這箇,「不改其樂」也只是這箇,所以顏回的人欲盡,天理明,無些渣滓,一齊透徹,日用之間都是這道理〔註 10〕。後人欲學顏回至於聖人處,應服膺「四勿」而勿失。程頤有見於孔、顏的這番問答,還作了視聽言動四箴,以昭示優遊聖域的途徑:

> 顏淵問克己復禮之目,子曰,「非禮勿視,非禮勿聽,非禮勿言,非禮勿動」,四者身之用也。由乎中而應乎外,制於外所以養其中也。顏淵事斯語,所以進於聖人。後之學聖人者,宜服膺而勿失也,因箴以自警。其《視箴》曰:「心兮本虛,應物無跡。操之有要,視為之則。蔽交於前,其中則遷。制之於外,以安其內。克己復禮,久而誠矣。」其《聽箴》曰:「人有秉彝,本乎天性。知誘物化,遂亡其正。卓彼先覺,知止有定。閑邪存誠,非禮勿聽。」其《言箴》曰:「人心之動,因言以宣。發禁躁妄,內斯靜專。矧是樞機,興戎出好,吉凶榮辱,惟其所召。傷易則誕,傷煩則支,己肆物忤,出悖來違。非法不道,欽哉訓辭!」其《動箴》曰:「哲人知幾,誠之於思;志士勵行,守之於為。順理則裕,從欲惟危;造次克念,戰兢自持。習與性成,聖賢同歸。」〔註11〕

顏回是一位好學者,勇猛精進,不少休廢,連孔子都感慨地說「語之而不惰,其回也與」、「見其進也,未見其止也」(《論語·子罕》)。魯哀公問弟子孰為好學,孔子惟以顏回對,因為顏回所好者乃是「學以至乎聖人之道」。張載說:

> 顏淵、樂正子皆知好仁矣。樂正子志仁無惡而不致於學,所以但為善人信人而已;顏子好學不倦,合仁與智,具體聖人,獨未至聖人之止耳〔註12〕。

顏回深知、深悅孔子之道,聞孔子之言,心解力行,造次顛沛未嘗有違,如萬物得時雨之潤,發榮滋長〔註13〕。孔子與言終日,不違如愚,退而省其私,則於日用動靜語默之間足以有所發明,坦然由之而無疑〔註14〕。雖然孔

〔註10〕 綜合《論語集注·顏淵》「顏淵問仁」章,頁 132〜133;《朱子語類》卷四一《論語二十三·顏淵》「顏淵問仁」章,頁 1042〜1069。
〔註11〕 《論語集注·顏淵》「顏淵問仁」引程頤說,頁 133。
〔註12〕 《孟子集注·盡心下》「浩生不害問曰樂正子何人也」章注引,頁 379。
〔註13〕 《論語集注·子罕》「子曰語之而不惰者」章,頁 114。
〔註14〕 《論語集注·為政》「吾與回言終日」章,頁 56。

子感慨「回也非助我者也」，但這句貌似表達遺憾的話語背後，深藏著的是孔子對顏回的喜愛〔註15〕。

　　孔子說「知之者不如好之者，好之者不如樂之者」（《論語・雍也》），顏回正是一位由「好學」而達得「樂學」境界的人〔註16〕。顏回見道之後由衷地讚歎說：「仰之彌高，鑽之彌堅，瞻之在前，忽焉在後。夫子循循然善誘人，博我以文，約我以禮，欲罷不能。」（《論語・子罕》）博文、約禮，正是孔子教之之事和教之之序。其中，「博我以文」是格物致知之事，其目的在於使之知古今，達事變；「約我以禮」是克己復禮之事，其目的在於使之尊所聞，行所知。顏回於此如行者赴家，如食者求飽，盡心盡力，欲罷不能。朱子藉此進一步解釋了博文、約禮的細節：

　　　　聖人之教學者，不過博文約禮兩事爾。博文，是「道問學」之事，於天下事物之理，皆欲知之；約禮，是「尊德性」之事，於吾心固有之理，無一息而不存。今見於《論語》者，雖只有「問仁」、「問爲邦」兩章，然觀夫子之言有曰：「吾與回言終日。」想見凡天下之事無不講究來。自視聽言動之際，人倫日用當然之理，以至夏之時，商之輅，周之冕，舜之樂，歷代之典章文物，一一都理會得了。故於此舉其大綱以語之，而顏子便能領略得去。若元不曾講究，則於此必疑問矣〔註17〕。

　　博文、約禮工夫既到，顏回見得聖人地位卓然只在目前，但僅剩的一步依然峻絕難進。這也是顏回未至聖人的「一間」距離〔註18〕。同時，「三月不違仁」正體現了顏回未至聖人的這「一間」。顏回能久於仁，但畢竟亦有間斷，視聽言動照管不到，便是過。朱子說：「顏子三月不違，只是此心常存，無少間斷。自三月後，卻未免有毫髮私意間斷在。但顏子纔間斷便覺，當下便能接續將去。雖當下便能接續，畢竟是曾間斷來。若無這些子，卻便是聖人也。」

〔註15〕　《論語集注・先進》「回也非助我者也」章：「其辭若有憾焉，其實乃深喜之」（朱子語），頁125。
〔註16〕　《孔門弟子志行考述》，頁2～3。
〔註17〕　《朱子語類》卷二四《論語六・爲政下》「吾與回言」章，頁570。
〔註18〕　《論語集注・子罕》「顏回喟然歎曰」章，頁111～112；《朱子語類》卷三六《論語十八・子罕上》「顏回喟然歎曰」章，頁962～971。本段內容之所以放在這裡及其與上下文段的關係乃是依據《論語集注》的猜度：「抑斯嘆也，其在『請事斯語』之後，『三月不違』之時乎？」

顏回「所以與聖人一間者，以此。」〔註19〕這也正印證了孟子所說的顏回於聖人「具體而微」（《孟子‧公孫丑上》），「微，只是小」，「顏子所知所行，事事只與聖人爭些子」〔註20〕。

顏回學成的符驗是「不遷怒，不貳過」，這種境界似在「三月不違仁」後。顏回克己復禮，於視聽言動依禮而行，至此而純熟。正是這持之以恆的存養使其「不遷怒，不貳過」。「不遷怒」並不意味著顏回沒有喜怒之情，因為喜怒在事、在物而不在己。理之當喜當怒者，他也當會有喜有怒，就像舜誅四凶，可怒者在四凶而不在於舜的血氣之怒。這樣的情形就像「鑑之照物，妍媸在彼，隨物應之」〔註21〕。朱子強調說，「不貳過」並不意味著顏回真有不善之處。顏回偶爾也會有些微的差失，好在一旦出現差失，顏回便能知道；一旦知道，顏回便能以克復之功使其不再萌作。

有了這樣的修養，顏回便能自得其樂。他深處陋巷，僅有一簞食，一瓢飲，這種眾人無法忍受的貧苦，他依然能處之泰然，不改其樂，所以孔子接連兩次感慨「賢哉回也」。顏回不是專樂貧窶，而是不以貧窶改其樂，他於理「見得既盡，行之又順，便有樂底滋味」，所以朱子說：

> 程子謂：「將這身來放在萬物中一例看，大小大快活！」又謂：「人於天地間並無窒礙，大小大快活！」此便是顏子樂處。這道理在天地間，須是直窮到底，至纖至悉，十分透徹，無有不盡，則於萬物為一無所窒礙，胸中泰然，豈有不樂！

這是孔門弟子所能到得的最高境界，也是道學家終其一生都在追求的境界。

二、顏回的為邦之才

在《史記‧孔子世家》中，司馬遷對顏回的評價並不低。在陳蔡絕糧時，孔子知弟子有慍心，乃分別召子路、子貢、顏回，對他們問了同一個問題：「《詩》云『匪兕匪虎，率彼曠野』。吾道非邪？吾何為於此？」他們三人的回答正使得他們的境界和胸懷高下立見：

〔註19〕 《論語集注‧雍也》「子曰回也」章，頁86；《朱子語類》卷三一《論語十三‧雍也二》「子曰回也」章，頁783。

〔註20〕 《朱子語類》卷五二《孟子二‧公孫丑上之上》「夫子加齊之卿相」章，頁1274。

〔註21〕 此處的比喻其實源於《莊子‧應帝王》：「至人之用心若鏡，不將不迎，應而不藏，故能勝物而不傷。」這可視為程朱大儒向道家藉助精神資源的明證。

子路曰：「意者吾未仁邪？人之不我信也。意者吾未知邪？人之不我行也。」孔子曰：「有是乎！由，譬使仁者而必信，安有伯夷、叔齊？使知者而必行，安有王子比干？」……子貢曰：「夫子之道至大也，故天下莫能容夫子。夫子蓋少貶焉？」孔子曰：「賜，良農能稼而不能為穡，良工能巧而不能為順。君子能修其道，綱而紀之，統而理之，而不能為容。今爾不修爾道而求為容。賜，而志不遠矣！」……顏回曰：「夫子之道至大，故天下莫能容。雖然，夫子推而行之，不容何病，不容然後見君子！夫道之不修也，是吾醜也。夫道既已大修而不用，是有國者之醜也。不容何病，不容然後見君子！」孔子欣然而笑曰：「有是哉，顏氏之子！使爾多財，吾為爾宰。」（《史記·孔子世家》）

「使爾多財，吾為爾宰」，這雖屬戲謔自嘲之言，但也表明孔子對顏回的贊美和認同。後來，楚昭王欲以書社地七百里封孔子，令尹子西欲沮之，乃問昭王「王之使使諸侯有如子貢者乎」，「王之輔相有如顏回者乎」（《史記·孔子世家》）。可見，連楚昭王、子西這樣的大國君臣不但未將顏回視為「書呆子」、「窩囊廢」，反而認為他比子貢還更具有「輔相」之才。這就無怪乎孟子會贊歎「禹、稷、顏子易地則皆然」，「使禹稷居顏子之地，則亦能樂顏子之樂；使顏子居禹稷之任，亦能憂禹稷之憂也」（《孟子·離婁下》）。朱子認為孔門弟子中於世事無補的是原憲這樣的人：「原憲只是一箇喫菜根底人，邦有道，出來也做一事不得；邦無道，也不能撥亂反正。」〔註22〕

朱子在注重道德修養的同時，亦特別注重「才」，一個非常明顯的例子，是其對司馬光才德之論的一個辯駁〔註23〕：「溫公論才、德處未盡。如此，則

〔註22〕 《朱子語類》卷二四《論語六·為政下》「君子不器」章，頁578。

〔註23〕 司馬光對智伯之亡的論述說：「智伯之亡也，才勝德也。夫才與德異，而世俗莫之能辨，通謂之賢，此其所以失人也。夫聰察強毅之謂才，正直中和之謂德。才者，德之資也；德者，才之帥也。……是故才德全盡謂之『聖人』，才德兼亡謂之『愚人』；德勝才謂之『君子』，才勝德謂之『小人』。凡取人之術，苟不得聖人、君子而與之，與其得小人，不若得愚人。何則？君子挾才以為善，小人挾才以為惡。挾才以為善者，善無不至矣；挾才以為惡者，惡亦無不至矣。愚者雖欲為不善，智不能周，力不能勝，譬之乳狗搏人，人得而制之。小人智足以遂其姦，勇足以決其暴，是虎而翼者也，其為害豈不多哉！夫德者人之所嚴，而才者人之所愛；愛者易親，嚴者易疏，是以察者多蔽於才而遺於德。自古昔以來，國之亂臣，家之敗子，才有餘而德不足，以至於顛覆者多矣，豈特智伯哉！故為國為家者苟能審於才德之分而知所先後，又何失人之足患哉！」《資治通鑑》卷一，周威烈王二十三年，頁14～15。

才都是不好底物矣！」〔註24〕因此，朱子對顏回的論述依舊是從「仁」和「智」兩方面展開的。

顏回曾向孔子問「爲邦」。孔子說：「行夏之時，乘殷之輅，服周之冕，樂則《韶》舞。放鄭聲，遠佞人。鄭聲淫，佞人殆。」（《論語・衛靈公》）在《論語》中，孔子談「爲邦」與「爲政」有著明顯的差別。《論語》中談「爲邦」凡兩見，顏回所問之外，還有一章是孔子之語：「善人爲邦百年，亦可以勝殘去殺矣。誠哉是言也！」（《論語・子路》）「爲政」在《論語》中凡四見〔註25〕。《論語》的文字雖簡，但依舊能看出「爲邦」和「爲政」存有一些明顯的差異。邢昺疏「爲邦」曰：「謂繼周而王，以何道治邦也。」孔子談「爲邦」則是從實施維度而言（顏回所問是爲邦之法，「善人爲邦百年」則是實施之效），談「爲政」多是從德治角度展開。顏子對德治的體認之深自不用說，所以孔子將許多大事分付他，夏時、殷輅、周冕、韶舞都是大經大法。干寶說：「弟子問政者數矣，而夫子不與言三代損益，以非其任也。回則備言王者之佐，伊尹之人也，故夫子及之焉。」〔註26〕這正是肯定了顏回的伊尹之才。孟子的說法最有代表性：

> 禹、稷當平世，三過其門而不入，孔子賢之。顏子當亂世，居於陋巷。一簞食，一瓢飲。人不堪其憂，顏子不改其樂，孔子賢之。
> 孟子曰：「禹、稷、顏回同道。禹思天下有溺者，由己溺之也；稷思天下有飢者，由己飢之也，是以如是其急也。禹、稷、顏子易地則皆然……」。（《孟子・離婁下》）

「易地則皆然」之外，還有「易時則皆然」。有學者問：「仲尼當周衰，轍環天下，顏子何以不仕？」程頤說：「此仲尼之任也。使孔子得行其道，顏子不仕可矣。然孔子既當此任，則顏子足可閉戶爲學也。」〔註27〕程頤說：「學者全要識時。若不識時，不足以言學。顏子居陋巷自樂，以有孔子在焉。若孟子之時，世既無人，安可不以道自任。」〔註28〕

令人遺憾的是，顏回無位且英年早逝，沒機會在爲邦治國方面有所作爲，

〔註24〕 《朱子語類》卷一三四《歷代一》，頁 3205。
〔註25〕 分別是《爲政》「爲政以德」章和「或謂孔子曰子奚不爲政」章，《顏淵》「季康子問政於孔子」章，《子路》「子路曰衛君待子而爲政」章。
〔註26〕 劉寶楠：《論語正義》卷十八《衛靈公》引干寶說，北京：中華書局，1990，頁 622。
〔註27〕 《二程集・河南程氏遺書》卷十八《伊川先生語四・劉元承手編》，頁 221。
〔註28〕 《二程集・河南程氏遺書》卷二上《元豐己未呂與叔東見二先生語》，頁 15。

但儒家很多大宗師都認爲，顏回實際上已經具備了這樣的能力。這正是顏回在「內聖」和「外王」兩方面所到得的境界。

三、顏回未到聖人之處

顏回的修養使其具有聖人的體段，本有可能成爲聖人，但他的早死則留下了很多遺憾。唐代李翱說：「其所以未到於聖人者，一息耳，非力不能也，短命而死故也。」（《復性書上》）顏回死後，曾子對他給予了極高的評價：「以能問於不能，以多問於寡；有若無，實若虛，犯而不校，昔者吾友嘗從事於斯矣。」（《論語・泰伯》）〔註29〕顏回惟知義理無窮，而不見物我有間；不知有餘在己，不足在人；不必得爲在己，失爲在人。

顏回沒有成爲聖人除了短命未及化成之外，朱子還另有一些發揮：

> 問：「李先生（侗）謂顏子『聖人體段已具』。『體段』二字，莫只是言箇模樣否？」曰：「然。」又問：「惟其具聖人模樣了，故能聞聖人之言，默識心融否？」曰：「顏子去聖人不爭多，止隔一膜，所謂『於吾言無所不說』。其所以不及聖人者，只是須待聖人之言觸其機，乃能通曉爾。」又問：「所以如此者，莫只是渣滓化未盡否？」曰：「聖人所至處，顏子都見得，只是未到。『仰之彌高，鑽之彌堅，瞻之在前，忽焉在後』。這便顏子不及聖人處。這便見得未達一間處。且如於道理上才著緊，又蹉過；才放緩，又不及。又如聖人平日只是理會一箇大經大法，又卻有時而應變達權；才去應變達權處看他，又卻不曾離了大經大法。可仕而仕，學他仕時，又卻有時而止；可止而止，學他止時，又卻有時而仕。『無可無不可』，學他不可，又卻有時而可；學他可，又卻有時而不可。終不似聖人事事做到恰好處。」又問：「程子說：『孟子，雖未敢便道他是聖人，然學已到聖處。』莫便是指此意而言否？」曰：「顏子去聖人尤近。」〔註30〕

> 大凡氣俗不必問，心平則氣自和。惟心粗一事，學者之通病。橫渠云：「顏子未至聖人，猶是心粗。」一息不存，即爲粗病。要在精思明辨，使理明義精；而操存涵養無須臾離，無毫髮間；則天理常存，人欲消去，其庶幾矣哉〔註31〕！

〔註29〕　《論語集注・泰伯》本章朱子注引馬融解，以「吾友」爲顏回，頁104。
〔註30〕　《朱子語類》卷二四《論語六・爲政下》「吾與回言」章，頁569。
〔註31〕　《朱子語類》卷十二《學六・持守》，頁205。

　　　　先生問眾人曰：「顏子、季路所以未及聖人者何？」眾人未對。
　　先生曰：「……顏子所言，只爲對著一箇伐善施勞在。非如孔子之言
　　（老者安之，少者懷之，朋友信之），皆是循其理之當然，初無待乎
　　有所懲創也。……顏子之志，亦如病之差輕者，……夫出處起居動
　　靜語默之知所謹，蓋由不知謹者爲之對也。曾不若一人素能謹護調
　　攝，渾然無病，問其所爲，則不過曰飢則食而渴則飲也。此二子之
　　所以異於聖人也……」〔註32〕

　　從這些分析可知，顏回與聖人之間的毫髮距離主要體現在以下兩方面：

　　首先，顏回雖「不貳過」，但其「過」不論顯與微都是「過」，就像大雷
雨是雨，些子雨也是雨。聖人境界恰如晴明時節，青天朗日而沒有些子雲翳。
顏回於視、聽、言、動皆能盡禮，不遷怒，不貳過，正見篤好之深而學之有
道。顏回擇乎中庸，得一善，則著之心胸之間，堅守不失，所以無過與不及
之差。他未至於聖人的原因乃是「守之也，非化之也。假之以年，則不日而
化矣。」〔註33〕

　　其次，同樣值得留意的還有顏回「不改其樂」。顏回之樂與孔子之樂畢竟
還有些差別。孔子之樂純粹自然，而顏回之樂則未免有意：「聖人自然是樂，
顏子僅能不改」。所謂「不改」，是方能免得改，未如聖人從來安然，就像有
病者方得無病，跟那些從來安樂的人相比自是不相同。

　　與此相類的是，顏回能忘我〔註34〕，其志在「無伐善，無施勞」（《論語・
公冶長》）。顏回「不自私己，故無伐善；知同於人，故無施勞。其志可謂大
矣，然未免出於有意也」（程頤語）。顏回的志向只是從性分上理會，不待於
外物，因此「善」是自家所有的「善」，「勞」是自家做出來的「勞」。這志向
依舊與孔子存有差距，「顏子有平物我之心，夫子有萬物得其所之心」，因爲
他的「病未曾盡去，猶有些根腳，更服藥始得」〔註35〕。

　　綜上所言，如果說「可欲之謂善」、「充而至於大」尚且需要力行的積累，
那麼，顏回到此境地也用力不得，其「大而化之」則非力行所能及，只待熟後
自到得聖人田地。顏回距聖人僅有一間之隔，是「具體而微」的聖人，但這卻

〔註32〕《朱子語類》卷二九《論語十一・公冶長下》「顏淵季路侍」章，頁752。
〔註33〕本段綜合《中庸章句》第八章，頁21；《論語集注・雍也》「哀公問弟子孰爲
　　　　好學」章，頁84；《朱子語類》卷三○《論語十二・雍也一》章，頁765～778。
〔註34〕《朱子語類》卷二八《論語十・公冶長上》「我不欲人之加諸我」章，頁724。
〔註35〕《朱子語類》卷二九《論語十一・公冶長下》「顏淵季路侍」章，頁752。

無需用力。程子說：「到此地位，工夫尤難，直是峻絕，又大段著力不得。」就像碩大之果長成於枝頭，惟時日能使之熟。可惜顏回早死，他能否成爲聖人，以及他是否眞如孟子說的那樣與舜、后稷「易地則皆然」，就只能見仁見智了。

第二節　曾點、曾參父子

一、曾點

　　曾點，名皙，魯人，是曾子之父，與顏回之父顏無繇（顏路）都是孔子早年的弟子。《論語》、《孟子》中關於曾皙的記載不多，但因爲他「浴沂舞雩」之志引起孔子「與點」的感慨，曾皙便成爲一位始終無法繞開的重要人物。朱子對曾點的評價就是圍繞《論語》「浴沂舞雩」和《孟子》以曾皙爲「狂者」而「行有不掩」這個形象展開的〔註36〕。

1. 令孔子喟歎的「曾點氣象」

　　孔子讓弟子各言其志：「如或知爾，則何以哉？」子路、冉有、公西華都以「期於異日者」爲對，曾點不答所問，「不說道欲做那事，不做那事」，而以「樂於今日者」言之，卻得到孔子的贊許：

　　　　「點！爾何如？」鼓瑟希，鏗爾，舍瑟而作。對曰：「異乎三子
　　者之撰。」子曰：「何傷乎？亦各言其志也。」曰：「莫春者，春服
　　既成。冠者五六人，童子六七人，浴乎沂，風乎舞雩，詠而歸。」
　　夫子喟然歎曰：「吾與點也！」（《論語‧先進》）

　　這段文字之中正有宋人所稱道的「曾點氣象」。這個「氣象」若考之經典，是舜「恭己正南面而已」（《論語‧衛靈公》），是「天敘有典，勑我五典五惇哉！天秩有禮，自我五禮有庸哉！同寅協恭和衷哉！天命有德，五服五章哉！天討有罪，五刑五用哉」（《尚書‧虞書‧皋陶謨》）。孔子「與點」是因爲諸弟子的志趣都止於所能，不免有「安排期必」之心。曾點爲人高爽，襟懷灑脫，「氣象宏大，而志趣又別，極其所用，當不止此」，「若子路、冉求、公西華之所爲，曾點爲之有餘」。朱子稱贊曾點之志「如鳳凰翔於千仞之上」，他對曾點之志的精神意蘊進行了深入闡發：

〔註36〕曾點部份綜合《朱子語類》卷二二《論語二十二‧先進下》「子路曾皙冉有公
　　　　西華侍坐」章，頁1026～1041；《孟子集注‧盡心下》「萬章問曰孔子在陳曰」
　　　　章，頁382～385。

　　曾點之學，蓋有以見夫人欲盡處，天理流行，隨處充滿，無少
欠闕。故其動靜之際，從容如此。而其言志，則又不過即其所居之
位，樂其日用之常，初無舍己爲人之意。而其胸次悠然，直與天地
萬物上下同流，各得其所之妙，隱然自見於言外。視三子之規規於
事爲之末者，其氣象不侔矣，故夫子歎息而深許之。……（程子）
又曰：「孔子與點，蓋與聖人之志同，便是堯、舜氣象也……」又曰：
「三子皆欲得國而治之，故夫子不取。曾點，狂者也，未必能爲聖
人之事，而能知夫子之志。故曰浴乎沂，風乎舞雩，詠而歸，言樂
而得其所也。孔子之志，在於老者安之，朋友信之，少者懷之，使
萬物莫不遂其性。曾點知之，故孔子喟然歎曰：『吾與點也。』」又
曰：「曾點、漆雕開，已見大意。」〔註37〕

　　孔子之志不過「使萬物莫不遂其性」，曾點知聖人之志，且與聖人之志
同。他從容優裕，悠然自得，日用之間見得「事事物物上皆是天理流行」，
在在處處，莫非可樂。曾點氣象不同於子路等人「規規於事爲之末」，乃是
「大根大本」，超乎事物之外，而不離乎事物之中，「是去自己心性上見得
那本源頭道理」。若體認這意思分明，就能消得無限利祿鄙吝之心。謝良佐
說：

　　「鳶飛戾天，魚躍於淵」，無些私意。「上下察」，以明道體無所
不在，非指鳶魚而言也。若指鳶魚爲言，則上面更有天，下面更有
地在。知「勿忘，勿助長」則知此〔註38〕，知此則知夫子與點之意。
季路、冉求言志之事，非大才做不得，然常懷此意在胸中，在曾點
看著，正可笑爾。學者不可著一事在胸中，纏著些事，便不得其正
〔註39〕。

　　曾點見得私欲盡處，天理流行，仿如鳶飛魚躍的灑脫。這看似無事無爲
的道理，若推而行之，卻能做得有事有爲的功業，「雖堯舜事業，亦不過以此
爲之而已」：

　　使推而行之，則將無所不能，雖其功用之大，如堯舜之治天下，

〔註37〕　《論語集注・先進》「子路曾皙冉有公西華侍坐」章，頁131～132。
〔註38〕　《孟子集注・公孫丑上》此章注：「此言養氣者，必以集義爲事，而勿預期其
　　　　　效。其或未充，則但當勿忘其所有事，而不可作爲以助其長，乃集義養氣之
　　　　　節度也。」頁233～234。
〔註39〕　《論語精義》卷六上引，《朱子全書》第7冊，頁408。

　　亦可爲矣。蓋言其所志者大，而不可量也。譬之於水，曾點之所用

　　力者，水之源也；三子所用力者，水之流也。用力於派分之處，則

　　其功止於一派；用力於源，則放之四海亦猶是也〔註40〕。

　　曾點在「飢食渴飲、冬裘夏葛以至男女居室」之類的地方見其天理，

而不濟其嗜欲。朱子曾令弟子「理會曾點如何見到這裡」。他提醒門生，曾

點「資質明敏，洞然見得斯道之體」，「見得這事物透徹」，而「這道理本來

到處都是」：

　　　事父母，交朋友，都是這道理；接賓客，是接賓客道理；動靜

　　語默，莫非道理；天地之運，春夏秋冬，莫非道理。人之一身，便

　　是天地，只緣人爲人欲隔了，自看此意思不見。如曾點，卻被他超

　　然看破這意思，夫子所以喜之。日月之盈縮，晝夜之晦明，莫非此

　　理。〔註41〕

2. 曾點的修爲工夫與其「氣象」的矛盾

　　曾點知夫子之志，憑藉天資高敏見得此理，卻也因爲天資高敏，而止於

所見，而且這「見」也未見得十分分明，僅僅是個籠統的形狀：「如今人在外

看屋一般，知得有許大許高，然其中間廊廡廳館，戶牖房闥，子細曲折，卻

是未必看得子細也」，「如一箇大屋樣，他只見得四面牆壁，高低大小都定，

只是裏面許多間架，殊不見得」。朱子對曾點的這個評價，與程顥評價王安石

的相輪喻在本質上實有類似之處〔註42〕。曾點與王安石於道只見其輪廓，而

未能盡其精微；程顥與曾子的工夫相似，都是直入相輪，不自知己悠然見道。

　　孔子「與點」也不過是因爲曾點「偶然見得如此，夫子也是一時被他說

得恁地也快活人，故與之」，那種情形就「如今人見學者議論拘滯，忽有一箇

說得索性快活，亦須喜之。然未見得其做事時如何」。

〔註40〕 《朱子語類》卷四○《論語二十二・先進下》「子路曾晳冉有公西華侍坐」章，
　　　　頁 1035～1036。

〔註41〕 《朱子語類》卷四○《論語二十二・先進下》「子路曾晳冉有公西華侍坐」章，
　　　　頁 1027。

〔註42〕 程顥嘗對王安石說：「公之談道，正如說十三級塔上相輪，對望而談曰，相輪
　　　　者如此如此，極是分明。如某則戇直，不能如此，直入塔中，上尋相輪，辛
　　　　勤登攀，邐迤而上，直至十三級時，雖猶未見相輪，能如公之言，然某卻實
　　　　在塔中，去相輪漸近，要之須可以至也。至相輪中坐時，依舊見公對塔談說
　　　　此相輪如此如此。」見於《二程集・河南程氏遺書》卷一《二先生語一・端
　　　　伯傳師說》，頁 5～6。

　　朱子多次跟弟子說曾點「不可學」，因爲曾點把「學」與「行」截然分爲兩事：「若都不就事上學，只要便如曾點樣快活，將來卻恐狂了人去。」他欠缺正是一番「行」的工夫，「於用工夫處亦欠細密」：

　　　　曾點之志，所謂「達可行於天下而後行之」。程子謂「便是堯舜氣象」。爲他見處大，故見得世間細小功業，皆不足以入其心〔註43〕。

　　朱子其實是依據《孟子》而得出這個結論的：

　　　　（萬章問曰：）「敢問何如斯可謂狂矣？」（孟子）曰：「如琴張、曾晳、牧皮者，孔子之所謂狂矣。」「何以謂之狂也？」曰：「其志嘐嘐然，曰『古之人，古之人』。夷考其行而不掩焉者也。（《孟子・盡心下》）

　　孟子認爲曾點和子張、牧皮都有很高的志向，但是考其行事，則言行不能相符。由於《論語》、《孟子》對曾點的記載非常有限，朱子不得不求證於其它典籍來驗證曾點行有不掩，他所依賴的主要是以下兩件事：

　　　　曾子耘瓜，誤斬其根。曾晳怒，建大杖以擊其背，曾子仆地而不知人久之。有頃乃蘇，欣然而起，進於曾晳曰：「向也參得罪於大人，大人用力教參，得無疾乎？」退而就房，援琴而歌，欲令曾晳而聞之，知其體康也。（《孔子家語・六本》）

　　　　季武子寢疾，蟜固不說齊衰而入見，曰：「斯道也，將亡矣。士唯公門說齊衰。」武子曰：「不亦善乎！君子表微。」及其喪也，曾點倚其門而歌。（《禮記・檀弓下》）

　　朱子認爲這兩件事「雖未必然，但如此放曠，凡百事何故都當在他身上」，「雖是寓言未足憑，然何故不別言一人」。也就是說，這兩個故事雖未必眞實，卻能夠在一定程度上眞實地勾勒出曾點「行有不掩」的狂者形象。曾點行有不掩，應當歸因於「見得了不肯行」，「不去下工夫，所以如此」。朱子多次談到，曾點行事多有欠缺，這與他所見的境界存在很大的差距，所以孔子「正欲共他理會」，於他有所裁正，「若是不裁，只管聽他恁地，今日也浴沂詠歸，明日也浴沂詠歸，卻做箇甚麼合殺！」

　　有趣的是，朱子認爲莊子也曾見得堯舜氣象，如其論說天王之用心：「天

德而出寧，日月照而四時行，若晝夜之有經，雲行而雨施矣。」（《莊子·天道》）所以，朱子說曾點「大綱如莊子」，「曾點意思，與莊周相似，只不至如此跌蕩」。類似的說法還有，曾點「與後世佛老近似，但佛老做得忒無狀耳」。在朱子看來，問題還不止於此，更為嚴重的是，若於此無所裁正，恐怕真會流入莊老、佛氏之異端：

> 其實細密工夫卻多欠闕，便似莊列。如季武子死，倚其門而歌，打曾參仆地，皆有些狂怪〔註44〕。

> 或問：「曾點是實見得如此，還是偶然說著？」曰：「這也只是偶然說得如此。他也未到得便做莊老，只怕其流入於莊老。」〔註45〕

曾點合下見得大處，卻不肯在行處做工夫，不但沒有三子的事業，倒還有「入於釋老（老莊、莊列）」的危險。因此，進德修業的學者「須常有三子（子路、冉有、公西華）之事業，又有曾點襟懷，方始不偏」。也就是說，在事上做工夫，並兼以曾點的識見與灑脫，纔能真正成為道學家所希求的聖賢君子。若只見得道理在，而無實際的修為工夫，沒有在事上磨練，則不免流入莊老虛無之學。

3. 曾點與孔門其他弟子的比較

曾點「浴沂舞雩」的堯舜氣象和顏回「簞食瓢飲」之樂有些相似處，但這兩者存在根本性質上的差異，曾點之樂顯然不同於顏回之樂。顏回「不改其樂」，孔子「樂在其中」，顏回與聖人的距離只有「一間」，是「仁者安仁之事」。孔子雖與曾點「浴沂詠歸」之樂，但曾點行不掩言，不免為狂者。因此，顏回之樂平淡，深微而難知；曾點之樂勞攘，淺近而易見。之所以會有這樣的差異，終究還是因為曾點只見得如此，而顏子卻以修為工夫做到了那裏。

程子說「曾點、漆雕開已見大意」，但曾點所見不如漆雕開來得實。曾點與子路、冉有、公西華之間的差距是粗細，與漆雕開之間的差距卻是生熟。曾點說得驚天動地，而行有不掩。漆雕開「灰頭土面，樸實去做工夫，不求人知」，其「見大意」不及曾點，但其「所見也是不苟」，他比曾點樸實，見

〔註44〕 《朱子語類》卷四○《論語二十二·先進下》「子路曾皙冉有公西華侍坐」章，頁 1027。

〔註45〕 《朱子語類》卷四○《論語二十二·先進下》「子路曾皙冉有公西華侍坐」章，頁 1028。

此大意之後，實用工夫，穩貼細密，要將所見者「補塡滿足」。這可於孔子悅漆雕開不仕所言的「吾斯之未能信」一句見之〔註46〕：

> 斯，指此理而言。信，謂眞知其如此，而無毫髮之疑也。開自言未能如此，未可以治人，故夫子說其篤志。程子曰：「漆雕開已見大意，故夫子說之。」又曰：「古人見道分明，故其言如此。」謝氏曰：「開之學無可考。然聖人使之仕，必其材可以仕矣。至於心術之微，則一毫不自得，不害其爲未信。此聖人所不能知，而開自知之。其材可以仕，而其器不安於小成，他日所就，其可量乎？夫子所以說之也。」〔註47〕

朱子跟弟子用通俗言語講漆雕開「未信」之「信」是知與行都「自保得過」之意，要「自保得知得，自保得行得」。漆雕開於此理「已知得八分了」，「物格、知至，他只有些子未格，有些子未至耳」。漆雕開於此理已在心目間有所見，進而不已，必止於至實無妄之地，「譬如一株樹，用爲椽桁，已自可矣。他不伏做椽桁，又要做柱，便是不安於小成也」。這也正是孔子悅其篤志的原因。

值得深思的是，朱子還將曾點和曾參做了深入的對比。他發現「曾點曾參父子卻相背」，「二人極不同」。曾子並沒有曾點那樣的天分，初頭都不會，未見這個大統體，先從細微曲折處自一事一物上踐履將去，到後來眞積力久，四方八面都做了，卻到大處；及他見得大處時，其它小處，一一都明瞭。孔子見他著細工夫到，遂告以一貫之理，那一「唯」，見得都實，更無窒礙。朱子感慨地說道，世間自有一樣人如此高灑，見得天理，卻不能作爲學習的榜樣。學者須是學曾子逐步做將去，方穩實。

二、曾參

曾子名參，魯人，曾點之子，少孔子四十六歲，是孔子晚年弟子。《史記‧仲尼弟子列傳》說：「孔子以爲曾子能通孝道，故授之業，作《孝經》。」司馬遷說曾子作《孝經》，而未說曾子作《大學》，所以朱子說《大學》之經是「孔子之言，而曾子述之。其傳十章，則曾子之意而門人記之也」〔註48〕。

〔註46〕 綜合《朱子語類》卷二八《論語十‧公冶長上》「子使漆雕開仕」章，頁712～718。
〔註47〕 《論語集注‧公冶長》「子使漆雕開仕」章，頁76。
〔註48〕 《大學章句》「經」章之後朱子注，頁4。

實際上，曾子在宋代的地位越來越重要，還是由於《大學》地位的提升。朱子認爲，「《論語》只有個顏子、曾子傳聖人之學」，但顏回早死，曾子在道統之中的地位就越發顯得重要。

1. 曾參竟以魯得之

孔子說「參也魯」（《論語・先進》），朱子注此句說：

> 魯，鈍也。程子（顥）曰：「參也竟以魯得之。」又曰：「曾子之學，誠篤而已。聖門學者，聰明才辯，不爲不多，而卒傳其道，乃質魯之人爾。故學以誠實爲貴也。」尹氏（焞）曰：「曾子之才魯，故其學也確，所以能深造乎道也。」〔註49〕

朱子說，這個「魯」字與「不及」不同，是質樸渾厚意思，只是鈍；「不及」則恰似一箇物事欠了些子〔註50〕。「魯」正是曾子的病處，而這個病「卻尙是個好底病」，曾子一生成就「卻是得這個魯底力」。因爲，曾子雖魯鈍（有時亦作「遲鈍」），但正以其魯鈍，「則無造作」，「守其心專一」，事理「見得未透，只得且去理會，終要洞達而後已」。因此，「若這事看未透，眞是捱得到盡處，所以竟得之」。那些所謂的明達者，「每事要入一分，半上落下，多不專一」，「只略綽見得些小了便休」，雖見得容易，但不能堅守，頗有淺嚐輒止的意味。因此，在朱子看來，曾子之鈍與他人之鈍的區別就在於，「其它鈍底捱得到略曉得處，便說道理止此，更不深求」，「若理會不得，便放下了，如何得通透，則是終於魯而已」〔註51〕。程顥說「參也，竟以魯得之」，朱子反覆向弟子強調這句話。因此，曾子能超越「明達者」和資質「鈍底」，正以其學誠篤確切：

> 明道謂曾子「竟以魯得之」。緣他質鈍，不解便理會得，故著工夫去看，遂看得來透徹，非他人所及。有一等伶俐人見得雖快，然只是從皮膚上略過，所以不如他。且莫說義理，只如人學做文章，非是只恁地讀前人文字了，便會做得似他底；亦須是下工夫，始造其妙。觀韓文公與李翊書，老蘇與歐陽公書，說他學做文章時，工

〔註49〕 《論語集注・先進第》「柴也愚」章，頁128。
〔註50〕 《朱子語類》卷三九《論語二十一・先進上》「子貢問師與商也孰賢」章，頁1016。
〔註51〕 本段引文除另外標出這之外，均出自《朱子語類》卷三九《論語二十一・先進上》「柴也愚」章，頁1017～1019。

夫甚麼細密！豈是只恁從冊子上略過，便做得如此文字也。〔註52〕

　　孔門弟子，如子貢後來見識煞高，然終不及曾子。如一唯之傳，此是大體。畢竟他（曾子）落腳下手立得定，壁立萬仞！觀其言，如「彼以其富，我以吾仁」，「可以托六尺之孤」，「士不可以不弘毅」之類，故後來有子思、孟子，其傳永。孟子氣象尤可見〔註53〕。

曾子正是以每日的自我省察達到這樣境界的。這些省察包括：「為人謀而不忠乎？與朋友交而不信乎？傳不習乎？」（《論語‧學而》）朱子注釋此句時說：

　　曾子以此三者日省其身，有則改之，無則加勉，其自治誠切如此，可謂得為學之本矣。而三者之序，則又以忠信為傳習之本也。尹氏曰：「曾子守約，故動必求諸身。」謝氏曰：「諸子之學，皆出於聖人，其後愈遠而愈失其真。獨曾子之學，專用心於內，故傳之無弊，觀於子思、孟子可見矣。惜乎！其嘉言善行，不盡傳於世也。其幸存而未泯者，學者其可不盡心乎！」〔註54〕

朱子認為，三省「是曾子晚年進德工夫」〔註55〕。「三省」不是事過之後繞去反省改過，而是「當下便省得，纔有不是處，便改」。這並不意味著曾子截然不省別的，只是見得此三事上實有纖毫未到處：「其它處固不可不自省，特此三事較急耳。」因此，「此三省自是切己底事」，「忠是發於心而形於外；信也是心裏發出來，但卻是就事上說。而今人自謀時，思量得無不周盡；及為人謀，則只思量得五六分便了，這便是不忠。『與朋友交』，非謂要安排去罔他為不信，只信口說出來，說得不合於理，便是不信。謀是主一事言，信是泛說。」〔註56〕

曾子的「三省」恰是「格物」的過程，「窮極事物之理到盡處，便有一箇是，一箇非，是底便行，非底便不行。凡自家身心上，皆須體驗得一箇是非。若講論文字，應接事物，各各體驗，漸漸推廣，地步自然寬闊。如曾子三省，只管如此體驗去。」〔註57〕曾子的省察是「已發」的省察，「只

〔註52〕《朱子語類》卷三九《論語二十一‧先進上》「柴也愚」章，頁1018。

〔註53〕《朱子語類》卷九三《孔孟周張程子》，頁2354。

〔註54〕《論語集注‧學而》「曾子曰吾日三省吾身」章，頁48～49。

〔註55〕本段引文除特別標注之外，均出自《朱子語類》卷二一《論語三‧學而中》「曾子曰吾日三省吾身」章，頁482～494。

〔註56〕《朱子語類》卷一一九《朱子十六‧訓門人七》，頁2868。

〔註57〕《朱子語類》卷十五《大學二‧經下》，頁284。

是既涵養，又省察，無時不涵養省察。若戒懼不睹不聞，便是通貫動靜，
只此便是工夫。至於愼獨，又是或恐私意有萌處，又加緊切。若謂已發了
更不須省察，則亦不可。如曾子三省，亦是已發後省察。」〔註58〕曾子說：
「士不可不弘毅，任重而道遠。仁以爲己任，不亦重乎？死而後已，不亦
遠乎？」（《論語・泰伯》）這正是曾子弘毅致遠的自任精神。仁是人心之全
德，曾子必欲以身體而力行之，可謂能勝其重；一息尚存，此志不容少懈，
可謂能致其遠。

2. 曾子與孔子之間的默然心通

　　曾子眞積力久〔註59〕，隨事體察而力行，孔子知其有所得，乃以「一貫」
明之：

> 子曰：「參乎！吾道一以貫之。」曾子曰：「唯。」子出。門人
> 問曰：「何謂也？」曾子曰：「夫子之道，忠恕而已矣。」（《論語・
> 里仁》）

　　朱子認爲，孔門弟子三千，而孔子獨以此告曾子，「必是其它人承當未
得」。因而，這一點值得仔細體味：「今自家卻要便去理會這處，是自處於孔
門二千九百九十九人頭上，如何而可！」〔註60〕這是因爲，在孔子如此教導
之前，曾子已於「日用之常，禮文之細」見得「一事一理」，其本只是一理，
因而夫子言下便悟。其他弟子則因工夫未夠，而不可遽與語此。不過，曾子
既能眞積力久，就算孔子不曾語此，曾子最終也能有此解悟〔註61〕。

　　朱子認爲，曾子這一「唯」實已參悟出「理一分殊」之理：

> 聖人之心，渾然一理，而泛應曲當，用各不同。曾子於其用處，
> 蓋已隨事精察而力行之，但未知其體之一爾。夫子知其眞積力久，
> 將有所得，是以呼而告之。曾子果能默契其指，即應之速而無疑也。
> 〔註62〕

　　同樣值得玩味的還有「而已矣」這個語詞。這個看似簡單的語詞意味著
曾子不負夫子期許，背後是「應之速而無疑」的敏捷與確信，所以朱子說：

〔註58〕　《朱子語類》卷六二《中庸一》第一章，頁1514。
〔註59〕　《朱子語類》卷九三《孔孟周張程子》，頁2354。
〔註60〕　《朱子語類》卷二七《論語九・里仁下》「子曰參乎」章，頁669。
〔註61〕　《朱子語類》卷二七《論語九・里仁下》「子曰參乎」章，頁686。
〔註62〕　《論語集注・里仁》「子曰參乎」章，頁72。

如曾子平日用工極是子細，每日三省，只是忠信傳習底事，何曾說著「一貫」？……「一貫」之說，夫子只是謾提醒他。縱未便曉得，且放緩亦未緊要，待別日更一提之。只是曾子當下便曉得，何曾只管與他說！如《論語》中百句，未有數句說此〔註63〕。

曾子與孔子的這番默契以及他對「忠恕」之道的深刻解悟，與禪宗第一公案「拈花微笑」的故事頗為類似〔註64〕。相對於尊奉「五經」的儒學傳統而言，宋代道學尊奉孔子、曾子、子思、孟子的經典，傳揚其道，這何嘗不是儒學的「教外別傳」？

3. 曾子涵養已成的效驗

曾子臨沒前的言行正自見出他一生的修養與境界：

> 曾子有疾，召門弟子曰：「啓予足！啓予手！《詩》云：『戰戰兢兢，如臨深淵，如履薄冰。』而今而後，吾知免夫！小子！」
>
> （《論語·泰伯》）

> 曾子有疾，孟敬子問之。曾子言曰：「鳥之將死，其鳴也哀；人之將死，其言也善。君子所貴乎道者三：動容貌，斯遠暴慢矣；正顏色，斯近信矣；出辭氣，斯遠鄙倍矣。籩豆之事，則有司存。」
>
> （《論語·泰伯》）

人心惟危，道心惟危，一日之間，內而思慮，外而應接，千變萬化，此心易失難守，頃刻之間不可不戒慎恐懼。曾子「戰戰兢兢，如臨深淵，如履薄冰」正是其「惟精惟一」的存敬之法，擇善而固執之便能守身心，自無過與不及之差〔註65〕。至於「君子所貴乎道者三」，則是曾子存養之至的成就，這不是學者涵養用工之處，而是涵養已成的效驗。學者若作工夫，則在此句之外思索爲何曾子能達到這樣境界，隨事省察、不令間斷〔註66〕。

曾子所達到的境界在孔門中只亞於顏回，他未能臻至聖域，乃是由於「蓋微有這些子渣滓去未盡耳」〔註67〕。但這些「渣滓」在於何處，朱子並未有

〔註63〕 《朱子語類》卷一一九《朱子十四·訓門人五》，頁2828～2829。
〔註64〕 據《五燈會元》記載，世尊在靈山會上，拈花示眾。是時眾皆默然，唯迦葉尊者破顏微笑。世尊曰：「吾有正法眼藏，涅槃妙心，實相無相，微妙法門，不立文字，教外別傳，付囑摩訶迦葉。」普濟：《五燈會元》卷一《七佛·釋迦牟尼佛》，北京：中華書局，1984，頁10。
〔註65〕 《朱子語類》卷三五《論語十七·泰伯》「曾子有疾謂門弟子」章，頁912。
〔註66〕 《朱子語類》卷三五《論語十七·泰伯》「曾子有疾孟敬子問之」章，頁916。
〔註67〕 《朱子語類》卷二一《論語三·學而中》「曾子曰吾日三省吾身」章，頁483。

更多地討論。這或許是因爲《大學》升經之後，曾子就隨之成爲一近乎神聖人物，關於曾子的任何負面評價都會牽扯到《大學》的經典地位，所以朱子很少會言及曾子的不足。

　　概言之，由於顏回之學不傳，而子思、孟子又都是曾子後學，曾子在道學中的地位就越發顯得重要，尤其是《大學》升格之後，曾子更有超越顏回而上的趨勢，他對後世的影響也越來越深廣。因此，在這個意義上可以說，道學可謂曾子學術的重光。

第三節　子貢和子路

一、子貢

1. 機敏聰慧的才智

　　子貢，名端木賜，衛國人，少孔子三十一歲。司馬遷作〈仲尼弟子列傳〉，於七十二弟子中似最喜子貢，故而以精彩的文字敘寫了子貢「救魯」的故事來突出其聰敏善辯的個性：「子貢一出，存魯，亂齊，破吳，彊晉而霸越。子貢一使，使勢相破，十年之中，五國各有變。」實際上，司馬遷對子貢的喜愛有點過頭，他筆下的子貢仿如《戰國策》中那些巧舌如簧的縱橫遊談之士，在很大程度上乖離了子貢作爲儒者的基本形象，故而歷來有人懷疑此段文字的眞實性〔註68〕。

　　《論語》中的子貢「侃侃如」（《論語·鄉黨》），敏慧捷達，能言善辯，才華流溢，光彩照人，在孔門中列於「言語」一科（《論語·先進》），有「盡發見在外底氣象」〔註69〕：

　　　　「冉有子貢，侃侃如也。」侃侃，剛直之貌，不必泥事跡，以
　　　　二子氣象觀之。賜之達，求之藝，皆是有才底人。大凡人有才，便
　　　　自暴露，便自然有這般氣象〔註70〕。

　　朱子依據《論語》、《孟子》等基本典籍勾勒了比較眞實的子貢形象，他認爲「聖門自曾顏而下，便須遜子貢」〔註71〕，「子貢俊敏，子夏謹嚴。孔子

〔註68〕　《史記》（全本全注全譯）卷一二九《貨殖列傳》，頁4561。
〔註69〕　《朱子語類》卷三九《論語二十一·先進》「閔子騫侍側」章，頁1013。
〔註70〕　《朱子語類》卷三九《論語二十一·先進》「閔子騫侍側」章，頁1013。
〔註71〕　《朱子語類》卷二八《論語十·公冶長上》「子謂子貢曰」章，頁720。

門人自曾顏而下，惟二子，後來想大故長進。」〔註72〕子貢有很高的天分，對《詩》有很高的解悟，連孔子都不得不感慨「賜也，始可與言《詩》已矣！告諸往而知來者」（《論語・學而》）。

子貢的「言語」才能主要體現在善問上，如子貢爲回應冉求「夫子爲衛君乎」之問，問夫子「伯夷叔齊何人也」。子貢委婉而深遠的言辭深得朱子稱贊：「君子居是邦，不非其大夫，況其君乎？故子貢不斥衛君，而以夷、齊爲問」〔註73〕，「子貢也是會問」〔註74〕：

> 論子貢問衛君事，曰：「若使子貢當時徑問輒事，不唯夫子或不答：便做答時，亦不能如此詳盡。若只問：『伯夷、叔齊何人也？』曰：『古之賢人也。』亦未見分曉。所謂賢人，如『君子而不仁者有矣』，亦如何便見得出處一時皆當，豈無怨悔處？只再問『怨乎』？便見得子貢善問。才說道『求仁而得仁，又何怨』！便見得夷齊兄弟所處，無非天理；蒯輒父子所向，無非人欲。二者相去，奚啻璠玙、美玉，直截天淵矣！」〔註75〕

子貢因善問而知爲學之要：

> 子貢問曰：「有一言而可以終身行之者乎？」子曰：「其恕乎？己所不欲，勿施於人。」（《論語・衛靈公》）

朱子注引尹焞曰：

> 學貴於知要。子貢之問，可謂知要矣。孔子告以求仁之方也。推而極之，雖聖人之無我，不出乎此。終身行之，不亦宜乎〔註76〕？

子貢憑藉著這樣的天分而成就匪淺，這可從他三次問「仁」而知：

> 子貢曰：「如有博施於民而能濟眾，何如？可謂仁乎？」子曰：「何事於仁，必也聖乎！堯舜其猶病諸！夫仁者，己欲立而立人，己欲達而達人。能近取譬，可謂仁之方也已。」（《論語・雍也》）

> 子貢曰：「管仲非仁者與？桓公殺公子糾，不能死，又相之。」子曰：「管仲相桓公，霸諸侯，一匡天下，民到於今受其賜。微管仲，

〔註72〕 《朱子語類》卷九三《孔孟周張程子》，頁 2354。
〔註73〕 《論語集注・述而》「冉有曰夫子爲衛君乎」章，頁 96。
〔註74〕 《朱子語類》卷三四《論語十六・述而》「冉有曰夫子爲衛君乎」章，頁 881。
〔註75〕 《朱子語類》卷三四《論語十六・述而》「冉有曰夫子將爲衛君乎」章，頁 880。
〔註76〕 《論語集注・衛靈公》「子貢問曰有一言」章，頁 167。

吾其被髮左衽矣。豈若匹夫匹婦之爲諒也，自經於溝瀆而莫之知也。」
（《論語‧憲問》）

　　子貢問爲仁。子曰：「工欲善其事，必先利其器。居是邦也，事
其大夫之賢者，友其士之仁者。」（《論語‧衛靈公》）

　　對子貢的三次問仁，孔子實際上每次都是「告之以推己度物」，這想必是「子貢高明，於推己處有所未盡」〔註77〕。至於「博施濟眾」，子貢只就功用籠罩說，而孔子「己欲立而立人，己欲達而達人」是就心上答；子貢以聖爲仁，「則非特不識仁，並與聖而不識」〔註78〕；子貢問爲仁，孔子答以「事其大夫之賢者，友其士之仁者」，正是告訴子貢這兩者「是簡入德之方」〔註79〕。

　　孔子死後，子貢行三年之心喪畢，又獨自廬墓三年，對孔子懷有極深的情誼。子貢少而貧賤，後來憑藉高超的經商天分成爲典型的儒商，他「常相魯衛，家累千金」（《史記‧仲尼弟子列傳》），「結駟連騎，束帛之幣以聘享諸侯，所至國君無不分庭與之抗禮」（《史記‧貨殖列傳》），「使孔子名揚布於天下」（《史記‧貨殖列傳》）。與一生都在顛沛流離、累累如喪家犬的孔子相比，子貢在列國間雄姿英發，左右逢源，這也無怪乎不少人會認爲「子貢賢於仲尼」（《論語‧子張》），因爲「子貢在當時，想是大段明辨果斷，通曉事務，歆動得人」〔註80〕。

　　孟子說子貢「智足以知聖人」（《孟子‧公孫丑上》），因爲子貢曾稱贊孔子「見其禮而知其政，聞其樂而知其德」，這句話的意味十分深遠：

　　子貢之意，蓋言見人之禮便可知其政，聞人之樂便可知其德。所以「由百世之後，等百世之王」，莫有能違我之見者，所以斷然謂「自生民以來，未有孔子」，此子貢以其所見而知夫子之聖如此也。〔註81〕

　　因此，子貢在孔門弟子中首先是一位言辭機敏、聰慧過人的智者形象。

〔註77〕《朱子語類》卷三三《論語十五‧雍也四》「子貢曰如有博施於民」章，頁845。
〔註78〕《朱子語類》卷三三《論語十五‧雍也四》「子貢曰如有博施於民」章，頁852。
〔註79〕《朱子語類》卷四五《論語二十七‧衛靈公》「子貢問爲仁」章，頁1154。
〔註80〕《朱子語類》卷四九《論語三十一‧子張》「叔孫武叔語大夫」章，頁1213。
〔註81〕《朱子語類》卷五二《孟子二‧公孫丑上之上》「夫子加齊之卿相」章，頁1276。

2. 子貢得聞「性與天道」

在孔門弟子中，能與孔子言《詩》者惟子貢和子夏二人，但子貢比子夏高明的地方在於他曾與聞「性與天道」。子貢說「夫子之言性與天道，不可得而聞」（《論語・公冶長》），只是感慨「性與天道」是「不可以耳聞而得之者」〔註82〕，這並不是說子貢未曾從孔子那裏學到「性與天道」，所以朱子說：

> 問：「子貢是因文章中悟性、天道，抑後來聞孔子說邪？」曰：
> 「是後來聞孔子說。」〔註83〕

孔子所常言者是《詩》、《書》、禮〔註84〕，「性與天道」是其所罕言者：

> 「伊川云：『夫子雅素之言，止於如此（《詩》、《書》、執禮）。
> 若「性與天道不可得而聞」者，則在「默而識之」。』不知性與天道，
> 便於《詩》、《書》、執禮中求之乎？」曰：「語意不如此。觀子貢說
> 『夫子之言性與天道』，自是有說時節，但亦罕言之。」恭父云：「觀
> 子貢此處，固足以見子貢方聞性天道之妙。又如說：『天何言哉？四
> 時行焉，百物生焉，天何言哉？』這是大段警悟他處。」曰：「這般
> 處是大段分曉。」又云：「若實能『默而識之』，則於『《詩》、《書》、
> 執禮』上，自見得性與天道。若不實能默識得，雖聖人便說出，也
> 曉不得。」〔註85〕

那麼，孔子既然「罕言性、與命、與仁」，子貢又得聞孔子「性與天道」，就看起來似乎有點矛盾。朱子認為，子貢並非從「夫子之文章」那裏直接領悟到「性與天道」。「文章」是「性與天道」的流行發見處，而孔子日見於外的威儀文辭正是其道德文章的體現。孔子罕言「性、與命、與仁」，也正是因為聖門因材施教、教不躐等，若弟子習熟威儀、文辭，性與天道自可默識心通。子貢「以其自知之明，而又不難於自屈」，「用功至此，方始得聞」〔註86〕，「此其所以終聞性與天道，不特聞一知二而已」〔註87〕。

朱子特別指出，「子所罕言」是孔子壯年的言行，而其論性與天道則是其

〔註82〕《朱子語類》卷二八《論語十・公冶長上》「子貢曰夫子之文章」章，頁724。
〔註83〕《朱子語類》卷二八《論語十・公冶長上》「子貢曰夫子之文章」章，頁726。
〔註84〕《朱子語類》卷二八《論語十・公冶長上》「子貢曰夫子之文章」章，頁725。
〔註85〕《朱子語類》卷三四《論語十六・述而》「子所雅言」章，頁887。
〔註86〕《朱子語類》卷二八《論語十・公冶長上》「子貢曰夫子之文章」章，頁725。
〔註87〕《論語集注・公冶長》「子貢曰夫子之文章」章，頁79。

晚年習《易》之後的事情。孔子晚年習《易》，以至於韋編三絕，故而對「性與天道」有更深的解悟：

聖人於《易》，方略說到這（性與天道）處〔註88〕。

寓問：「《集注》說，性以人之所受而言，天道以理之自然而言。不知性與天道，亦只是說五常，人所固有者，何故不可得聞？莫只是聖人怕人躐等否？」曰：「這般道理，自是未消得理會。且就它威儀、文辭處學去。這處熟，性、天道自可曉。」又問：「子貢既得聞之後，歎其不可得聞，何也？」曰：「子貢亦用功至此，方始得聞。若未行得淺近者，便知得他高深作甚麼！教聖人只管說這般話，亦無意思。天地造化陰陽五行之運，若只管說，要如何？聖人於《易》，方略說到這處。『子罕言利，與命，與仁』。只看這處，便見得聖人罕曾說及此。」又舉「子所雅言，《詩》、《書》、執禮，皆雅言也」。「這處卻是聖人常說底。後來孟子方說那話較多。」〔註89〕

那麼，在朱子看來，孔子所言之「性與天道」的具體內容都是什麼呢？這就需要進而從經典中尋找依據，朱子說：

性者，人所受之天理；天道者，天理自然之本體，其實一理也。

〔註90〕

「性與天道」，性，是就人物上說；天道，是陰陽五行〔註91〕。

如「一陰一陽之謂道，繼之者善也，成之者性也」，因繫《易》方說此，豈不是言性與天道。又如「鼓萬物而不與聖人同憂」，「大哉乾元，萬物資始」，豈不言性與天道〔註92〕。

如「天命之謂性」，便是分明指那性……只是不迎頭便恁地說。

〔註93〕

在朱子看來，孟子教人雖開口便說性善，但畢竟與孔子所言的「性與天道」不同。孟子不過說出了「性善」這個大概，至於「性之所以善處」卻說

〔註88〕　《朱子語類》卷二八《論語十・公冶長上》「子貢曰夫子之文章」章，頁725。
〔註89〕　《朱子語類》卷二八《論語十・公冶長上》「子貢曰夫子之文章」章，頁726。
〔註90〕　《論語集注・公冶長》「子貢曰夫子之文章」章，頁79。
〔註91〕　《朱子語類》卷二八《論語十・公冶長上》「子貢曰夫子之文章」章，頁726。
〔註92〕　《朱子語類》卷二八《論語十・公冶長上》「子貢曰夫子之文章」章，頁727。
〔註93〕　《朱子語類》卷二八《論語十・公冶長上》「子貢曰夫子之文章」章，頁727。

得很少〔註94〕。所以，子貢得聞「夫子之性與天道」，正是通過修養而所到得的幽深境界，其過人之處正在於此。

3. 子貢與顏回、曾子的差距

子貢喜歡比方人物而較其短長，但若專務為此，則心馳於外而自治疏闊。孔子就此責備他說：「賜也賢乎哉？夫我則不暇」（《論語・憲問》）。朱子提醒門生讀到這一章時要認真思量孔子「不暇箇甚麼」。不過，我們恰可以在子貢與他人的對比之中見出他所完成的修養與到得的境界。

顏回和子貢都有過貧賤的經歷，但兩人對貧賤的態度不同。顏回近道安貧，簞食瓢飲屢絕而不改其樂，不以貧窶動心而外求富貴。子貢處貧，不能安受天命，乃以貨殖為心，意度而多中，這表明他並不能窮理樂天〔註95〕。然而，好在子貢有進取心，常欲超乎貧富之外。子貢見常人溺於貧富而不知所以自守，便以為能做到貧而不卑屈、富而無驕矜就有君子之道，遂問孔子：「貧而無諂，富而無驕，何如？」孔子告訴子貢，「貧而無諂，富而無驕」雖好，但這樣做仍有未盡之處，「貧而樂，富而好禮」纔是儒者所追求的境界：樂就能心廣體胖而忘其貧，好禮則安處善、樂循理而不自知其富。孔子這樣回答也正是讚揚子貢之所已能而勉其所未至〔註96〕。從子貢後來的成就來看，程朱都認為子貢貨殖乃其少年時事，自聞「夫子之性與天道」，就不再如此了〔註97〕。

子貢在顏回面前有非常清晰的自我認知：

> 子謂子貢曰：「女與回也孰愈？」對曰：「賜也何敢望回。回也聞一以知十，賜也聞一以知二。」子曰：「弗如也！吾與女弗如也。」（《論語・公冶長》）

朱子注解此章時，指出顏回和子貢是兩個不同層次的人：

> 一，數之始。十，數之終。二者，一之對也。顏子明睿所照，即始而見終；子貢推測而知，因此而識彼。「無所不悅，告往知來」，是其驗矣。……胡氏曰：「子貢方人，夫子既語以不暇，又問其與回孰愈，以觀其自知之如何。聞一知十，上知之資，生知之亞也。聞一知二，中人以上之資，學而知之之才也〔註98〕。

〔註94〕　《朱子語類》卷二八《論語十・公冶長上》「子貢曰夫子之文章」章，頁 726。
〔註95〕　《論語集注・先進》「回也屢空」章注，頁 128。
〔註96〕　《論語集注・學而》「子貢曰貧而無諂」章，頁 52～53。
〔註97〕　《論語集注・先進》「回也屢空」章注，頁 128。
〔註98〕　《論語集注・公冶長》「子謂子貢曰」章，頁 77～78。

朱子認為子貢和顏回兩人間的差異主要體現在以下方面：

> 「顏子明睿所照，子貢推測而知」，此兩句當玩味，見得優劣處。
> 顏子是真箇見得徹頭徹尾。子貢只是暗度想像，恰似將一物來比並
> 相似，只能聞一知二。顏子雖是資質純粹，亦得學力，所以見得道
> 理分明。凡人有不及人處，多不能自知，雖知，亦不肯屈服。而子
> 貢自屈於顏子，可謂高明，夫子所以與其弗如之説〔註99〕。

但是，子貢對自我的評價很高，他似乎認為自己只不如顏回，故而在他
人面前有一種溢於言表的自信與豪邁，全無在顏回面前的謙遜。他見孔子稱
贊子賤為君子，就問孔子說：「賜也何如？」孔子稱子貢為「瑚璉」（《論語・
公冶長》）。這其間的意蘊非常豐富：

> 「君子不器」，是不拘於一，所謂「體無不具」。人心原有這許
> 多道理充足，若慣熟時，自然看要如何，無不周遍。子貢瑚璉，只
> 是廟中可用，移去別處便用不得〔註100〕。

> 問：「子貢，『女器也』，喚做不是君子，得否？」曰：「子貢也
> 是箇偏底，可貴而不可賤，宜於宗廟朝廷而不可退處，此子貢之偏
> 處。」〔註101〕

> 問：「子貢得為器之貴者，聖人許之。然未離乎器，而未至於不
> 器處，不知子貢是合下無規模，抑是後來欠工夫？」曰：「也是欠工
> 夫，也是合下稟得偏了。一般人資稟疏通明達，平日所做底工夫，
> 都隨他這疏通底意思去。一般人稟得恁地馴善，自是隨這馴善去。
> 恰似人喫藥，五臟和平底人，喫這藥自流注四肢八脈去。若是五臟
> 中一處受病受得深，喫這藥都做那一邊去，這一邊自勝了，難得效。
> 學者做工夫，正要得專去偏處理會。」〔註102〕

子貢本冀望孔子對他贊譽一番，而孔子終究還是指出他未能做到「用無
不周」，所以僅喻其為「瑚璉」而未許其為「君子」。這意味著子貢雖是有用
之成材，就像宗廟盛黍稷的瑚璉，以玉緣飾，貴重而華美，但未能至於「不
器」〔註103〕。

〔註99〕《朱子語類》卷二八《論語十・公冶長上》「子謂子貢曰」章，頁721。
〔註100〕《朱子語類》卷二四《論語六・為政下》「君子不器」章，頁578。
〔註101〕《朱子語類》卷二四《論語六・為政下》「君子不器」章，頁579。
〔註102〕《朱子語類》卷二八《論語十・公冶長上》「子貢問賜也何如」章，頁711。
〔註103〕《論語集注・公冶長》「子貢問曰賜也何如」章注，頁76。

孔子對子貢和曾子都曾講過「一以貫之」之道〔註104〕，但他們兩人對「一以貫之」的理解並不盡相同，而且在朱子看來，兩人的境界高下立判：

> 子貢尋常自知識而入道，故夫子警之曰：「汝以予爲多學而識之者歟？」對曰：「然。非與？」曰：「非也，予一以貫之。」蓋言吾之多識，不過一理爾。曾子尋常自踐履入，事親孝，則眞箇行此孝，爲人謀，則眞箇忠，朋友交，則眞箇信。故夫子警之曰，汝平日之所行者，皆一理耳。惟曾子領略於片言之下，故曰：「忠恕而已矣。」以吾夫子之道無出於此也。我之所得者忠，誠即此理，安頓在事物上則爲恕。無忠則無恕，蓋本末、體用也〔註105〕。

> 子貢問士，都是退後説。子貢看見都不是易事，又問其次。子貢是著實見得那説底也難，故所以再問其次。這便是伊川所謂「子貢欲爲皎皎之行，夫子告之皆篤實自得之事」底意〔註106〕。

子貢對於孔子的言辭，並非不曉其義，但缺乏曾子與孔子之間的那番默契，所以子貢對孔子「莫我知也夫」與「予欲無言」兩段話「不曾有默地省悟，觸動他那意思處。若有所默契，須發露出來，不但已也」：

> 問「莫我知也夫」一節。曰：「此語乃是提撕子貢。『不怨天，不尤人，下學』處，聖人無異於眾人；到那『上達』處不同，所以眾人卻莫能知得，惟是天知。」又曰：「《中庸》：『苟不固聰明聖知達天德者，其孰能知之！』古注云：『惟聖人能知聖人。』此語自好。所謂天知者，但只是他理一般而已。樂天，便是『不怨天』；安土，便是『不尤人』。人事、天理間，便是那下學、上達底。」

子貢和曾子之間的差異正在於他們與孔子默契程度的差異。在朱子看來，曾子與孔子之間的默契有類於宗教性的心靈相通（如釋迦牟尼與迦葉之間那緘默的微笑），而子貢則未能具有這樣超乎言語的領悟能力。

4. 餘論：子貢未到得聖人境界的歸因

子貢學行漸進，「後來見識煞高」，向來以多智爲人稱道，因而子貢後來的聖賢功業也首先是多智所成就的。這並不意味著子貢已悠然聖域，與

〔註104〕《論語・衛靈公》：「子曰：『賜也，女以予爲多學而識之者與？』對曰：『然，非與？』曰：『非也，予一以貫之。』」

〔註105〕《朱子語類》卷二七《論語九・里仁下》「子曰參乎」章，頁679。

〔註106〕《朱子語類》卷四三《論語二十五・子路》「子路問士」章，頁1108。

顏回、曾子相比，他存在著巨大的、甚至是在人的生命週期內無法逾越的
鴻溝：

> （顏回）「明睿所照」，如箇明鏡在此，物來畢照。（子貢）「推
> 測而知」，如將些子火光逐些子照去推尋〔註107〕。

> 曾子本是魯拙，後來既有所得，故守得夫子規矩定。其教人有
> 法，所以有傳。若子貢則甚敏，見得易，然又雜；往往教人亦不似
> 曾子守定規矩，故其後無傳〔註108〕。

> 子貢謂此等不善底事，我欲無以加於人，此意可謂廣大。然夫
> 子謂「非爾所及」，蓋是子貢工夫未到此田地。學者只有箇「恕」字，
> 要充擴此心，漸漸勉力做向前去。如今便說「欲無加諸人」，無者，
> 自然而然。此等地位，是本體明淨，發處盡是不忍之心，不待勉強，
> 乃仁者之事。子貢遽作此言，故夫子謂「非爾所及」，言不可以躐等。

　　綜上所述，子貢儘管在司馬遷的筆下風華絕代，但在朱子眼中卻無法超
然入聖。子貢以智識而得一高遠的境界，同時又因為智識的繫累而無法超越
自身的缺陷，所以，子貢最終的成就也只能停留於「器之貴者」，而無法做到
「體無不具而用無不周」。

二、子路

1. 子路之勇

　　子路名仲由，衛國人，少孔子九歲，在孔門弟子中被列於「政事」科。
據《史記‧仲尼弟子列傳》記載，「子路性鄙，好勇力，志伉直，冠雄雞，佩
豭豚」，曾經陵暴孔子。孔子設禮稍誘之，子路儒服委質而請為弟子。孔子說
「自吾有由，而惡言不入於耳」（《孔子家語‧七十二弟子解》），在這個意義
上可以說，子路是孔子的「護法」。孔門弟子唯有子路敢於對孔子直接表達不
悅情緒，如「公山弗擾以費畔，召，子欲往。子路不說」（《論語‧陽貨》），「子
見南子，子路不悅」（《論語‧雍也》），「在陳絕糧，從者病，莫能興。子路慍
見」（《論語‧衛靈公》）。《論語》中的子路正是這樣一位耿直率性的人物。如
果說子路給人一種刻板印象的話，那這個印象無疑會是好勇。朱子對子路的
評價，也是由這個廣為人知的印象而展開的。

〔註107〕《朱子語類》卷二八《論語十‧公冶長上》「子謂子貢曰」章，頁721。
〔註108〕《朱子語類》卷九三《孔孟周程張子》，頁2354。

子路似在初見孔子時就請教過君子是否尚勇的問題〔註109〕，孔子說：「君子義以爲上。君子有勇而無義爲亂，小人有勇而無義爲盜。」（《論語·陽貨》）孔子這樣說是因爲「義以爲尚，則其勇也大矣。子路好勇，故夫子以此救其失也。」〔註110〕

子路是外向型性格，勇於行善，勇於改過，孟子稱贊他「人告之以有過則喜」（《孟子·公孫丑上》）。孔子稱子路爲「兼人」，因爲他聞善則勇於必行，這件事還沒做完，就怕聽到另一件也應當去做的事。在兩事都當行的情況下，若立即去做後者，則前者就來不及完成，不免顧此而失彼。對子路來說，不患其不能爲善，而患其爲善之意太過，所以孔子叮囑他，那些應當稟命父母的事情就不能自作主張，這樣纔能避免過與不及之差〔註111〕。

子路忠信明決，養之有素，有治國之才，片言就可折獄斷訟。與勇於聞善改過相類似的是，子路總是急於踐行諾言〔註112〕，故其行政往往能取信於人。魯哀公十四年（前 481 年），小邾射以句繹奔魯，曰：「使季路要我，吾無盟矣。」季康子使冉有謂之曰：「千乘之國，不信其盟，而信子路之一言。」因此，子路儘管並沒有達到仁的境界，但其治國才能依舊得到孔子的充分肯定：「千乘之國，可使治其賦」（《論語·公冶長》）。

2. 子路問士、問君子

子路由一赳赳武夫而爲一彬彬儒者，這種氣質的改變正見出子路擇善固執之功成效顯著，觀《論語》子路問士、問成人兩章可知子路對變化氣質的追求：

> 子路問曰：「何如斯可謂之士矣？」子曰：「切切、偲偲、怡怡如也，可謂士矣。朋友切切、偲偲，兄弟怡怡。」（《論語·子路》）

懇到、詳勉、和悅都是子路的不足之處，孔子「見子路有粗暴底氣象」，又擔心子路混於所施，進而告之以「朋友切切、偲偲，兄弟怡怡」。如果說孔子答子路問士之語是期待他能變化氣質，那麼孔子答其問君子之語則更多地希望他能德性與事功兩者兼重：

〔註109〕《論語集注·陽貨》「君子尚勇乎」章引胡寅注「疑此子路初見孔子時問答也」，頁 183。
〔註110〕《論語集注·陽貨》「子路曰君子尚勇乎」章引尹焞注，頁 183。
〔註111〕《論語集注》「子路有聞」章、「子路問聞斯行諸」章，頁 79、129。
〔註112〕《論語集注·顏淵》「片言可以折獄」章、「子曰聽訟」章，頁 138。

　　子路問君子。子曰：「修己以敬。」曰：「如斯而已乎？」曰：「修
己以安人。」曰：「如斯而已乎？」曰：「修己以安百姓。修己以安
百姓，堯舜其猶病諸！」（《論語・憲問》）

　　「修己以敬」本已至矣、盡矣，子路覺其不足，凡兩問「如斯而已乎」，
孔子以自然及物者答之，使其反求諸近者。朱子所引程子一語，可謂是對「修
己以敬」的精彩闡述：

　　君子修己以安百姓，篤恭而天下平。惟上下一於恭敬，則天地
自位，萬物自育，氣無不和，而四靈畢至矣。此體信達順之道，聰
明睿知皆由是出，以此事天饗帝〔註113〕。

　　問士、問君子終究所要解決的是如何「成人」的問題，子路所關注的正
是人該如何自我完成。子路的「成人」之問正見出其對聖人境界的渴望：

　　子路問成人。子曰：「若臧武仲之知，公綽之不欲，卞莊子之勇，
冉求之藝，文之以禮樂，亦可以爲成人矣。」曰：「今之成人者何必
然？見利思義，見危授命，久要不忘平生之言，亦可以爲成人矣。」
（《論語・憲問》）

　　朱子注解此章引程頤語曰：「語成人之名，非聖人孰能之？孟子曰：『惟
聖人然後可以踐形。』如此方可以稱成人之名。」在朱子看來，子路此問已
不同於其問士，當是其變化氣質之後的進一步努力探求。孔子這段話的核心
在於「文之以禮樂」：

　　兼此四子之長，則知足以窮理，廉足以養心，勇足以力行，藝
足以泛應，而又節之以禮，和之以樂，使德成於內，而文見乎外。
則材全德備，渾然不見一善成名之跡；中正和樂，粹然無復偏倚駁
雜之蔽，而其爲人也亦成矣〔註114〕。

　　上面四人所長，且把做箇樸素子，唯「文之以禮樂」，始能取四
子之所長，而去四子之所短〔註115〕。

　　子路能「見利思義，見危授命，久要不忘平生之言」，有忠信之實，而「才
知禮樂有所未備」，「亦可以爲成人之次」。子路此時的境界「猶未至於踐形之
域」，他還要在日常的修爲之中以此爲目標勇猛精進。

〔註113〕　《論語集注・憲問》「子路問君子」章，頁160～161。
〔註114〕　《論語集注・憲問》「子路問成人」章，頁152。
〔註115〕　《朱子語類》卷四四《論語二十六・憲問》「子路問成人」章，頁1125。

3. 子路言志

《論語》中記載了子路兩次言志的情形，其中一次說：

> 顏淵、季路侍。子曰：「盍各言爾志？」子路曰：「願車馬、衣
> 輕裘，與朋友共。敝之而無憾。」……（《論語・公冶長》）

子路的這個志願很宏大，「有濟人利物之心」，但「未能忘物」〔註116〕。朱子認為，子路沒有到達顏回的境界，因為他在只在事上、意氣上做工夫。這個工夫粗，遠不及顏回細密。工夫粗了，就有不周遍的隔礙之處。子路這樣的志願雖顯出他內心的無私，但畢竟未有善可以及人〔註117〕，「是有這箇車馬輕裘，方做得工夫；無這車馬輕裘，不見他做工夫處」，足見子路粗疏的用心常常在外，其志已狹，不知就自身上有些工夫；顏回則不需車馬輕裘也依舊能從性分上理會。因此，子路的收斂就可到得顏回境界，顏子的純熟就可以到得夫子境界。

子路「自著破敝底，卻把好底與朋友共」〔註118〕，這是人所難能，較之世上切切於近利的人有大不同。而且，子路「衣敝縕袍，與衣狐貉者立而不恥」（《論語・子罕》），能見得出他「裏面有工夫」。謝良佐說：「恥惡衣惡食，學者之大病。善心不存，蓋由於此。」子路衣敝縕袍而不恥，正與子貢所說「無諂無驕」相似，正見其不以貧富動其心。不過，子路被夫子一稱贊，就要「終身誦之」，這反倒見出他有沾沾自喜的心態，這不免會使其於日新之德有所疏怠。孔子「知其已是實了得這事」，激而進之，使子路知道義理無窮，其所已能者之外，「尚有工夫在」，勉勵他要從其已能的地方更加推求。這兩章所傳達出的共同精義是，聖門為學工夫縝密確實，要逐步挨去，下學上達，學問不可少得而遽已。

子路這樣的慷慨「有些戰國俠士氣象，學者亦須如子路恁地割捨得」。子路之心恢廣，能磨得去私意，但「也只去得那粗底私意」。朱子認為，「狂簡底人，做來做去沒收殺，便流入異端」〔註119〕，像子路這樣好勇的人若沒有「收殺」，「便成任俠去」，而子路後天的修為終究還是使其成為彬彬儒者，這背後正見出他有「收殺」之處。

〔註116〕《朱子語類》卷二八《論語十・公冶長上》「子貢曰我不欲人之加諸我也」章，頁724。
〔註117〕《朱子語類》卷二九《論語十一・公冶長下》「顏淵季路侍」章，頁749。
〔註118〕《朱子語類》卷二九《論語十一・公冶長下》「顏淵季路侍」章，頁750。
〔註119〕《朱子語類》卷二九《論語十一・公冶長下》「顏淵季路侍」章，頁751。

　　如果說子路這次言志體現的是其慷慨激昂的任俠情懷，那麼子路的另一次言志則體現出其有意實踐儒家治國理想的熱切渴望：

> 子路、曾皙、冉有、公西華侍坐。子曰：「以吾一日長乎爾，毋吾以也。居則曰：『不吾知也！』如或知爾，則何以哉？」子路率爾而對曰：「千乘之國，攝乎大國之間，加之以師旅，因之以飢饉；由也爲之，比及三年，可使有勇，且知方也。」夫子哂之。……（公西華）曰：「夫子何哂由也？」曰：「爲國以禮，其言不讓，是故哂之。」（《論語·先進》）

　　朱子依據孔子對子路的評斷，認爲子路儘管「那些子客氣未消磨得盡」，但「子路品格甚高」，「若打疊得些子過（謂粗暴）」。曾皙、冉有、公西華等都在事上見得謙讓之理，而子路之言不讓，便在不知不覺間失了禮。因此，朱子認爲，子路「到『爲國以禮』分上，便是理明，自然有曾點氣象」：

> 陳仲亨說：「『子路只是不達爲國以禮道理』數句，未明。」先生曰：「子路地位高，品格亦大故高，但其病是有些子粗。緣如此，所以便有許多粗暴疏率處。他若能消磨得這些子去，卻能恁地退遜，則便是這箇氣象了……譬之如一箇坑，跳不過時，只在這邊；一跳過，便在那邊。若達那『爲國以禮』道理，便是這般氣象，意正如此。『求也退，故進之。』冉求之病，乃是子路底藥；子路底病，乃是冉求底藥。」

　　子路和冉有在性格上存在一定的互補之處，而且，可以預料得到的是，「子路使民，非若後世之孫吳；冉有足民，非若後世之管商。」子路言志雖見哂於夫子，程頤卻對其志評價甚高，認爲「子路之志亞於曾點」。不過，朱子認爲，曾點所言的志卻是曾點自己無法做到的：「曾點見處豈不曰『與堯舜同』，但是他做不得此事。」曾點也止在於「見得箇大底意思」，至於「行」則未必，所以朱子說「他雖知此理，只是踐履未至」。子路的志向「卻是實地」，如能達得「爲國以禮」處，「便可做得堯舜事業，隨所在而得其樂」。不過，這並不意味著纔曉得「爲國以禮」就是「曾點氣象」：

> 李守約問：「『子路達時，便是此氣象。』意謂禮是天理，子路若識得，便能爲國，合得天理？」曰：「固是。只更有節奏難說。聖

人只為他『其言不讓』，故發此語。如今看來，終不成才會得讓底道
理，便與曾點氣象相似！似未會如此……」〔註120〕

這其間仍需在「吃緊為人處」做長時間的涵泳，「必有事焉而勿正，心勿
忘，勿助長」（《孟子·公孫丑上》）。朱子特別提醒學者，儘管夫子並沒有說
冉有、公西華、曾點等弟子不知禮，他們似乎謙遜而達禮，但這並不意味著
他們比子路高明：

> 或問：「程子云：『子路只緣曉不得為國以禮底道理。若曉得，
> 便是此氣象。』如公西、冉求二子，語言之間亦自謙遜，可謂達禮
> 者矣，何故卻無曾點氣象？」曰：「二子只是曉得那禮之皮膚，曉不
> 得那裏面微妙處。他若曉得，便須見得『天高地下，萬物散殊，而
> 禮制行矣；流而不息，合同而化，而樂興焉』底自然道理矣……」
> 又問：「子路氣象須較開闊如二子。」曰：「然。」又曰：「看來他們
> 都是合下不曾從實地做工夫去，卻只是要想像包攬，說箇形象如此，
> 所以不實……」〔註121〕

> 顧文蔚曰：「子路與冉有公西華如何？」文蔚曰：「只是小大不
> 同。」曰：「二子終無子路所見。」問：「何以驗之？」曰：「觀他平
> 日可見。」〔註122〕

朱子說學者往往並不認為子路這樣的境界有多高，那是因為子路上面還
有顏回和孔子兩重更高的境界，實際上子路的境界也是很難做到的：

> 就聖人上看，便如日出而爝火息，雖無伐善無施勞之事，皆不
> 必言矣。就顏子上看，便見得雖有車馬衣裘共敝之善，既不伐不施，
> 卻不當事了，不用如子路樣著力去做。然子路雖不以車馬輕裘為事，
> 然畢竟以此為一件功能。此聖人、大賢氣象所以不同也〔註123〕。

因此，朱子雖對子路之勇有所批評，但依舊承認子路的境界並非常人所
能企及。

〔註120〕 《朱子語類》卷四○《論語二十二·先進下》「子路曾晳冉有公西華侍坐」章，
頁 1039～1040。
〔註121〕 《朱子語類》卷四○《論語二十二·先進下》「子路曾晳冉有公西華侍坐」章，
頁 1037。
〔註122〕 《朱子語類》卷四○《論語二十二·先進下》「子路曾晳冉有公西華侍坐」章，
頁 1039。
〔註123〕 《朱子語類》卷二九《論語十一·公冶長下》「顏淵季路侍」章，頁 751。

4. 子路始終無法逾越的局限

子路好勇，自有其不足。孔子下面這番話恰好都切中了這些不足：

> 子曰：「由也，女聞六言六蔽矣乎？」對曰：「未也。」「居！吾
> 語女。好仁不好學，其蔽也愚；好知不好學，其蔽也蕩；好信不好
> 學，其蔽也賊；好直不好學，其蔽也絞；好勇不好學，其蔽也亂；
> 好剛不好學，其蔽也狂。」（《論語・陽貨》）

「勇」是子路勇猛精進、變化氣質的良藥，所以他能藉此「見處極高」、
「變得快」。不過，這「藥」卻有些毒性，讓他免不了帶有非常明顯的氣質之
性，子路終其一生都未能逾越其好勇個性給他帶來的障礙，這在根本上乃是
因為子路未能好學以明之。孔子因材施教，告之以此，正是欲救其性情之偏〔註
124〕。可是，子路終究未能通過好學改變其氣質之性，沒有能夠進乎真正的德
義之勇，故而其性格上的不足就益發顯露無遺。

子路好勇必好強，其解決問題的方式，有時會不可避免地恃勇而帶有蠻
力。有一次，孔子跟顏回說：「用之則行，舍之則藏，唯我與爾有是夫！」子
路見孔子唯獨贊美顏回，就問道：「子行三軍，則誰與？」子路的自告奮勇不
但沒有得到孔子的贊賞，還被批評說：「暴虎馮河，死而無悔者，吾不與也。
必也臨事而懼，好謀而成者也。」（《論語・述而》）子路的說法正好暴露他恃
勇橫行的本色。子路雖沒有欲心，卻未必能「無固」、「無必」（《論語・子罕》），
其行三軍之問，正見其議論卑淺。孔子「臨事而懼，好謀而成」的回答也正
是「因其失而救之」，「抑其勇而教之」，這些正是子路作為勇者所不具備的素
養〔註125〕。同時，孔子希望子路能夠自勝其人欲之私，抑其血氣之剛，而進
之以德義之勇。國有道，不變未達之所守；國無道，不變平生之所守。君子
之強，莫大於是〔註126〕。

《論語》中的「由之瑟奚為於丘之門」章最能體現這一點。子路氣質
剛勇而失於中和，鼓瑟有北鄙殺伐之聲。孔子說「由之瑟奚為於丘之門」，
又說「由也升堂矣，未入於室也」，這正意味著子路之學已造乎正大高明之
域，但由於他並未能充分認識到好勇的氣質之性給他帶來了很大的局限，
這使他不能體悟更為精微奧妙的深意〔註127〕。這在子路身上有很多直接的

〔註124〕《論語集注・陽貨》「子曰由也」章，頁176～177。
〔註125〕《論語集注・述而》「子謂顏淵曰」章，頁95。
〔註126〕《中庸章句》第十章注，頁21。
〔註127〕《論語集注・先進》「子曰由之瑟奚為於丘之門」章，頁127。

表現，如勇者喜於有爲而不能持久，所以孔子在子路問政時告訴他要「先之，勞之」，又告訴他「無倦」（《論語・子路》）；又如，子路有時還強其所不知以爲知，所以孔子教誨他「知之爲知之，不知爲不知」（《論語・爲政》），這樣纔能無自欺之蔽〔註 128〕。

子路的尚勇未完全脫離氣質層面，算不得是德義之勇，這最終給他帶來了橫禍。魯哀公十年（前 485 年），孔子自楚返衛。是時衛靈公已死，其孫出公輒在位。出公拒其父蒯聵而不納，君臣父子的名分紊亂不實。子路以食其祿而不避其難爲義，死孔悝之難。孔門弟子中，子路之死最爲慘痛，孔子曾爲之不復食醢。若依照「可以死，可以無死，死傷勇」的標準來看（《孟子・離婁下》），子路可謂「不得其死」（《論語・先進》）。子路的錯誤之處不在致死之時，而在委質之始。這就是說，子路只見得可仕於孔悝，而不知衛國並非可仕之國，食其祿本屬不義之事。令朱子感到非常不解的是，「夫子既教之以正名，而不深切言其不可仕於衛」，「然終不分曉痛說與他，使之知不要事孔悝，不知聖人何故不痛責之？」〔註 129〕

綜上所述，子路憑藉勇猛精進而成就一番德業，改變其氣質，又因恃強好勇而顯露圭角，不能充分認識到好學對於成就德性的重要意義，以致於未能在「智」上實現自我的完成。因此，子路的修養終究是粗疏，無法在精細幽微之處體認大道，不但無法優遊聖域，反而不得其死。實際上，朱子正是以子路作爲昧於「智」的反面典型，具有很深的警戒意味。儘管如此，他認爲子路以其勇氣英風，在百世之下依然能夠起頑立懦，而這正是子路的力量。

第四節　子夏、子游和子張

子游、子夏、子張都是孔子自衛反魯之後的弟子，其中子游、子夏列入「文學」科。三人整體精神氣質和行事風格有不少相似之處，故而三人常被一起集中討論，如：

> （公孫丑：）「昔者竊聞之：子夏、子游、子張皆有聖人之一體，冉牛、閔子、顏淵則具體而微。」（《孟子・公孫丑上》）

> 弟佗其冠，衶禫其辭，禹行而舜趨，是子張氏之賤儒也。正其

〔註 128〕《論語集注・爲政》「子曰由誨女知之乎」章，頁 58。
〔註 129〕《朱子語類》卷三九《論語二十一・先進下》「閔子侍側」章，頁 1014～1015。

衣冠，齊其顏色，嗛然而終日不言，是子夏氏之賤儒也。偷儒憚事，
無廉恥而耆飲食，必曰君子固不用力，是子游氏之賤儒也。(《荀子‧
非十二子》)

　　儘管三人的整體精神氣質存有一些相似之處，但在朱子眼中，三人都有
非常鮮明的個性，朱子認爲「子張是箇務外底人，子游是箇高簡、虛曠、不
屑細務底人，子夏是箇謹守規矩、嚴毅底人。」〔註130〕下就分而述之。

一、子夏

　　子夏名卜商，衛人，少孔子四十四歲，列於「文學」一科。子夏「習
於《詩》，能通其義，以文學著名……好論精微，時人無以尚之」(《孔子家
語‧七十二弟子解》)。在孔門弟子中，顏子、曾子是「得仁之深者」，子夏、
子貢是「得知之深者」〔註131〕。自顏、曾而下，惟子夏、子貢二人後來大
故長進〔註132〕。子夏嫻於「文學」，是「五經」最重要的傳布者〔註133〕。
子夏晚年居西河教授，爲魏文侯師，得魏文侯禮敬，擴大了儒學的影響。

　　子夏較子貢略勝一籌，「孔門除曾子外，只有子夏守得規矩定」〔註
134〕，這可於其「博學而篤志，切問而近思」(《論語‧子張》)、「日知其所
亡，月無忘其所能」(《論語‧子張》) 等處得到充分驗證〔註135〕。子夏說
「可者與之，不可者拒之」(《論語‧子張》)，孟子也說「孟施舍似曾子，
北宮黝似子夏」，可知「子夏能直義」〔註136〕。從《論語》子夏之言來看，

〔註130〕《朱子語類》卷九三《孔孟周張程子》，頁 2355。
〔註131〕《朱子語類》卷二六《論語八‧里仁上》「不仁者不可以長處約」章，頁 643。
〔註132〕《朱子語類》卷九三《孔孟周張程子》，頁 2354。
〔註133〕皮錫瑞說：「經名昉自孔子，經學傳於孔門。……諸儒皆不傳，無從考其家法：
　　　　可考者，惟卜氏子夏。洪邁《容齋隨筆》云：『孔子弟子，惟子夏於諸經獨有
　　　　書。雖傳記雜言未可盡信，然要爲與他人不同矣。於《易》則有《傳》。於《詩》
　　　　則有《序》。而《毛詩》之學，一云：子夏授高行子，四傳而至小毛公：一云：
　　　　子夏傳曾申，五傳而至大毛公。於《禮》則有《儀禮‧喪服》一篇，馬融、
　　　　王肅諸儒多爲之訓說。於《春秋》所云不能贊一辭，蓋亦嘗從事於斯矣。公
　　　　羊高實受之於子夏。穀梁赤者，《風俗通》亦云子夏門人。於《論語》，則鄭
　　　　康成以爲仲弓、子夏等所撰定也。後漢徐防上疏曰：『《詩》、《書》、《禮》、《樂》，
　　　　定自孔子：發明章句，始於子夏。』斯其證云。」《經學歷史》，頁 48。
〔註134〕《朱子語類》卷四九《論語三十一‧子張》「子夏之門人小子」章，頁 1206。
〔註135〕《朱子語類》卷四九《論語三十一‧子張》「日知其所亡」章，頁 1201。
〔註136〕《朱子語類》卷二三《論語五‧爲政上》「孟懿子問孝至子夏問孝章」章，頁
　　　　563。

子夏甚嚴毅（或「謹嚴」），是箇持身謹、規矩嚴的人。因此，他以學高坐得孔門第三把交椅。朱子正是依據子夏的學高卓識，以理推斷「子夏篤信聖人」〔註137〕。

1. 子夏為學的先後本末之序

　　孔子弟子真正繼承了孔子好學精神的，除了顏回，還有子夏。子夏對學習的重視並不亞於顏回，《論語·子張》載有多章子夏論學之語，如其所謂「日知其所亡，月無忘其所能，可謂好學也已矣」、「博學而篤志，切問而近思，仁在其中矣」、「百工居肆以成其事，君子學以致其道」、「仕而優則學，學而優則仕」等都是在後世影響深遠的名言警句。博學、篤志、切問、近思都是子夏「為學」工夫，也是其「求仁」的門路。這樣尋討下去，則心不放逸，漸見其效，所存自熟，不求自得。這便是程顥所說的「徹上徹下之道」〔註138〕。正是有這番好學工夫，子夏纔得以日新而不失〔註139〕。

　　子夏天分很高，又有後天的日新工夫。孔子所許與言《詩》者惟子貢和子夏。謝良佐說「子貢因論學而知《詩》，子夏因論《詩》而知學，故皆可與言《詩》」：

> 子夏問曰：「『巧笑倩兮，美目盼兮，素以為絢兮。』何謂也？」
> 子曰：「繪事後素。」曰：「禮後乎？」子曰：「起予者商也！始可與言《詩》已矣。」（《論語·八佾》）

　　子貢、子夏於《詩》並非玩心於章句之末，而能出乎言意之表，所以對於《詩》都能有獨特的領悟。孔子說「繪事後素」，子夏以「禮後乎」回應，可謂善繼其志，能得孔子之真精神，合於教學相長之義〔註140〕。

　　子夏能夠成為儒家典籍最重要的傳承者，除了穎悟日新的天分，或許更為重要的是他能夠「依本子做」〔註141〕，是儒家的踐道者，故其教人有本末先後之序。子夏和子游曾為教學的本末先後發生過爭執：

〔註137〕《孟子集注·公孫丑下》「夫子加齊之卿相」章，頁231。
〔註138〕綜合《朱子語類》卷四九《論語三十一·子張》「博學而篤志」章，頁1201～1204；《論語集注·子張》「博學而篤志」章，頁190。
〔註139〕《論語集注·子張》「日知其所亡」章，頁190。
〔註140〕綜合《論語集注·八佾》「巧笑倩兮」章，頁63；《朱子語類》卷二五《論語七·八佾》「巧笑倩兮」章，頁613。
〔註141〕《朱子語類》卷二三《論語五·為政上》「孟懿子問孝至子夏問孝」章，頁564。

子游曰：「子夏之門人小子，當灑掃、應對、進退，則可矣。抑末也，本之則無。如之何？」子夏聞之曰：「噫！言游過矣！君子之道，孰先傳焉？孰後倦焉？譬諸草木，區以別矣。君子之道，焉可誣也？有始有卒者，其惟聖人乎！」（《論語・子張》）

這或許是《論語》中最令朱子冥神苦思而不得的章節。朱子舊爲同安主簿，出往外邑定驗公事，下鄉宿僧寺中，衾薄不能寐，此間思量子夏「先傳後倦」義理未透，直是不能睡。凡三四夜，窮究到明，徹夜聞杜鵑聲，忽想起程顥說「君子教人有序，先傳以小者近者，而後教以大者遠者。非先傳以近小，而後不教以遠大也」，於是頓悟到：

君子之道，非以其末爲先而傳之，非以其本爲後而倦教。但學者所至，自有淺深，如草木之有大小，其類固有別矣。若不量其淺深，不問其生熟，而概以高且遠者強而語之，則是誣之而已。君子之道，豈可如此？若夫始終本末一以貫之，則惟聖人爲然，豈可責之門人小子乎〔註142〕？

聖人之道無精粗，「灑掃應對」與「精義入神」雖有上下大小之不同，但「灑掃應對」與「精義入神」，皆是「是其然，必有所以然」，這「所以然」之理在本質上是一致的，即「分雖殊而理則一」。因此，學者當循序漸進，不可厭末求本，須由下學而上達。子游知有本而欲棄其末，「今教小兒，若不匡，不直，不輔，不翼，便要振德，只是撮那尖利底教人，非教人之法。」〔註143〕

2. 子夏的窄狹纖弱

子夏雖好學，但他更側重力行的工夫，這使他不免有廢學之憂，而終究與顏回的好學不同，如其所謂「賢賢易色，事父母能竭其力，事君能致其身，與朋友交言而有信。雖曰未學，吾必謂之學矣。」（《論語・學而》）這幾句話道出學文與力行兩者的關係。這四者都是人倫之中非常重大的方面，爲學的目標不過是在這些方面盡其誠。能做到這幾個方面的人，如非生質之美，必其務學之至。在子夏看來，那些未學就能做到的人，也可謂之已學。但是，力行而不學文，則無以考聖賢之成法、識事理之當然，子夏辭氣之間對「行」與「學」的抑揚太過，其弊或將至於廢學。知行並進於《詩》、《書》中可考，

〔註142〕　《論語集注・子張》「子夏之門人小子」章，頁191。
〔註143〕　《論語集注・子張》「子夏之門人小子」章，頁191；《朱子語類》卷四九《論語三十一・子張》「子夏之門人小子」章，頁1206～1211。

於前言往行亦可考，這是學者所應當留意的。可是，子夏矯枉過正，太過強調「行」而偏廢了「學」。孔子說：「弟子入則孝，出則弟，謹而信，汎愛眾，而親仁。行有餘力，則以學文。」（《論語・學而》）如此纔能學行無闕，本末兼該，高下小大皆宜，左右前後不悖〔註144〕。

子夏是箇細密謹嚴底人，中間特別細密，於小事上不肯放過，往往有委曲周旋人情、投時好之弊，或流爲小人之儒，所以孔子對子夏說「女爲君子儒，無爲小人儒」（《論語・雍也》）。君子儒上達而爲己，小人儒下達而爲人，其本質的區別乃在於義利之間。所謂「利」，並不一定是指殖貨財富，而以私滅公、適己自便，凡有害於天理的地方都是「利」的表現。孔子以此教育子夏，正是因爲他文學雖有餘，仍恐其不見大道而於遠者大者或有所昧，要他「見得箇義與利分明」〔註145〕。

由於對「爲學」的體認不足，子夏之病在窄狹〔註146〕，其質也弱，而不能窮究道體之大全，所以孔子乃以切己之事告之：「無欲速，無見小利。欲速，則不達；見小利，則大事不成。」（《論語・子路》）〔註147〕子夏說「大德不踰閑，小德出入可也」（《論語・子張》），則將子夏質弱的底子暴露無遺：

> 大抵子夏之說自有病，只是他力量有行不及處。然既是有力不及處，不免有些小事放過者，已是不是，豈可謂之「可也」！卻是垂訓於人，教人如此則甚不可耳。蓋子夏爲人不及，其質亦弱，夫子亦每捉他，如「汝爲君子儒，無爲小人儒」；「無欲速，無見小利」之類。子夏亦自知之，故每亦要做夾細工夫。只這子細，便是他病處。徐彥章以子夏爲狷介，只是把論交處說。子夏豈是狷介？只是弱耳〔註148〕。

朱子認爲這裡的「大德」、「小德」猶大節、小節，大節是小節的基礎，「大節是當，小節無不可者。若大節未是，小節何緣都是」。學者不當忽略小節，若一以小差爲無害，則於大節必將枉尋而直尺。學者不可以此自恕。張載說：

〔註144〕 《朱子語類》卷二一《論語三・學而中》「弟子入則孝」章、「子夏曰賢賢易色」章，頁497～502；《論語集注・學而》「子夏曰賢賢易色」章，頁50。
〔註145〕 《論語集注・雍也》「子謂子夏曰」章，頁88；《朱子語類》卷三二《論語十四・雍也三》「子謂子夏曰」章，頁805。
〔註146〕 《朱子語類》卷九三《周張孔孟程子》，頁2355。
〔註147〕 《論語集注・子路》「子夏爲莒父宰」章，頁146～147。
〔註148〕 《朱子語類》卷四九《論語三十一・子張》「大德不踰閑章」章，頁1206。

「纖惡必除，善斯成性矣。察惡未盡，雖善必粗矣。」學者往往不能致察於大事，而苟且放過小節，須是毫髮不得放過，不可以小惡爲無傷〔註149〕。

　　概言之，子夏未能優遊聖域，主要因爲他對「學」的認知有偏頗，對「德」的認知方向出現很大問題，只顧大段而不拘小節，這使得他不能充分消融掉他的纖弱與窄狹，進而成爲一仁智兼進的聖人。

二、子游

　　子游，名言偃，魯人，少孔子四十五歲〔註150〕，也以「文學」著名，尤習於禮（《孔子家語・七十二弟子解》）。朱子對子游的討論並不多，且主要集中在《論語》和《孟子》涉及子游的相關章節之中，但依然能據此大體勾勒出朱子視域之中的子游形象。

　　在傳世的儒家典籍之中，朱子認爲《禮記・檀弓》恐是子游門人所作，因爲其間多推尊子游〔註151〕，故子游事詳〔註152〕，胡寅認爲《禮運》也恐是子游所作。據《檀弓》上下篇所載，公卿士庶議禮不能決，往往以子游之言作爲折衷的依據〔註153〕。有人說「《禮運》似與老子同」，「人皆謂其說似老莊」，朱子雖未直接否定，但認爲《禮運》「不是聖人書」，似非子游所作，「計子游亦不至如此之淺」〔註154〕，於此可見出朱子對子游的評

〔註149〕《朱子語類》卷四九《論語三十一・子張》「大德不踰閑章」章，頁1205。

〔註150〕不同歷史文獻對子游年歲與籍貫的記載多有不同：《孔子家語・七十二弟子解》以子游少孔子三十五歲，今從《史記・仲尼弟子列傳》，錢穆《先秦諸子繫年》亦從司馬遷之說。《史記・仲尼弟子列傳》以子游爲吳人，錢穆從《孔子家語・七十二弟子解》以子游爲魯人，其依據正如崔述所說：「吳之去魯，遠矣。若涉數千里而北學於中國，此不可多得之事；傳記所說子游言行多矣，何以皆無一言及之？且孔子沒後，有子、曾子、子夏、子張，與子游相問答之言甚多；悼公之弔有若也，子游擯；武叔之母死也，子游在魯；而魯之縣子，公叔戌亦皆與子游遊，子游之非吳人審矣。其子言思，亦仍居魯，則固世爲魯人矣。」見於《先秦諸子繫年》，北京：商務印書館，2005，頁83～84。

〔註151〕《孔門弟子志行考述》，頁87。

〔註152〕《朱子語類》卷三二《論語十四・雍也三》「子游爲武城宰」章，頁807。

〔註153〕《朱子語類》卷八七《禮四・小戴禮・檀弓上》，頁2231。

〔註154〕《朱子語類》卷八七《禮四・小戴禮・禮運》：「胡明仲言，恐是子游撰」，頁2240。另據錢穆依據子游與孔子年齡差所作的考證，《禮運》確非子游所作，其說如下：「孔子反魯，子游年二十三。蓋其從遊當在孔子反魯後也。……孔子年五十一爲司寇，子游年六歲，孔子五十五歲去魯，子游年十歲，孔子與語大同小康，有是理乎？後人猶有信《禮運》大同爲眞孔子當日之言者，皆坐不知論世考年之咎。」《先秦諸子繫年》，頁83。

價並不算低。但是，子游後來何以與曾子、子夏等人存有距離呢？有弟子問道，《檀弓》載子游、曾子語，其中曾子的議論往往不如子游高明，可見子游初間的天分甚高，但後來爲何卻不如曾子？朱子說，曾子守約，守約的工夫實，子夏灑掃應對事，也是切己工夫。子游與曾子、子夏全相反，是箇簡易人，中間工夫欠缺，於節文多有未至。子夏初間雖緊小促狹，其教人卻有先後之序，與子游全是兩樣〔註155〕。因此，子游不及子夏，更不及曾子。

子夏、子游問孝。孔子因材施教，各切其短，各中其病。孔子對子夏說：「色難。有事弟子服其勞，有酒食先生饌，曾是以爲孝乎？」（《論語‧爲政》）這是因爲子夏能直義，而或少溫潤之色；孔子對子游說：「今之孝者，是謂能養。至於犬馬，皆能有養；不敬，何以別乎？」（《論語‧爲政》）這是因爲子游能養而或失於敬。子游是聖門高弟，未必至於不敬，孔子直恐其愛踰敬，故以此深警而發之。能養、服勞只是外面工夫，能遮得人耳目，但不能因此而失去孝之爲孝的精神內核。因此，子夏之病乃子游之藥，子游之病乃子夏之藥。相反，若孔子以「色難」告子游，以「敬」告子夏，則是以水濟水，以火濟火〔註156〕。

子游爲武城宰，以禮樂爲教。孔子去武城，聞絃歌之聲，莞爾而笑：「割雞焉用牛刀？」子游乃誦孔子之言：「君子學道則愛人，小人學道則易使也。」其言下之意是說，治雖有小大，而必用禮樂：君子學道，及其臨民則愛民；小民學道，則知分知禮，而能服事其上。眾人多不能以禮樂爲教，子游獨能行之，這正見得子游高處。因此，孔子驟聞而深喜，嘉善子游信道之篤：「二三子，偃之言是也，前言戲之耳。」（《論語‧陽貨》）

爲政以人才爲先，孔子問子游：「女得人焉爾乎？」子游以澹臺滅明爲對，因爲澹臺滅明「行不由徑，非公事，未嘗至於偃之室也」。（《論語‧雍也》）子游意思高遠，識得大體，胸懷也恁地開廣，所以能見出澹臺滅明與眾不同之處：行不由徑則動必以正，而無見小、欲速之意；非公事不見邑宰，則其有以自守而無枉己殉人之私。澹臺滅明的持身之法無苟賤之羞，子游的取人

〔註155〕《朱子語類》三二《論語十四‧雍也三》「子游爲武城宰」章，頁807。
〔註156〕綜合《論語集注‧爲政》「子游問孝」章、「子夏問孝」章，頁 55～56；《朱子語類》卷二三《論語五‧爲政下》「孟懿子問孝至子夏問孝」章，頁560～565。

之法無邪媚之惑。所以，朱子認爲子游高爽疏暢，胸懷開廣，意思闊大，似是箇蕭散的道人〔註157〕。

　　朱子說子游似是箇「蕭散的道人」，「也有曾晳氣象」〔註158〕，而曾晳之末流正是流於莊老。因此，朱子對子游這樣的評價並不高，於此也正見出子游的不足。荀子說：「偸儒憚事，無廉恥而耆飲食，必曰君子固不用力，是子游氏之賤儒也。」（《荀子・非十二子》）這就是說學子游也只能學得許多放蕩疏闊的意思。子游雖高朗，但欠細密工夫〔註159〕，知有本而欲棄其末〔註160〕，觀其「喪致乎哀而止」、爭論「灑掃應對」等處可見。子游說子夏灑掃應對「抑末也，本之則無」（《論語・子張》），正見出他資稟高明，見得大源頭，識得這些意思，卻不屑屑在工夫上有爲於此〔註161〕。

三、子張

　　子張，名顓孫師，魯人〔註162〕，少孔子四十八歲。子張爲人有容貌資質，寬沖博接，從容自務，不務立於仁義之行，孔子門人對他友之而弗敬（《孔子家語・七十二弟子解》）。孟子說「子夏、子游、子張皆有聖人之一體」（《孟子・公孫丑上》），但三者高下分明，子游不及子夏，子張又不及子游。孔子說「師也辟」（《論語・先進》），朱子釋「辟」爲「便辟」，這就意味著子張習於容止而少誠實〔註163〕，這是朱子評論子張的基本觀點。

　　子游和曾子說子張未仁〔註164〕，因爲子張言行過高，而少誠實惻怛之意。

〔註157〕　《論語集注・雍也》「子游爲武城宰」章，頁 88；《論語集注・陽貨》「子之武城」章，頁 177；《朱子語類》卷三二《論語十四・雍也三》「子游爲武城宰」章，頁 805。

〔註158〕　《朱子語類》卷三二《論語十四・雍也三》「子游爲武城宰」章，頁 806。

〔註159〕　《朱子語類》卷三二《論語十四・雍也三》「子游爲武城宰」章，頁 806

〔註160〕　《朱子語類》卷四九《論語三十一・子張》「子夏之門人小子」章，頁 1210。

〔註161〕　《朱子語類》卷三二《論語十四・雍也三》「子謂子夏曰」章，頁 807。

〔註162〕　《史記・仲尼弟子列傳》以子張爲陳人，而《呂氏春秋・尊賢》說「子張，魯之鄙家也」，此處從《呂氏春秋》。其依據正如蔡仁厚所說：「按《左傳》莊公二十二年載，陳殺其太子禦寇，陳公子完與大夫顓孫出奔於齊，顓孫復自齊奔魯……大概自顓孫奔魯，家世漸衰，至子張父祖輩，業已成爲寒微之族，所以呂氏說他是『魯之鄙家』。子張之子申詳，亦仍居魯，爲魯繆公臣。」《孔門弟子志行考述》（第 7 版），頁 109。

〔註163〕　《論語集注・先進》「柴也愚」章，頁 128。

〔註164〕　《論語・子張》：「子游曰：『吾友張也，爲難能也，然而未仁』，曾子曰：『堂堂乎張也，難與並爲仁矣。』」

子張意在得行於外，欲「在邦必聞，在家必聞」（《論語‧顏淵》），故孔子於其學干祿、問行、問達時皆發其病而藥之，使其反求自身之不足〔註165〕。

　　子張兩次問仁於孔子。子張問令尹子文、陳文子是否算得上「仁」，孔子觀二人制行雖若高不可及，然未有以見其必當於理而無私心，兩人都不能算「仁」，僅許子文以忠，許陳文子以清。子張此問正見出他未能識仁體而悅於苟難，遂以小而信大〔註166〕。所以，孔子告之以能行恭、寬、信、敏、惠於天下者為仁：「恭則不侮，寬則得眾，信則人任焉，敏則有功，惠則足以使人。」（《論語‧陽貨》）這五者都是子張的不足，是雖之夷狄而不可棄的德性，子張若能行之，則心存而理得〔註167〕。

　　子張學干祿，孔子說：「多聞闕疑，慎言其餘，則寡尤；多見闕殆，慎行其餘，則寡悔。言寡尤，行寡悔，祿在其中矣。」（《論語‧為政》）朱子解此章說，祿固是人之所欲，若要去干則不可，子張為聖門子弟，其干祿已是心為利祿所動。孔子令子張不要先萌利祿之心，要先理會好自身事，多聞見則學博，闕疑殆則擇精，慎言行則守約。這樣德行既修，名聲既顯，利祿不待干而自得。

　　子張問行，孔子則答曰：「言忠信，行篤敬，雖蠻貊之邦行矣；言不忠信，行不篤敬，雖州里行乎哉？立，則見其參於前也；在輿，則見其倚於衡也，夫然後行。」子張將這番話書之於紳（《論語‧衛靈公》）。孔子所說的這番道理「只是學」，欲令子張鞭辟近裏，于忠信篤敬念念不忘，隨其所在，常若有見，雖欲頃刻離之而不可得，然後一言一行，自然不離于忠信篤敬，雖蠻貊而可行。子張雖不如顏、曾那樣渾化渣滓而與天地同體，但若於此莊敬持養，則依舊可到得這樣境界。

　　子張問「士何如斯可謂之達矣」，而其所謂「達」不過是「在邦必聞，在家必聞」。孔子說：「是聞也，非達也。夫達也者，質直而好義，察言而觀色，慮以下人。在邦必達，在家必達。夫聞也者，色取仁而行違，居之不疑。在邦必聞，在家必聞。」（《論語‧顏淵》）這番回答仍舊從其自修而言，若內主

〔註165〕　本書以下三段內容綜合《論語集注‧為政》「子張學干祿」章，頁58；《論語集注‧衛靈公》「子張問行」章，頁163；《論語集注‧顏淵》「士何如斯可謂之達矣」章，頁139～140；《朱子語類》卷二四《論語六‧為政下》「子張學干祿」章，頁588～592。

〔註166〕　《論語集注‧公冶長》「令尹子文三仕為令尹」章，頁80～81。

〔註167〕　《論語集注‧陽貨》「子張問仁於孔子」章，頁178。

忠信而所行合宜，審於接物而卑以自牧，自修於內而不求人知，德修於己則人自信之，行無窒礙，這纔是真正的「達」；若善顏取仁而行實背之，自以為是而無所忌憚，不務其實而專務虛名，虛譽雖隆而德實有虧，這樣的「聞」與「達」有著本質的區別。

尹焞說：「子張之學，病在乎不務實，故孔子告之皆篤實之事，充乎內而發乎外者也。」〔註168〕相比於子游的「實」，子張少仁，較聒噪人，愛說大話〔註169〕，空說得個太大頭勢，裏面工夫空虛，所以孔子為救其病而誨之以「居之無倦，行之以忠」（《論語‧顏淵》），「無倦」則始終如一，「以忠」則表裏如一〔註170〕。

道以中庸為至。賢知之過，雖若勝於愚不肖之不及，然其失於中則一致，故聖人之教，抑其過，引其不及，使其並歸於中道。由於子張過高，子夏促狹〔註171〕，兩人的境界看似難以較出高下，連子貢都無法做出裁斷：

　　子貢問：「師與商也孰賢？」子曰：「師也過，商也不及。」曰：
　「然則師愈與？」子曰：「過猶不及。」（《論語‧先進》）

子張才高意廣而好為苟難，故常過中；子夏篤信謹守而規模狹隘，故常不及。這不僅因為二人知見上欠缺，更是因為他們合下資質是這模樣。子夏規規謹守，而子張常將大話蓋將去，如子張說「我之大賢歟，於人何所不容？我之不賢歟，人將拒我，如之何其拒人也」（《論語‧子張》），雖說得很好，但這是大賢以上乃至聖人之事，子張這般地位不應說出此話，他卻把來蓋人，其疏曠多是如此〔註172〕，這也難怪乎曾子會說：「堂堂乎張也，難與並為仁也。」（《論語‧子張》）

在程朱這些道學家眼中，子張的面貌最為模糊，且都是圍繞「師也辟」而展開。據大槻信良考證，朱子這樣解「辟」乃是其依經釋經的自創之說。《論語‧季氏》「友便辟」之「便辟」為「習於威儀而不直」〔註173〕，朱子釋「師也辟」如此，蓋由是而來。

〔註168〕《論語集注‧顏淵》「士何如斯可謂之達矣」章，頁139～140。
〔註169〕《朱子語類》卷三二《論語十四‧雍也三》「子謂子夏曰」章，頁805。
〔註170〕《論語集注‧顏淵》「子張問政」章，頁138。
〔註171〕《朱子語類》卷三二《論語十四‧雍也三》「子謂子夏曰」章，頁807。
〔註172〕《論語集注‧先進》「子貢問師與商也孰賢」章，頁127；《朱子語類》卷三九《論語二十一‧先進上》「子貢問師與商也孰賢」章，頁1015。
〔註173〕《朱子四書集注典據考》，頁182；《論語集注‧季氏》「益者三友」章，頁172。

實際上，這個「辟」字的語義並不明確，並非僅有朱子所採用的「便辟」（習於容止，少誠實）之義，它還有很多別的講法，如楊伯峻就將其解釋爲「偏激」〔註174〕。如果「辟」這個關鍵字眼的字義發生改變，那朱子對子張的上述評價還能成立嗎？

四、餘論

顏回、曾點、曾子、子夏、子貢、子路等人都未及成爲聖人的原因在於，他們雖各自憑藉其稟賦優勢而有所成就，拉近了他們與聖人之間的距離，但由於他們的大多數人對「智」的認識不足，又無法在行事上了無遺憾，所以不能盡變其氣質之性，這使得他們最終未能優遊聖域。顏回最爲接近聖人的境界，不幸未及化成就短命死矣。這樣看來，成聖的一個必要條件和重要前提是要活得足夠長久。但是，曾子晚年易簀時已能全其身心性命，子貢也在晚年大有成就，他們兩人卻未能因此而成爲聖人。在這種意義上來看，生命長久似又不是成聖的必要條件。這或許正是朱子成聖學說的未盡之處。

〔註174〕楊伯峻：《論語譯注》，北京：中華書局，1980年第2版，頁115。

第七章 追 跡
——朱子對其聖人觀念的實踐

第一節 仁政必自經界始——朱子在漳州行經界始末

　　若要檢驗一位哲學家對其哲學的真實態度及其與現實之間的關係，最好的辦法是審度其對自己學說的實踐情況。本章即以朱子行經界、恢復策略和作寧宗侍講三個典型事件來考察朱子對其聖人觀念的踐履情況，以此而見出朱子「內聖外王」觀念在實踐中的獨特性。

一、經界之法的經典依據和先期實踐

1. 經界之法的經典依據

　　朱子所謂「經界」即「治地分田，經畫其溝塗封植之界」，「大綱在先正溝洫」〔註1〕。朱子行經界，是他在基層治理的過程中施行「仁政」的重要策略，其目的是均平田稅、治民之產。經界之法出自孟子：「夫仁政，必自經界始。經界不正，井地不均，穀祿不平。是故暴君汙吏必慢其經界。經界既正，分田制祿可坐而定也。」（《孟子・滕文公上》）朱子注解這段文字說：

　　　　此法（經界）不修，則田無定分，而豪強得以兼并，故井地有
　　不均；賦無定法，而貪暴得以多取，故穀祿有不平。此欲行仁政者

───────────────
〔註 1〕 《孟子集注・滕文公上》「滕文公問爲國」章注，頁 259。

之所以必從此始，而暴君汙吏則必欲慢而廢之也。有以正之，則分
田制祿，可不勞而定矣〔註2〕。

此外，朱子注「百姓足，君孰與不足？百姓不足，君孰與足」（《論語・
顏淵》）引楊時之說：

> 仁政必自經界始。經界正，而後井地均、穀祿平，而軍國之需
> 皆量是以為出焉。故一徹而百度舉矣，上下寧憂不足乎〔註3〕？

張栻對《孟子》做有注本，其於書中的「經界」之法有非常詳細的論述：

> 經界正則井地可均，井地均則穀祿可平。自公卿以至於士，各
> 有常祿；自匹夫匹婦各有常產；而鰥寡孤獨亦各有所養。……蓋以
> 經界之法明，則無以肆其虐取之計，不得不遂廢之也。……孟子欲
> 以正經界為先，蓋井田，王政之本，而經界又井田之本也。一國之
> 間，有君子焉，有小人焉，其大要在於分田制祿二事而已。田得其
> 分，則小民安其業；祿得其制，則君子賴其養。上下相須，而各宜
> 焉，治之所由興也。……嗟乎！世有今古，而理之所在，不可易也。
> 有聖君賢相起焉，本先王所以仁民者，竭其心思，揆以天道，協於
> 時義而損益之，其公平均一之道，蓋有可得而求者矣。夫豈有世異
> 而事殊，膠而不可行之患哉〔註4〕？

呂祖謙則從歷史的角度論述經界不行對基層民眾的侵害：

> 阡陌之弊，至是出矣！使井田不廢,何患田之不實乎？杜氏（祐）
> 《通典》曰：「自秦孝公隳經界，立阡陌，雖獲一時之利，而兼併踰
> 僭興矣。阡陌既弊，又為隱欺。隱欺之法，憑乎簿書。簿書既廣，
> 必藉眾功。藉眾功，則政繇群吏，則人無所信矣。夫行不信之法，
> 委政於眾多之胥，欲紀人事之眾寡，明地利之多少，雖申商督刑，
> 撓首總筭，不可得而詳矣。不變斯而求治者，未之有也。」〔註5〕

因此，自孟子以來，經界之法就被一些儒者（尤其是道學家）視為制民
之產、厚民之生的仁者之政，它最大限度地保障基層民眾的最低生存需求。
心存救民志願的士大夫往往以此作為推行仁政的起點而躍躍欲試。

〔註2〕 《孟子集注・滕文公上》「滕文公問為國」章，頁259。
〔註3〕 《論語集注・顏淵》「哀公問於有若」章，頁136～137。
〔註4〕 張栻：《張栻集》，北京：中華書局，2015，頁407～409。
〔註5〕 呂祖謙：《大事記》卷七「使黔首自實田」條，《呂祖謙全集》第8冊，頁488。

2. 宋代士大夫對經界之法躍躍欲試

北宋之初，宋太宗務興農事，議均田法。陳靖建議先命州縣登記荒地及逃民產業，募民耕作，幾年後再量人授田，度地均稅，約井田經界之制，頒行四方。太宗對呂端說：「朕欲復井田，顧未能也，陳靖此策合朕意。」乃召見，賜食而遣之。後來，太宗再次向呂端表達了這個想法，呂端說：「陳靖之說雖好，只是荒田未必能多墾，稅收未必能增加。」多數人並不贊成陳靖的建議，太宗依然躍躍欲試，直到陳靖提出要支出緡錢二萬試行其法，鹽鐵使陳恕奏言：「錢一借出，要是不能償還，百姓就會深受其害。」太宗纔不得不放棄井田之法〔註6〕，是所謂「行之未幾，即區區然較其得失」。

此後，宋代所行分田、經界等種種均稅政策，無一能徹底完成，終宋之世，國民生計，恆在偏枯失均的情態之中〔註7〕。不過，經界法畢竟是一種廢棄久遠的制度，在戰國以後的歷史上並沒有真正實施過，其是否可行缺乏文獻與歷史的依據。歐陽修文集中的一條策問就對經界井田之制提出了一些頗具代表性的疑問：

> 問：孟子以謂井田不均，則穀祿不平，經界既正，而分田制祿，可坐而定也，故曰「仁政必自經界始」。蓋三代井田之法也。自周衰迄今，田制廢而不復者千有餘歲，凡為天下國家者，其善治之跡雖不同，而其文章、制度、禮樂、刑政未嘗不法三代，而於井田之制獨廢而不取，豈其不可用乎？豈憚其難而不為乎？然亦不害其為治也。仁政果始於經界乎？不可用與難為者，果萬世之通法乎？王莽嘗依古制更名民田矣，而天下之人愁苦怨叛，卒共起而亡之。莽之惡加於人者雖非一，而更田之制，當時民特為不便也。嗚呼，孟子之所先者，後世皆不用而治，用之而民特愁苦怨叛，以為不便，則孟子謂之「仁政」，可乎？《記》曰「異世殊時，不相沿襲」，《書》又曰「事不師古，匪說攸聞」，《書》、傳之言，其戾如此，而孰從乎？孟子，世之所師也，豈其泥於古而不通於後世乎？豈其所謂迂闊者乎？不然，將有說也。自三代之後，有天下莫盛漢唐。漢唐之治，視三代何如？其民田之制、稅賦之差又何如？其可施於今者又何如？皆願聞其詳也〔註8〕。

〔註6〕 《宋史》卷四二六《循吏傳・陳靖》，頁12692～12693。
〔註7〕 李劍農：《中國經濟史稿》下，武漢：武漢大學出版社，2011，頁737。
〔註8〕 《歐陽修詩文集校箋・文忠集》卷四八《問進士策四首》之一，頁1201。

前輩施行經界的願望很強烈，但經界之法都沒有能夠眞正地施行開來。也正因爲這項舉措沒有實施，懷揣理想主義的士大夫（尤其是理學家群體）對經界之法的呼聲反而很高。

程顥論治體十事，其三便是經界：

> 明道先生論十事，一曰師傅，二曰六官，三曰經界……其言曰：無古今，無治亂，如生民之理有窮，則聖王之法可改。後世能盡其道則大治，或用其偏則小康。此歷代彰灼著明之效也。苟或徒知泥古而不能施之於今，姑欲徇名而遂廢其實，此則陋儒之見，何足以論治道哉！然儻謂今人之情皆已異於古，先王之跡不可復於今，趣便目前，不務高遠，則亦恐非大有爲之論，而未足以濟當今之極弊也〔註9〕。

呂大臨所作《橫渠先生行狀》，記載了張載有意推行經界之法的熱情：

> 子張子慨然有意三代之治。論治人先務，未始不以經界爲急。講求法制，粲然備具。要之可以行於今，如有用我者，舉而措之耳。嘗曰：「仁政必自經界始。貧富不均，教養無法；雖欲言治，皆苟而已。世之病難行者，未始不以亟奪富人之田爲辭。然茲法之行，悅之者眾。苟處之有術，期以數年，不刑一人而可復。所病者，特上之未行耳。」乃言曰：「縱不能行之天下，猶可驗之一鄉。」方與學者議古之法，買田一方，畫爲數井。上不失公家之賦役。退以其私，正經界，分宅里，立斂法，廣儲蓄，興學校，成禮俗，救菑恤患，厚本抑末。足以推先王之遺法，明當今之可行。有志未就而卒〔註10〕。

張載有意行經界之法的願望雖落空，但這個理想卻一直激勵著以道學家爲主的士階層進行一場社會改革。

二、經界法在漳州的實踐

光宗紹熙元年（1190），朱子知漳州，四月到任。朝廷下達這項任命時，恰有一唐姓官員奏請在泉州、漳州、汀州施行經界〔註11〕。光宗下詔監司條具利害，監司下其事於三州。由於經界之事適與意相合，朱子便深加訪求。他發現漳州稅籍不正，田畝荒蕪，官司失陷，稅目浩瀚。官吏無以供解歲計，

〔註9〕　《近思錄》卷九《制度》，《朱子全書》第13冊，頁250。
〔註10〕　《孟子集注・滕文公上》「滕文公問爲國」章引，頁260。
〔註11〕　《朱子語類》卷一〇六《朱子三・外任・漳州》「問欲行經界本末」，頁2651～2652。

就巧作名色，科敷責罰，貧民深受其害。州郡並非不深知其弊，但爲形勢所驅，也只能拱手嘆息。因此，朱子決定打破這個沉悶的現狀，推行經界，革去病根〔註12〕。

早在紹興二十三、四年（1153～1154）出任泉州同安主簿時，朱子就已發現泉州因不曾行經界，縣道催理稅物不登，鄉司就以人戶逃絕爲藉口，所缺乏的稅物就不能再追回。實際上，人戶雖有逃亡，但其田土依然還在本處而不會流失，只不過這些土地被富家巨室或鄰近宗親占據，陰結鄉吏，隱而不言。既然福建一路僅有泉州、漳州、汀州因特殊的歷史問題而未行經界，那麼這次三州經界則勢在必行〔註13〕。經界行則田稅均，於公於私都很便利。經界不行，貧者無業而有稅，將不免輸納欠負、追呼監繫之苦；富者有業而無稅，公家則有隱瞞失陷、歲計不足之患。

朱子意識到，將來施行經界肯定會面臨不少困難，這些困難主要源自不同社會階層就經界一事抱有不同的意見：貧民下戶雖所深喜，而困苦單弱，有懇誠之情而無以自達；豪民猾吏皆所不樂，因才力辯智有餘，雖懷私意，而能善爲說辭蠱惑群聽，威脅上下。同時，居官的士大夫喜安靜、厭紛擾，不能深察其情就望風沮怯，倡爲不可行之說。朱子想到此前汀州、漳州此起彼伏的群盜雖非爲經界而起，但終究與不行經界有關，因爲有稅無業、狼狽失所的人一多，民心將不免輕於從亂，富家巨室、業多稅少之人終不免要深受其害〔註14〕。因此，經界若行之精詳則可以爲一定之法，行之粗略不但不會產生預期效果，反而則會滋生更多的新問題。因此，惟

〔註12〕《晦庵集》卷二一《經界申諸司狀》，《朱子全書》第 12 冊，頁 961～962。

〔註13〕據李心傳記載，「自紹興經界後，久之，諸道經界圖籍多散佚，吏掾爲姦。淳熙八年閏三月癸巳，新知江陰軍王師古言於朝。詔漕臣督州縣補葺。八月戊辰，諫官葛楚輔言其擾民，乃止。初，紹興之行經界也，漳、泉、汀三郡，以何白旂（盜賊）作過之後，朝廷恐其重擾，止不行。然漳、泉富饒，未見其病。惟汀在深山窮谷中，兵火之餘，舊籍無存者，豪民漏稅，常賦十失五、六，郡邑無以支吾，因有計口科鹽之事。一斤之鹽，至出數斤之直，論者患之。淳熙十四年四月，福建轉運判官王回代還入見，爲上言其病不專在鹽，請先行經界。上是其言。丙申，以回爲戶部右曹郎官，往汀州措置。未至官，有武臣提刑言其不便，遂止之。」見於《建炎以來朝野雜記》甲編卷五第 149 條《福建經界》，頁 130。

〔註14〕《晦庵集》卷二一《經界申諸司狀》，《朱子全書》第 12 冊，頁 955～961。又見於王懋竑《朱子年譜》紹熙元年「條畫經界事宜」條，《朱子全書》第 27 冊，頁 343～344。

有差官置局、打量步畝、攢造圖帳三條保障措施做好之後，纔能使經界「勿擾而辦」。

為研究歷代田制，朱子幾近全文鈔錄了荀悅《前漢紀》漢文帝十三年（前168年）六月關於田制的改革情況，是為《井田類說》〔註15〕。荀悅說「田制須是大亂之後，方可定」〔註16〕，這句話使朱子認識到，南宋初年的天下板盪局面剛好給推行經界之法一個絕好的機會。

朱子對經界的利害分析明白暢達，對可能遇到的困難也做出了預測和準備，他希望朝廷及早決議，最好能在當年十月農閒時推行，這樣做不僅是為了及早解民之困，更是為避免經界法在拖延時日間被姦邪沮壞。但是，一個多月過去，各方面對朱子八月上奏的《經界申諸司狀》一直沒有確切答覆，而此時光宗下詔行經界已快過去半年。

朝廷舉棋不定，主要是當時政壇有不少漳州、泉州籍的要員，如本來負責考察經界利害的泉州太守顏師魯是漳州人，其兩可之說（經界有二利三害）致廟堂疑貳〔註17〕。宰相留正是泉州人，他的泉州里黨多以為經界不可行。這些人的消極態度在很大程度上影響了朝廷的決策。這些消極因素激起朱子的不滿，朱子上《再申諸司狀》催促道：

> 事之利病雖未易以一言盡，然其可否之決，當亦可見於此矣。而至今累月，未有定論。使司排日移文，尚且更令詢究，此雖高明謙遜，博盡下情，謹之重之，不為輕舉，然此一事自初降旨，今幾半歲，若欲決意舉行，則須及此七八月間畫降指揮，檢照紹興年間戶部所行事目，雕印行下，令逐州縣前期講究，隨宜損益，舉辟官吏，取撥錢物，差下保正副長，要使秋成之後即便打量，東作之前次第了畢，庶幾乘此農隙，可以集事。今來已是夏末秋初，而都未見有此消息，文字往來，泛然而已。正使幸而不至寢罷，亦須明年秋冬方得下手。是則不惟虛費時月，使三州疲悴之民更受一年之苦，而上下官吏必將妄疑諸司無意主張，不肯著力詢究。兼是事未施行，利害曲折亦非常情所能預料，雖欲詢究，其道無由，徒爾紛紜。不

〔註15〕　《晦庵集》卷六八《井田類說》，《朱子全書》第23冊，頁3326～3330。

〔註16〕　《朱子語類》卷一一一《朱子八・論民》，頁2714。

〔註17〕　《朱子語類》卷一〇六《朱子三・外任・漳州》，頁2651～2652；《朱子大傳》，頁798。

惟無益，而適所以漏洩幾事，動搖眾心，使營私避事之人得以陰笑
竊議於其後，非計之得也……本州今年早稻稍熟，民力稍寬，可為
之時，似不可失〔註18〕。

　　此時，支持朱子行經界的黃伯耆恰好輪對，言辭激烈地說道：「今日以天
下之大，公卿百官之眾，商量一經界，三年而不成！使更有大於此者，將若
之何？」光宗只好當機立斷，決定施行。留正奏請先在漳州行經界〔註19〕，
暫不在泉州、汀州推行經界。這樣既敷衍了朱子的一再奏請，又保護了他在
泉州盤根錯節的姻親族黨利益〔註20〕。朱子本對朝廷的遷延不決深感絕望，
經界僅行於漳州的決策又讓他深感「一統之中國有異政」〔註21〕。

　　朱子的本意是若經界可行，則當行於三州；若不可行，則皆當停止。
此時已經錯過在農閒時間打量步畝的最佳時機，而且南方春早，閩南地煖，
纔及冬春之交，民間已開始耕犁。若此時施行，不惟有礙農時，而且春月
雨水常多，原野泥濘，事已無及〔註22〕，只好等到來年冬季再行推廣。面
對此情此景，朱子沉痛地說道：「今日諸公正是如此滾纏過，故做到公卿。
如少有所思，則必至觸礙，安得身如此之安！若放此心於天地間公平處置，
則何事不可為？」〔註23〕他從人心上推原根本，認為經界之難行也只是因
為一「私」字，「便生無限枝節」。人心又貪得無厭，「只恐與五十里，他又
要一百里；與一百里，他又要二百里」〔註24〕。現實的困難還並不僅僅在
於各方的稽緩，他在漳州找到的合適人選並不多。朱子非常感慨地說道：「假
未得人，勢亦著做。古人立事，亦硬擔當著做，以死繼之而已。……溫公
（司馬光）作《魏公祠堂記》，……載魏公之言曰：『凡為人臣者，盡力以
事君，死生以之，顧事之是非如何耳。至於成敗，天也，豈可豫憂其不成，
遂輟不為哉！』」〔註25〕因此，儘管朝廷的決議與當初三州行經界的初衷大

〔註18〕　《晦庵集》卷二一《再申諸司狀》，《朱子全書》第21冊，頁962～963。
〔註19〕　《朱子語類》卷一〇六，頁2652。
〔註20〕　束景南先生認為，漳州先行經界必然會陷於孤立，朱子將不免處在豪右大族
　　　　　的圍攻之中，稍有失誤便會毀謗四起，身敗名裂，因而朝廷的指揮不過是一
　　　　　紙空文。參見其《朱子大傳》，頁798～801。
〔註21〕　《晦庵先生朱文公續集》卷四上《答劉晦伯》，《朱子全書》第25冊，頁4724。
〔註22〕　《晦庵集》卷二一《回申轉運司乞冬季打量狀》，《朱子文集》第21冊，頁964
　　　　　～965。
〔註23〕　《朱子語類》卷一〇六《朱子一・自論為學工夫》，頁2652。
〔註24〕　《朱子語類》卷一〇八《朱子五・論治道》，頁2689。
〔註25〕　《朱子語類》卷一〇六《朱子三・外任・漳州》，頁2652～2653。

相徑庭，朱子在當地考察之後又發現困難重重，但他還是沒有放棄這一發政施仁的機會。爲此，朱子上奏《條奏經界狀》，進一步闡釋了推行經界的六條具體措施〔註26〕：

其一，推行經界最急之務，在於推擇官吏。朝廷可先遣一名監司主管其事，由郡守選汰州縣官吏。選拔的標準以精幹任事者爲先，因而不必拘泥於現官現職，若縣令不能則擇其佐副或他官，一州不足選任則取於一路，現任不足勝任則取於候補。這樣就能以措之經界爲名，深思熟慮於其始，委任責成於其終。其二，經界之法最費功力的工作是打量土地畝數，而紐折算計之法又屬專門之學，非常人所能知曉。漳州已遣人到鄰近施行經界的州縣實地考察，取得紹興年間推行經界時所用算法的殘卷。這個算法值得參考，但由於其書不全，戶部需幫忙補全。此外，漳州還招募了一些懂算法的人隨時準備開展土地丈量工作。其三，攢造圖帳時，凡山川道路，人戶田宅，頃畝之狹闊，水土之高低，當由眾人公定，使各得其實。其法始於一保，十保合於一都，諸都合於一縣，這樣就只取大界總數，便於操作。其造作圖帳所需給付的人力成本應從上供錢中扣除，這有利於減輕民眾負擔。其四，打量經界之後，各鄉產錢過鄉，通縣均紐，州縣百里之內，就能輕重齊同，實爲便利。這樣就打破了紹興以來產錢不過鄉的慣例，消除各鄉稅負不均的弊病。其五，漳州民間田產有各色名目（如產田、官田、職田、學田、常平租課田等），其稅賦輕重各自不同，姦民猾吏狼狽爲奸。經界既行，則應盡去各田名目，只需打量步畝，明定高下，一概均稅。期間的土地流轉，應當做好詳細的登記，這樣纔能使版圖有定而民業有經。其六，州內的荒廢寺院，田產頗多而無僧照管，田土爲人侵占，這導致賦稅的大量流失。這些田產若召人買入，不惟田業有歸，也能增加長期的稅收。

朱子還與弟子談到，經界之行，還得輔之以威嚴。號令既明，刑罰亦不可弛。若不用刑罰，則號令只不過是掛在牆上形同虛設的壁紙。因此，爲了避免有人不遵號令從中阻撓，就要「懲其一以戒百」，「嚴其始而使之無犯」，做大事不可以小不忍爲心〔註27〕。從上述舉措來看，孟子的經界之法本是與封建井田關聯在一起的制度，但朱子已辨封建井田不能行之於後代，其經界之法是對孟子之法的改良。

〔註26〕 《晦庵集》卷一九《條奏經界狀》，《朱子全書》第 20 冊，頁 874～880。
〔註27〕 《朱子語類》卷一○八《朱子五·論治道》，頁 2688。

　　朱子推行經界已經考慮到了如此精詳的程度，但天時、地利、人和等條件俱不成熟。紹熙二年（1191）二月，朱子正在為經界法忙得焦頭爛額，卻因長子朱塾突然離世不得回籍奉祠治喪。三月，朱子除祕閣修撰，主管南京洪慶宮，四月底離開漳州。朱子離開漳州的當年十月，漳州進士吳禹圭訟經界之說擾人不便，詔寢其事，而三州行經界事至此而終〔註28〕。

　　幾年之後，朱子寫信給留正，再次說及經界失敗一事：

　　　　相公於熹知之不為不深，而於漳之士民愛之不為不厚矣。至於
　　經界一事，乃獨屢上而不報，至其甚不得已而陽許之，則又多為疑
　　貳之言，以來讒賊之口，曾不一年而卒罷之。則熹於是始疑相公所
　　以知熹者，不若其於鄉里小兒之深；所以愛夫漳之士民者，不如其
　　於瑣瑣姻婭之厚；而匹夫之志，因以慨然自知其決不可以復入相公
　　之門矣〔註29〕。

　　面對留正、顏師魯等人的暗中阻撓，朱子想到紹興年間行經界時，主事的李椿年身先士卒，先從自家田地上量起，而「今之輔弼能有此心否？」
〔註30〕

　　朱子將孟子的經界之法行之於現實政治，且為之經營謀劃，不遺餘力，但現實政治的殘酷性使其「仁政，必自經界始」的願望擱淺。陳淳對朱子知漳州的政績評價曰：

　　　　先生在臨漳，首尾僅及一期，以南陬敝陋之俗，驟承道德正大
　　之化，始雖有欣然慕，而亦有諤然疑，譁然毀者。越半年後，人心
　　方肅然以定。僚屬厲志節而不敢恣所欲，仕族奉繩檢而不敢干以私，
　　胥徒易慮而不敢行姦，豪猾斂蹤而不敢冒法。……四境狗偷之民，
　　亦望風奔遁，改復生業。至是及期，正爾安習先生之化，而先生行
　　矣！是豈不為恨哉〔註31〕！

　　陳淳的評價自是懷著對朱子十分的愛戴，不免多少有些失實的成分。公平地說，朱子在地方任上的政績並不比歷代官修史書中的循吏高出多少，也

〔註28〕《朱子年譜》紹熙「二年辛亥，六十二歲」條、「二月，以嗣子喪」條、「三月，復除祕閣修撰」條、「夏四月二十九日」條，《朱子全書》第27冊，頁351～353。

〔註29〕《晦庵集》卷二九《與留丞相書》（熹輒有愚悃），《朱子全書》第21冊，頁1267。

〔註30〕《朱子語類》卷一三二《本朝六·中興至今日人物下》，頁3176。

〔註31〕《朱子語類》卷一○六《朱子三·外任·漳州》，頁2653～2654。

並未對制度上的改良創設新的亮點。他在漳州推行的經界之法草草收場，給經界之法是否眞如孟子所說是「仁政之始」再次增添了一重厚厚的疑雲。

第二節　朱子恢復中原的策略
——對朱子「外王」觀念的考察

一、朱子關於恢復事業的基本主張

紹興三十二年（1162），孝宗皇帝甫即位，詔求直言，朱子即上《壬午應詔封事》，其中有大段文字詳細敷陳了他關於恢復事業的基本主張：

> 爲天下國家者，必有一定不易之計。而今日之計不過乎修政事、攘夷狄而已矣，非隱奧而難知也。然其計所以不時定者，以講和之說疑之也。夫金虜於我有不共戴天之讎，則其不可和也，義理明矣。而或者猶爲是說者，其意必曰：今根本未固，形勢未成，進未有可以恢復中原之策，退未有可以備禦衝突之方，不若縻以虛禮，因其來聘，遣使報之，請復土疆，示之以弱，使之優遊驕怠，未遽謀我，而我得以其間從容興補，而大爲之備。萬一天意悔禍，或誘其衷，則我之所大欲者，將不用一士之命而可以坐得，何憚而不爲哉？臣竊以爲知義理之不可爲矣，而猶爲之者，必以有利而無害故也。而以臣策之，所謂講和者，有百害無一利，何苦而必爲之？夫復讎討賊、自彊爲善之說見於經者，不啻詳矣。……夫議者所謂根本未固，形勢未成，進不能攻，退不能守，何爲而然哉？正以有講和之說故也。此說不罷，則天下之事無一可成之理。何哉？進無生死一決之計，而退有遷延可已之資，則人之情雖欲勉彊自力於進爲，而其氣固已渙然離沮而莫之應矣。其守之也必不堅，其發之也必不勇，此非其志之本然，氣爲勢所分，志爲氣所奪故也。故今日講和之說不罷，則陛下之勵志必淺，大臣之任責必輕，將士之赴功必緩，官人百吏之奉承必不能悉其心力，以聽上之所欲爲。然則本根終欲何時而固，形勢終欲何時而成，恢復又何時而可圖，守備又何時而可恃哉？其不可冀明矣。
>
> 若曰以虛禮縻之，則彼雖仁義不足而凶狡有餘，誠有謀我之心，

則豈爲區區之虛禮而驕？誠有兼我之勢，則亦豈爲區區之虛禮而輟哉？若曰示之以弱，則是披腹心，露情實而示之以本然之弱，非強而示之弱之謂也。適所以使之窺見我之底蘊，知我之無謀而益無忌憚耳。縱其不來，我恃此以自安，勢分氣奪，日復一日，如前所云者，雖復曠日十年，亦將何計之可成哉？則是所以驕敵者，乃所以啓敵而自驕；所以緩寇者，乃所以養寇而自緩。爲虜計則善矣，而非吾臣子所宜言也。

　　且彼盜有中原，歲取金幣，據全盛之勢以制和與不和之權。少懦則以和要我，而我不敢動；力足則大舉深入，而我不及支。蓋彼以從容制和，而其操術常行乎和之外，是以利伸否蟠而進退皆得。而我方且仰首於人，以聽和與不和之命，謀國者惟恐失虜人之驩，而不爲久遠之計，進則失中原事機之會，退則沮忠臣義士之心。蓋我以汲汲欲和，而志慮常限乎和之中，是以跋前疐後，而進退皆失。自宣和、靖康以來，首尾三四十年，虜人專持此計，中吾腹心，決策制勝，縱橫前卻，無不如其意者。而我墮其術中，曾不省悟，危國亡師，如出一轍。……

　　至於請復土疆而冀其萬一之得，此又不思之大者。夫土疆，我之舊也，雖不幸淪沒，而豈可使彼仇讎之虜得以制其予奪之權哉？顧吾之德之力如何耳。我有以取之，則彼將不能有而自歸於我；我無以取之，則彼安肯舉吾力之所不能取者而與我哉？且彼能有之而我不能取，則我弱彼強，不較明矣。縱其與我，我亦豈能據而有之？彼有大恩，我有大費，而所得者未必堅也。……然以堂堂大宋，不能自力以復祖宗之土宇，顧乃乞丐於仇讎之戎狄以爲國家，臣雖不肖，竊爲陛下羞之。夫前日之遣使報聘，以是爲請，既失之矣。及陛下嗣位，天下之望曰「庶幾乎」，而赦書下者，方且禁切諸將毋得進兵，申遣使介，告諭纂承之意，繼修和好之禮，亦若有意於和議之必成，而坐待土疆之自復者。遠近傳聞，頓失所望。臣愚不能識其何說，而竊歎左右者用計之不詳也。

　　古語有之：「疑事無功，疑行無名。」今虜以好來而兵不戰，我所以應之者，常不免出於兩塗而無一定之計，豈非所謂疑事也哉？以此號令，使觀聽熒惑，離心解體，是乃未攻而已卻，未戰而已敗

也。欲以此成恢復之功，亦已難矣。然失之未遠，易以改圖，往者
不可諫，而來者猶可追也。願陛下疇咨大臣，總攬群策，鑒失之之
由，求應之之術，斷以義理之公，參以利害之實，罷黜和議，追還
使人，……自是以往，閉關絕約，任賢使能，立紀綱，屬風俗，使
吾修政事、攘夷狄之外，瞭然無一毫可恃以為遷延中已之資，而不
敢懷頃刻自安之意，然後將相軍民，遠近中外，無不曉然知陛下之
志，必於復讎啓土，而無玩歲愒日之心，更相激屬，以圖事功。數
年之外，志定氣飽，國富兵強，於是視吾力之強弱，觀彼釁之淺深，
徐起而圖之，中原故地不為吾有，而將焉往？此不過少遲數年之久，
而理得勢全，名正實利，其與講和請地，苟且僥幸必不可成之慮計，
不可同年而語也明矣。惟陛下深留聖意毋忽，則天下幸甚〔註32〕。

　　在這篇封事中，朱子期望剛剛即位的孝宗能夠把握宋金關係的主動權，
罷黜和議，養正氣，修政事，攘夷狄，自治而觀釁，纔能上下同心，洗卻讎
恥，恢復土宇。朱子的這番見解受很多歷史與現實的因素影響，下就詳述之。

二、朱松、胡安國於恢復策略對朱子的影響

　　南宋初年，如何對待金人，主要圍繞三個問題而展開：一是對金的和與
戰，二是建都何處，三是如何對待被金人虜去的徽宗、欽宗〔註33〕。不同政
治群體圍繞這三個問題展開了持久而激烈的爭論。朱子於中原淪喪有很深切
的家國之痛，他對恢復的見解主要源自其父親朱松〔註34〕，在很大程度上又
受到胡安國父子的影響。在此基礎上，朱子結合其學術思想，形成了一套獨
具特色而又影響深遠的政治理念。

　　朱松在福建尤溪任上與同僚燕集時聽到中原淪陷的消息，受到很大震
駭，大慟幾絕。宋室南渡以後，王室飄搖，朱松困於塵埃卑辱、鋒鏑擾攘之
中，逃寄假攝，無復用世之意。十餘年後，胡世將撫諭東南，朱松謁見，與
論山川形勢和戰略布局。胡世將奇其言，壯其策，歸而聞於朝。朱松因得召
試。發策以「中興事業之難易先後」為問，朱松說：「自古謀國有得失，而成

〔註32〕《晦庵集》卷十《壬午應詔封事》，《朱子全書》第 20 冊，頁 573～576。
〔註33〕鄧廣銘：《宋史十講》，北京：中華書局，2015，頁 132。
〔註34〕關於朱松的論述主要依據《晦庵集》卷九七《皇考左承議郎守尚書吏部員外
　　　　郎兼史館校勘累贈通議大夫朱公行狀》（以下凡引此文，簡稱《朱松行狀》），
　　　　《朱子全書》第 25 冊，頁 4503～4516。

功無難易。蓋天下國家有至計，而國勢之強弱、兵力之盛衰、土地之開闢不與焉。唯能順人心、任賢才、正綱紀，則天下之事將無難之不易，惟上之人惜時愛日而亟圖之。」高宗覽而異。幾年後，朱松再召入對，其議論仍不出「順人心、任賢才、正綱紀」。

建炎三年（1129），苗劉兵變，中外恫疑，異論蜂起，乃盡撤兩淮之戍退還建康，高宗駐蹕臨安，國論遂變。自是以後，廟算低回，上下解弛，北伐之謀益衰。秦檜專政，決屈己和戎之議，上下諱言恢復之謀，士氣益衰。朱松多次抗言，批評和議誤國殃民，引起秦檜的忌憚。紹興十年（1140），朱松被秦檜以「懷賢自異，陽爲辭遜」的罪名出貶外郡，三年後憂憤而終。朱子特別提到，秦檜死後，當初那些與朱松一樣被秦檜削籍投荒或棄置閒散的大臣逐漸得到重用，有的人還官至顯位，而其父已不及見。朱子在其行狀中寄託了一種無比沉痛的哀情。

朱松是兩宋之際少有的理性主義者，其恢復之策主要有兩個方面：

首先，在戰略布局方面，朝廷應駐蹕建康，據荊淮，守關中，這是「克復神州，汛掃陵闕，據中原而撫三河」的根基，否則只能汲汲局促一隅。朱松早在謁見胡世將時，就基於地理環境和歷史經驗教訓，極陳這樣戰略布局的重要性，並批評朝廷在此方面的失誤：「蓋嘗聞之，不取關中，中原不可復；不取荊淮，東南不可保。唐唯不失關中，故更三亡不失舊物；而吳孫氏東攻新城，西攻襄漢，乃所以保建業。其後桓溫、劉裕雖能以江漢舟艫西入河渭，然既得之而不能守，則亦僅足以保東南而已，然則天下之大勢可知己。今進既不能以六師之重通道荊襄、循漢沔，以赴興元，結連拓跋，控引五路，東向以圖中原；退又不能移蹕建康，治兵訓武，北爭荊淮以爲固守之計，而但蹙處一方，費日月於道途。前不能有尺寸之利，後又無所保以爲安，未知漂漂者竟何如邪！」因此，朱松希望朝廷「求宗廟社稷經遠持久之計」，以光武帝勤勞不怠而身濟大業爲法，以晉元帝、唐肅宗志趣卑近而功烈不終爲戒。但「苗劉兵變」之後，兩淮之戍盡撤，車駕轉至臨安，南宋失去了巨大的戰略縱深空間，版圖日蹙，貽害無窮，一切都被朱松言中。

其次，戰爭勝負的關鍵在於廟算高下，修明內政纔是根本之重，因而要明禮義，正綱紀，除弊政，振媮俗。在宋金戰爭波詭雲譎又相持不下的大環境下，「自治而觀釁」纔是「和」、「戰」之外最爲理性的中間道路。朱松認爲在當時環境下，「和」與「戰」都存在巨大的問題：「當今國論不過兩端，喜

進取之謀者，既以行險妄動而及於敗；爲待時之說者，又以玩日愒歲而至於媮。二者不能相通，而常墮於一偏，是以成功不可見，而均受其弊。故臣嘗謂能自治以觀釁，則是二者通爲一說而無所偏廢。蓋能夙夜憂勞，率屬眾志，則未嘗不待時而不至於媮；審知彼己，必順天道，則未嘗不進取而不及於敗。」這就意味著，朝廷要時刻警惕大臣與金人的求和言論，惟有自強自壯，日夜憂勤，養浩然之氣，等待時機，纔能像劉邦最終戰勝項羽那樣使金人自服。因此，在決策方面，朝廷要博求至計，總覽參訂，政事決策要當事理、服人心纔能以次施行；在士風方面，由於綱紀淪墜毀喪，群臣偷安苟合，惟有興建太學，明人倫、勵名節纔能遏制姦萌，強固祚基；在人才方面，上開武舉、下選驍勇，精擇守帥，纔能雄壯藩圍，且一改變強兵悍將尾大不掉的局面。

　　朱松在當時歷史環境下提出的「自治而觀釁」是相對理性的選擇，既考慮了當下的綜合實力，也將目光放遠於未來。可是，秦檜權勢如日中天，和議之外已不容士大夫置喙，朝野上下士氣消沉。兩淮淪陷後，南宋失去了廣泛的戰略縱深，朱松言無所入。朱松死前將十四歲的朱子囑以胡憲、劉勉之、劉子翬三人。朱子在爲其父所作的行狀中，多次爲朱松料事如神而言不見納深感沉痛〔註 35〕，因此當他有機會向朝廷進言時必會繼續申述朱松的基本觀點。

　　朱子通過胡憲接觸到胡安國、胡宏、胡寅父子的學說，因此朱子於胡安國又有一定的師承淵源〔註 36〕。朱子認爲「南渡之後，說復讎者，惟胡氏父子說得無病，其餘並是半上落下說」〔註 37〕，其評價如此之高，自可斷定朱氏父子與胡氏父子同氣相求。

　　胡安國私淑洛學而有大成，又窮畢生心力於《春秋》。胡安國自少留心《春秋》，其後王學大行，以《春秋》爲斷爛朝報，廢之不列學官，至崇寧而防禁

〔註35〕 如朱松反對盡撤兩淮之戍，認爲這是無故捐之以資敵，若敵人乘卻長驅而來，不信宿而至江津，人心搖動，則建康甲卒十萬亦將無所施。朱松這番建議沒有被採納，其後劉豫果然多次向金人求援以乘隙來攻，幸虧金人對其多有忌憚，否則後果不堪設想。又如，朱松抗言金人和議不可信，後金人敗盟，幸得諸將連戰大捷，梓宮、母后始得南歸，正如其所論楚漢強弱之勢。

〔註36〕 胡憲爲胡安國之姪，與胡宏、胡寅爲堂兄弟。全祖望說：「私淑洛學而大成者，胡文定公（安國）其人也。文定從謝、楊、游三先生以求學統，而其言曰：『三先生義兼師友，然吾之自得於《（二程）遺書》者爲多。』……南渡昌明洛學之功，文定幾侔於龜山，蓋晦翁、南軒、東萊皆其再傳也。」《宋元學案》卷三四《武夷學案》，頁 1170～1171。

〔註37〕 《朱子語類》卷一三三《本朝七‧夷狄》，頁 3196。

益甚。胡安國不無感慨地說：「先聖親手筆削之書，乃使人主不得聞講說，學士不得相傳習，亂倫滅理，用夷變夏，殆由此乎！」遂發奮《春秋》之學。胡安國深於《春秋》，時政議論多以《春秋》爲本，他對高宗說：「《春秋》乃仲尼親筆，門人高弟不措一詞，實經世大典，見諸行事，非空言比也。……陛下必欲削平僭暴，克復寶圖，使亂臣賊子懼而不作，莫若儲心仲尼之經，則南面之術盡在是矣。」此外，胡安國還留意《論語》、《孟子》、《易》、《詩》、《中庸》、《資治通鑑》，周而復始，至老不衰。當初胡安國參加殿試，發策以崇復熙豐爲問，他推明《大學》，以漸復三代爲對。哲宗命左右再讀，諦聽逾時，稱善數四，親擢爲第三。〔註38〕。這些經典都成爲胡安國在兩宋之際參與時政的思想基礎。

胡安國以道之行否爲進退，標榜節義，崇戴洛學，不遺餘力。建炎元年（1127），高宗登極，胡安國上書奏言，崇寧以來的朝政「九失」使得國運艱難，南渡之後，「九失」尚遺「八失」沒有得到有效解決〔註39〕，即棄信、拒諫、導諛、輕用名器、互分朋黨、信任奄寺、輕易改作、外事邊功，若不改轍，則幾無復興之望。紹興元年（1131），胡安國結合《春秋》、《大學》、《中庸》、《孟子》等儒家經典與歷史興衰成敗，上《時政論》二十一篇〔註40〕，詳細分析當下時政和應對策略，激勵高宗「必志恢復中原，袛奉陵寢；必志於掃平仇敵，迎復兩宮；必志於得四海之歡心，以格宗廟；必志於致九州之美味，以養父兄」（《時政論·尚志》）。一年後，胡安國入對，當面向高宗敷陳《時政論》要義，言簡意賅地講明了其核心內容及內在理路：

> 臣聞保國必先定計，定計必先定都，建都擇地必先設險，設險分土必先遵制，制國以守，必先恤民。夫國之有斯民，猶人之有元氣，不可不恤也。除亂賊，選縣令，輕賦斂，更弊法，省官吏，皆恤民之事也。而行此有道，必先立政。立政有經，必先核實。核實者，是非毀譽，各不亂眞，此致理之大要也。是非核而後賞罰當，賞罰當而後號令行，人心順從，惟上所命。以守則固，以戰則勝，

〔註38〕《斐然集》卷二五《先公行狀》，《崇正辨·斐然集》，頁519。

〔註39〕欽宗、高宗崇尚節儉，工役不興，去其一失，但這主要由於國運動盪而非主動改變。

〔註40〕據《斐然集》卷二五《先公行狀》，《時政論》有建都、設險、制國、恤民、立政、覆實、尚志、正心、養氣、宏度、寬隱共十一個部份。

以攻則服，天下定矣。然致此者，顧人主志尚何如耳。尚志，所以
立本也。正心，所以決事也。養氣，所以制敵也。宏度，所以用人
也。寬隱，所以明德也。具此五者，帝王之能事備矣〔註41〕。

　　胡安國的中興恢復之策，注重戰略布局，講究戰術規劃，有很強的實用
色彩。如果說儒家傳統觀念認爲內政修明是獲得戰爭勝利的關鍵所在，那麼
胡安國在《時政論》中尤其強化了內政得失與帝王自身修養高下之間的關係，
尤其是其中的《正心》、《養氣》兩篇。在這兩篇政論中，胡安國強調心是一
身之本，是修身、齊家、治國、平天下的基礎，能正其心，則百官萬民無一
不正；君主作爲諸將的駕馭者要強於爲善，以直養氣，日新厥德，自反而縮，
則守爲剛，氣可以塞乎天地之間；震赫斯怒，氣可以安天下。胡安國將君德
心性修養作爲內政問題的核心，爲儒家政治思想領域開拓了更爲廣闊的空
間。此後，不論是胡宏、胡寅，還是朱子、張栻、呂祖謙，其所陳恢復大略
基本上都是《時政論》的延續。

三、朱子恢復主張的思想依據

　　南宋所經歷的歷史遭遇與戰國初期齊、魏、鄒等國的處境有很大的相似
性：如齊宣王的「大欲」是闢土地，朝秦楚，莅中國而撫四夷，卻不免於危
士臣、構怨於諸侯；梁惠王「東敗於齊，長子死焉；西喪地於秦七百里；南
辱於楚」，深覺其恥，欲爲死者報仇雪恥；鄒國與魯國發生鬨鬬，有司死者三
十三人而民不救，鄒穆公痛恨其民坐視旁觀，欲盡誅之卻又無可奈何。實際
上，南宋君王所面臨的困難比齊宣王、梁惠王、鄒穆公等人要大得多，也更
爲深切而沉痛。如何實現「莅中國而撫四夷」的大欲，是高宗以來朝野上下
所必須面對的重大問題。

　　有識之士（尤其是道學家群體）考量歷史，分析現實，積極尋找解答當
前迫切問題的理性方法，朱子更依據《大學》、《孟子》、《中庸》等經典進而
尋找從根本上解決當下內外交困的終極方法。如果說《大學》、《中庸》完整
地呈現了從「內聖」到「外王」相互轉變與彼此銜接的過程，那麼，《孟子》
的學說更在「外王」方面提供了更爲詳盡的具體措施。朱子的恢復之策主要
在以下四個方面受《孟子》觀念所影響：

〔註41〕《斐然集》卷二五《先公行狀》，《崇正辨‧斐然集》，頁 549～550。

　　首先，能否成就王業並不在於國力的強與弱和疆域的大與小，而在於能否推行仁政。孟子事齊梁之君，論道德必稱堯舜，論征伐則必稱湯武，因為治民不法堯舜則為暴，行師不法湯武則為亂〔註42〕。孟子遊說齊、魏、鄒、滕之君都是拔本塞源，勉勵他們躬行仁義而去其求利之心。民為重，君為輕，社稷次之，人君要「保民而王」，施仁政於民，省刑罰，薄稅斂，制民之產，使百姓養生送死無憾，然後教之以禮義。這樣不但可以「制梃以撻秦楚之堅甲利兵」，更能無敵於天下。孟子說：「先王有不忍人之心，斯有不忍人之政。以不忍人之心，行不忍人之政，治天下可運之掌上。」（《孟子・公孫丑上》）又說：「老吾老，以及人之老；幼吾幼，以及人之幼。天下可運於掌。」（《孟子・梁惠王上》）所以，王不待大，夏后、殷、周之盛，地未有過千里者，湯以七十里而為政於天下，文王以百里而三分天下有其二。域民不以封疆之界，固國不以山谿之險，威天下不以兵革之利。「地方百里而可以王」的核心要義乃在於施行仁政解民倒懸，得道者多助，失道者寡助，以天下之所順，攻天下之所畔，不戰則已，戰則必勝。

　　在宋金和戰不定的膠著狀態之中，「地方百里而可以王」具有很強烈的號召力，這能否成為解決南宋內外交困的良藥，道學家躍躍欲試。朱子說「得百里皆能朝諸侯」是德之盛〔註43〕，「得百里之地而朝諸侯，有天下，此是甚次第」。〔註44〕

　　其次，孔門弟子無道齊桓、晉文事業者，孟子尊王賤霸，認為五霸不過是「假借仁義之名，以求濟其貪欲之私」〔註45〕，「先詐力而後仁義」（董仲舒語），所以功烈「如彼其卑」（《孟子・公孫丑上》）。五霸「摟諸侯以伐諸侯」（《孟子・告子下》），霸者之民雖驩虞，但這都是有所造為而使然，必不能久；行王者之政，民耕田鑿井，不知帝利於我何有。聖人以王道治國，民日遷善而不知，這種境界就是「所過者化，所存者神，上下與天地同流」（《孟子・盡心上》），朱子於此發揮說：

　　　　所過者化，身所經歷之處，即人無不化，如舜之耕歷山而田者遜畔，陶河濱而器不苦窳也。所存者神，心所存主處便神妙不測，

〔註42〕　《孟子集注・梁惠王下》「齊人伐燕取之」章注引范祖禹說，頁224。
〔註43〕　《朱子語類》卷五二《孟子二・公孫丑上之上》「夫子加齊之卿相」章，頁1275。
〔註44〕　《朱子語類》卷五二《孟子二・公孫丑上之上》「夫子加齊之卿相」章，頁1275。
〔註45〕　《孟子集注・盡心上》「堯舜性之也」章，頁365。

如孔子之立斯立、道斯行、綏斯來、動斯和，莫知其所以然而然也。是其德業之盛，乃與天地之化同運並行，舉一世而甄陶之，非如霸者但小小補塞其罅漏而已。此則王道之所以爲大，而學者所當盡心也〔註46〕。

復次，能否成爲王者，固然取決於能否以仁政惠民，而這其間的問題不在於能與不能，而在於爲與不爲以及「四端」擴充得盡與不盡，其終極根源在於是否具有充分的道德自覺。每個人天生自具的惻隱、羞惡、辭讓、是非之心分別是仁、義、禮、智之端。這四端皆備於我，若擴而充之則足以保四海，否則不足以事父母、保妻子。齊宣王釁鐘，見牛觳觫，不忍其無罪而就死地，乃易之以羊。但是，齊宣王的惻隱之心爲功利之私所奪，雖識「仁術」，而不能擴充以行仁政，故而有仁心仁聞而民不被其澤；梁惠王認爲治國已足夠盡心，這在孟子看來不過是「以五十步笑百步」，此後不免失子、喪師、割地之痛。(《孟子·梁惠王上》)朱子評價齊宣王、梁惠王說：

若不能充，今日這些子發了，又過卻，明日這些子發了，又過卻，都只是閒。若能擴充，於這一事發見，知得這是惻隱之心，是仁；於別底事便當將此心充去，使事事是仁。如不欲害人，這是本心，這是不忍處。若能充之於每事上，有害人之處便不可做，這也是充其惻隱。如齊宣王有愛牛之心，孟子謂「是乃仁術也」。若宣王能充著這心，看甚事不可做！只是面前見這一牛，這心便動，那不曾見底，便不如此了。至於「興甲兵，危士臣，構怨於諸侯」，這是多少傷害！只爲利心一蔽，見得土地之美，卻忘了這心。故孟子曰：「不仁哉，梁惠王也！仁者以其所愛及其所不愛；不仁者以其所不愛及其所愛。」且如土地無情之物，自是不當愛，自家不必愛之，愛他作甚。梁惠王其始者愛心一萌，糜爛其民以戰，已自不是了；又恐不勝，盡驅所愛子弟以徇之。這是由其不愛之心，反之以至害其所愛處，這又是反著那心處〔註47〕。

齊宣王、梁惠王都有仁心仁聞，最終不免於戰場失利、內政失修，究其原因還是在於未將其「仁術」擴充爲沛然流行的「仁政」。「有仁心仁聞

〔註46〕 《孟子集注·盡心上》「霸者之民驩虞如也」章，頁359～360。
〔註47〕 《朱子語類》卷五三《孟子三·公孫丑上之下》「人皆有不忍人之心」章，頁1292～1293。

而民不被其澤」的還有春秋時期鄭國的名相子產。子產聽鄭國之政，以其乘輿濟人於溱洧，則「惠而不知為政」（《孟子·離婁下》）。子產以車輿載人濟渡，這實際上是欲致私恩以悅其意，其治國以小惠而不以大德。擴充此不忍人之心以行仁政，這固是難得的「仁術」，而實際上國中水多，而涉河者眾，豈能使人人藉乘輿而濟渡。因此，行王者之道應務民之急，利用農閒在溱洧之上修造渡人的徒杠和渡車的輿梁，使人人皆得自渡，這纔是惠及萬民的仁政。

最後，敬守其志，涵泳其氣，滋養其心，則能培育出安天下之大勇。天地之氣本自浩然，至大至剛，以直養則無害，失養則餒。此氣雖配道與義，而其養之之始在於事能合義，自反常直，無所愧怍，則此氣常充。若所行不合道義，自反而不直，則心有不足而體有不充。養氣雖全在集義上用工〔註 48〕，但不能預期其效。若氣有未充，則勿忘有所事，不可妄自作為以揠苗助長〔註 49〕。欲其充盈流動，就要以「旦畫之所為」涵泳夜氣。孟子說：

> 其日夜之所息，平旦之氣，其好惡與人相近也者幾希，則其旦畫之所為，有梏亡之矣。梏之反覆，則其夜氣不足以存；夜氣不足以存，則其違禽獸不遠矣。……故苟得其養，無物不長；苟失其養，無物不消。孔子曰：「操則存，舍則亡；出入無時，莫知其鄉。」惟心之謂與？（《孟子·告子上》）

夜氣清明而無所虧欠，旦畫之間存得「仁義之良心」，則能保得夜氣常清。夜氣清，則平旦未接物時有湛然虛明氣象，時時盡力則神清氣定。同時，此心操之則存，舍之則亡，出入無定時，無定處，神明不測，失之易而保守難，所以不可頃刻失其養。程頤說：「操之之道，敬以直內而已。」〔註 50〕孟子說養氣，只是「得這夜氣來涵養自家良心」〔註 51〕，即「要此氣去養那仁義之心」〔註 52〕，氣清則心得所養，氣濁則心失所養，如水之養魚，水多則魚鮮，水涸則魚病〔註 53〕。由於心統性情，此心復歸於義理，則喜怒哀樂之所發皆

〔註 48〕　《朱子語類》卷五二《孟子二·公孫丑上之上》「牛山之木嘗美矣」章，頁 1259。
〔註 49〕　《孟子集注·公孫丑上》「夫子加齊之卿相」章及朱子注，頁 233～234。
〔註 50〕　《孟子集注·告子上》「牛山之木嘗美矣」章朱子注引李侗、程頤語，頁 338。
〔註 51〕　《朱子語類》卷五九《孟子九·告子上》「牛山之木嘗美矣」章，頁 1396。
〔註 52〕　《朱子語類》卷五九《孟子九·告子上》「牛山之木嘗美矣」章，頁 1395。
〔註 53〕　《朱子語類》卷五九《孟子九·告子上》「牛山之木嘗美矣」章，頁 1395。

中其節。文王「一怒而安天下之民」（《孟子・梁惠王下》），能養大勇，除暴救民，拯民於水火之中，故能安定天下。這種義理之勇纔是眞的大勇。有了這番義理之勇，自然於天下之事無所畏懼，當大任而不動心。

　　概言之，朱子在政壇發揮影響始於孝宗時代，他對恢復事業的主張以朱松、胡安國等人的議論爲基礎，而且更加強化了君主正心誠意對於實際政治所起到的關鍵作用。但是，孝宗執政前後兩期的風格大變，給恢復事業更是增添很多不確定因素。孝宗甫受禪，奮發有爲，但「隆興和議」給孝宗的恢復事業當頭一棒，此後又痛失虞允文之助，這些變數使孝宗對於恢復事業越來越謹愼，銳氣消退，守成的暮氣占據上風，其宏大志願最終成爲夢幻泡影。在急轉直下的情勢之下，朱子對恢復的見解卻始終沒有改變，但未之能行於一日之間。

第三節　革君心之非——立朝四十餘日的帝師

　　朱子自言一生「官多祿少」，且多充宮觀之職，即便主政一方，也爲時不長。這樣，朱子立朝四十餘日的帝師之任在其仕途經歷中就占據非常重要的地位。朱子位居帝師，其經筵所講與議論時政，都是其學術的實踐所在。

　　紹熙四年（1193）十二月，朱子除知潭州荊湖南路安撫使，次年五月赴潭州任所，招討洞獠蒲來矢之叛。朱子在潭州的兩個月中，宮廷之中正醞釀著一場激烈的政變。

　　紹熙五年（1194）七月，光宗內禪，寧宗即位。這其實是一場驚心動魄的宮廷政變。當初，高宗死後，孝宗行三年之喪，後來又倦於政事，傳位給英武類己的光宗。光宗作爲孝宗親子，卻沒能對孝宗盡人子之職。這主要是因爲孝宗與光宗皇后李氏不睦。光宗即位後，李氏對孝宗多次不敬，孝宗嘗欲廢之，但由於大臣勸諫而沒有實現。李氏對孝宗益加不滿，於是將孝、光兩宗的父子關係牢牢地掌握在手中，不但多次阻止光宗每月一次的過宮拜望，還不允許光宗在孝宗彌留之際前往探視。孝宗死後，光宗在大斂時仍沒有出現。朝野上下各種謠言，中外憂危，人情洶然。寧宗在這樣的危機時刻被扶上皇位〔註54〕。

〔註54〕余蔚：《宋史》（《細講中國歷史叢書》），上海：上海人民出版社，2015，頁138
　　　　～142。

寧宗潛躍嘉邸（寧宗即位前封嘉王），翊善黃裳自以學不如朱子〔註55〕，請召朱子爲宮僚，王府直講彭龜年也爲此奏請其事。不過，此事爲留正所沮，留正說：「正非不知某，但其性剛，到此不合，反爲累耳。」〔註56〕留正最終還是沒能阻止朱子入朝爲帝師。寧宗即位之後，召朱子赴行在奏事。臨行，門人劉黻遮道請見，曰：「先生此行，上虛心以待，敢問其道何先？」朱子說：

> 今日之事，非大更改，不足以悦天意，服人心；必有惡衣服、菲飲食、卑宮事之志，而不敢以天子之位爲樂，然後庶幾積誠盡孝，默通潛格，天人和同，方可有爲。其事大，其體重，以言乎輔贊之功，則非吾所任，以言乎啓沃之道，則非吾之敢當。然天下無不可爲之時，人主無不可進之善，以天子之命召藩臣，當不俟駕而往。吾知竭吾誠，盡吾力耳，此外非吾所能預計也〔註57〕。

朱子爲帝師，期望寧宗有「大更張」之舉，也期望趁此「得君行道」之時而有一番作爲。這段充滿激情的話語背後透著王安石的淡淡身影〔註58〕。只是，朱子並未意識到他的熱情很快就被激烈的政爭澆滅，他的學術也在現實政治鬪爭中飽受質疑。

一、經筵講授正心誠意之說

孟子認爲世間有爵、德、齒三達尊（《孟子·公孫丑下》），世俗的君王對有修爲的大臣不惟不能隨意使喚，還應該屈尊師事之。同樣，這些有修爲的大臣，也有匡正君心的使命：「人不足與適也，政不足間也。惟大人爲能格君心之非。君仁莫不仁，君義莫不義，君正莫不正。一正君而國定矣。」（《孟子·離婁上》）朱子注解這段文字說：

> 徐氏曰：「格者，物之所取正也。《書》曰：『格其非心』。」……惟有大人之德，則能格其君心之不正以歸於正，而國無不治矣。大人者，大德之人，正己而物正者也。程子曰：「天下之治亂，繫乎人

〔註55〕翊善，宋太宗太平興國八年（983），諸王府置，掌贊導之事，選常參官五十以上有文行者充任。後資善堂亦置，以儒臣充任。神宗元豐（1078～1085）改制後，定爲從七品。見於呂宗力主編：《中國歷代官制大辭典》修訂版，北京：商務印書館，2015，頁813。

〔註56〕王懋竑：《朱子年譜》紹熙「五年甲寅六十五歲」條，《朱子全書》第27冊，頁362。

〔註57〕王懋竑：《朱子年譜》紹熙五年八月赴行在條，《朱子全書》第27冊，頁366。

〔註58〕《朱熹的歷史世界》，頁348。

君之仁與不仁耳。心之非，即害於政，不待乎發之於外也。昔者孟子三見齊王而不言事，門人疑之。孟子曰：『我先攻其邪心，心既正，而後天下之事可從而理也。』夫政事之失，用人之非，知者能更之，直者能諫之。然非心存焉，則事事而更之，後復有其事，將不勝其更矣；人人而去之，後復用其人，將不勝其去矣。是以輔相之職，必在乎格君心之非，然後無所不正；而欲格君心之非者，非有大人之德，則亦莫之能也。」〔註59〕

由於君心之邪正關乎天下之治亂，道學家往往把經筵視爲「格君心之非」的重要途徑，如程顥說：「朝廷循沿舊體，只以經筵爲一美事。臣以爲，天下重任，唯宰相與經筵：天下治亂繫宰相，君德成就責經筵。」〔註60〕又說：「君子之事君也，務引其君以當道，志於仁而已。」又如，薛敬軒說：「伊川爲講官，以三代之上望其君。從與否在彼，而己其肯自貶以徇之哉！」又曰：「伊川經筵疏，皆格心之論。三代以下，爲人臣者但論政事、人才而已，未有直從本原如程子之論也。」〔註61〕基於以上因素，朱子論治體，認爲「天下事自有箇大根本處」〔註62〕，「天下事當從本理會，不可從事上理會」〔註63〕，而這個「大根本」就是「正君心」：

天下事有大根本，有小根本。正君心是大本，其餘萬事，各有一根本。如理財以養民爲本，治兵以擇將爲本〔註64〕。

朱子作爲「帝師」，正是要踐行這一理念。朱子作爲「帝師」的規模和格局早在孝宗朝就業已立定。儘管朱子與孝宗算是同齡人〔註65〕，但朱子以道自任的姿態使他在孝宗面前不免有「來吾道夫先路」的慷慨激昂（《離騷》語）。早在孝宗淳熙十五年（1188），朱子以提點江西行獄公事入奏。陛見之前，有人在路上勸告他「正心誠意」之論爲孝宗之所厭聞，屆時不要講談其說。朱

〔註59〕《孟子集注・離婁上》「人不足與適也」章，頁291。
〔註60〕《二程集・河南程氏文集》卷六《論經筵第三劄子貼黃》，頁540。
〔註61〕《宋元學案》卷十六《伊川學案下》所引薛敬軒語，頁651。
〔註62〕《朱子語類》卷一〇八《朱子五・論治道》，頁2678。
〔註63〕《朱子語類》卷一〇八《朱子五・論治道》，頁2678。
〔註64〕《朱子語類》卷一〇八《朱子五・論治道》，頁2678。
〔註65〕朱子生卒年爲1130～1200，孝宗生卒年爲1127～1194。朱子在《戊申封事》的結末寫道：「日月逾邁，如川之流，一往而不復反，不獨臣之蒼顏白髮已迫遲暮，而竊仰天顏，亦覺非昔時矣。」《晦庵集》卷十一《戊申封事》，《朱子全書》第20冊，頁613。

子回應道：「吾平生所學，惟此四字，豈可隱默以欺吾君乎？」〔註66〕孝宗對朱子的懇切之言多能開懷容納，往往欲引以自近，而朱子守南康，持浙東、江西之節，也是因爲孝宗知其不可強留而爲之所作的安置。淳熙十五年（1187），朱子除授崇正殿說書〔註67〕，孝宗之意也正是欲聽其講論。朱子雖得以疾力辭，但孝宗師事親近之意甚篤。朱子在此期間，陛對三次，上封事三次〔註68〕。朱子能盡忠，孝宗能受盡言，這不能算得上「不遇」，但朱子所言多痛詆大臣近習〔註69〕。孝宗對他的眷顧並沒消弭群臣的嫉妒，因而朱子不能一日安其身於朝廷之上。這恐怕纔是朱子力辭侍講之職的眞實原因。

　　寧宗即位，朱子因趙汝愚之薦，召赴行在。此前，翊善黃裳善於講說開導，寧宗之學大進。光宗宣諭說：「嘉王進學，皆卿之力。」黃裳辭謝曰：「若欲進德修業，追蹤古先哲王，則須尋天下第一人乃可。」光宗問其人，黃裳以朱子對。後來，彭龜年講《春秋》魯莊公不能制其母事，又以朱子之說進對。自此以後，嘉王每講必問朱子之說若何。寧宗既對朱子傾心已久，履位之初即加召用〔註70〕。

　　朱子作爲寧宗侍講，主要講授其正心誠意之說。朱子共講授七次〔註71〕，所講授之內容都是《大學》。朱子文集有《經筵講義》一卷，講至「所謂誠其

〔註66〕《宋史》卷四二九《道學傳三・朱熹傳》，頁12757。

〔註67〕崇正殿說書，仁宗景祐元年（1034）置，員四人，掌爲皇帝講說經史。其後，凡官卑資淺者入侍講筵，例除此職。神宗元豐（1078～1085）改制，定爲從七品，南宋因之。參見《中國歷代官制大辭典》（修訂版），頁802。

〔註68〕《朱子行狀》，《朱子全書》第27冊，頁550。朱子文集收錄所上封事有《壬午封事》、《庚子封事》、《戊申封事》，另有三篇封事未及上：《己酉擬上封事》、《甲寅擬上封事》、《乙卯擬上封事》（乙卯封事文不錄）。

〔註69〕《朱子語類》關於朱子在孝宗朝內任的言行僅收錄了兩條，這兩條都記錄了朱子痛詆近習大臣之言，第一條說：「置將之權，旁出閹寺……彼雖不敢公薦，然皆託於士大夫之公論，而實出於此曹之私意。且如監司守臣薦屬吏，蓋有受宰相、臺諫風旨者。況此曹姦僞百出，何所不可！」第二條說：「陛下但見列薦於朝廷之上，以爲是皆公選，而不知皆結託來爾。且如今之文臣列薦者，陛下以爲果皆出於公乎？不過有勢力者一書便可得。」這兩條內容大致相似，似是一時之言而兩人所記詳略不同，但都是朱子對孝宗自以爲是的公選、公薦進行了否認。見於《朱子語類》卷一○七《朱子四・內任・孝宗朝》，頁2658～2659。

〔註70〕綜合王懋竑：《朱子年譜》紹熙五年秋七月條，《朱子全書》第27冊，頁365。

〔註71〕分別是紹熙五年十月辛丑受詔講《大學》；庚戌，經筵留身，面奏四事；閏十月戊午朔，晚講《大學》至盤銘「日新」。次日，編次講章以進。庚申，早講。辛酉，晚講。丙子，晚講，是日御批除宮觀。見於《朱子全書》第27冊，頁373～383。

意者毋自欺也」章而止。朱子最終雖未講完《大學》，但其經義與格局並未出乎朱子《大學章句》。

1. 朱子為寧宗講《大學》之經〔註72〕

大學乃是大人之學，講的是窮理、修身、齊家、治國、平天下之道。人生而自具仁、義、禮、智之性，又處君臣、父子、兄弟、夫婦、朋友之倫。天理無不具於一人之身，但人有血肉之身就不能無氣質之偏和私欲之蔽，「不能皆知其性，以至於亂其倫理而陷於邪僻」，要復其性、盡其倫，就要去其氣質之偏、物欲之蔽。古代聖王創設學校，自天子至於庶人無不學，天下國家「治日常多而亂日常少」。周衰，聖賢不作，小學之教廢而行藝不修，大學之教廢而道德不明，其書雖存而僅為誦說口耳之資，是以「風俗敗壞，人才衰乏」，「治日常少而亂日常多」。此番講《大學》，也正因《大學》乃孔氏遺書，是初學入德之門，後之君子欲修己治人，豈可捨是而他求。

人物所資的陰陽五行之氣有偏正，有通塞，有清濁，有純駁，得其正且通者為人，得其偏而塞者為物；得其清且純者為聖賢，得其濁且駁者為愚不肖。聖人能全其所得之全體，「氣與理一，而無物欲之蔽」，萬理粲然，虛靈不昧，這就是《大學》所謂的「明德」。人之所以異於禽獸者以此，而堯舜參天地、贊化育者也不外乎此。相反，若拘於氣稟濁駁之心、沉於聲色貨利之欲，將不免昏昧無明，陷於情欲利害之私。這樣的人就與禽獸相去不遠了。因此，《大學》以格物致知之說「即其所養之中而發其明之之端」，又以誠意、正心、修身之目「因其已明之端」，「而致其明之之實」，這樣就無氣質物欲之累，而復得其本然之明。先知先覺有覺醒後知後覺的責任，這就是《大學》所說的「新民」。新民是先知先覺者「推吾之所自明者以及之」，始於齊家，中於治國，而終於平天下，使之「如我之有以自明，而去其舊染之汙」。明德、新民都要止於至善之地而不遷，這樣纔能不有過與不及之差。物格知至而於天下之事皆有以知其至善之所在，這正是吾所當止之地。知止就能志有定向，心不外馳，所處即安，思無不審，無不各有所得。明德、新民是內外相對的兩物，明德為本，新民為末，欲治人者不可不先於治己；知止、能得是首尾相因的一事，知止為始，能得為終，欲體道不可不先知道。若能先其本而後其末，先其始而後其終，則其進有序而違道不遠。

〔註72〕 以下文字綜合《晦庵集》卷十五《經筵講義》，《朱子全書》第 20 冊，頁 691
～713。

　　《大學》三綱領之下又有八條目，其中格物、致知、誠意、正心、修身是明明德之事，齊家、治國、平天下是新民之事；格物、致知是求知至善之所在的途徑，自誠意至平天下是求得至善而止之的過程。自明其德而能新民，則天下之人皆有以明其明德，各誠其意，各正其心，各修其身，各親其親，各長其長，天下無不平之理。天下之本在國，故應治其國；國之本在家，故應齊其家；家之本在身，故應修其身；欲修其身，先正其心；欲正其心，先誠其意；欲誠其意，先致其知；致知又在格物。物格然後知致，知致而後意誠，意誠而後心正，心正而後身修，身修而後家齊，家齊而後國治，國治而後天下平，能如此，則不必求之智謀功利之末。

　　在八條目中，朱子特表出修身、齊家兩條，似是為孝宗、光宗和寧宗家事而發。他提醒寧宗留意其間的因果關係，因為人君具有正本清源的示範作用：「君猶表也，民猶影也，表正則影無不正矣；君猶源也，民猶流也，源清則流無不清矣」。朱子期望寧宗在閑暇之時將《大學》文句從容諷味，常存於心，每出一言則必反而思之：「此於修身得無有所害乎？」每行一事則必反而思之：「此於修身得無有所害乎？」小到嚬笑念慮之間，大到號令黜陟之際，無一不反而思之，必以無害而後從之。清晨起身則思「吾於吾親得無有未厚乎」，晚間睡前則思「吾於吾親得無有未厚乎」，以至於出入起居，造次食息，無時不反而思之。其厚者當守而勿失，一有未厚，則又恐懼而益加厚，念念如此，無少間斷，則庶乎身修親悅，威行天下而無難事。

　　朱子建議寧宗先讀《大學》經文，將大學的綱領、條目了然於胸。經文既熟，再博考傳文，隨事體察，實致其力，使明德、親民無不止於至善，意誠、心正、身修、家齊、國治、天下平之效自能呈現於天下。這樣，大學之道就「不在於書而在於我」。

2. 朱子為寧宗解《大學》之傳

　　人的明德由天所賦，是至善之所存，其全體大用無時不發見於日用之間，事親事長，飲食起居，各有所當然之明法。文王無氣稟、物欲之偏蔽，故「克明德」。人們由於先天氣稟不齊，又有後天的物欲害之，不能有察於此，所以其德不明。惟有常目在之，無少間斷，真若見其「參於前」、「倚於衡」（《論語‧衛靈公》），則明德常明而天命在我。同時，德有小大，堯能明其大德，而不陷於一物之小，無昏昧狹小之累。能自明明德，纔能治天下國家而新民。

朱子對傳之「新民」章的解讀尤為酣暢淋漓，如行雲流水，飄逸無滯：存養省察之功不可間斷，這樣纔能日新其德。古之聖賢兢兢業業，雖無時不戒謹恐懼，然猶恐有所怠忽，於其常用之器各因其事而刻銘以致警戒，這樣做正是為了常接乎目，每警乎心，而不至於忽忘。湯的沐浴之盤刻著「苟日新，日日新，又日新」的銘辭，正是以沐浴而喻修德：人有此德正如人有此身，德之本明正如身之本潔，德之明而利欲昏之，正如身之潔而塵垢汙之。若以存養省察之功去除利欲之昏而日新之，則疏瀹澡雪，而有以去其前日塵垢之汙。然既新矣，而所以新之之功不繼，則利欲之交將復有如前日之昏，猶既潔矣，而所以潔之之功不繼，則塵垢之集將復有如前日之汙，故必因其已新而日日新之，又日新之，使其存養省察之功無少間斷，則德性常明而不復為利欲昏之，亦如人之一日沐浴而日日沐浴，又無日而不沐浴，使其疏瀹澡雪之功無少間斷，則身常潔清而不復為舊染之汙。

在朱子的聖人譜系中，湯是「反之而至於聖」者，因學於伊尹而有感於沐浴之事，刻銘於盤以自戒。湯「不邇聲色，不殖貨利」，又能「以義制事，以禮制心」，「從諫弗咈」，「改過不吝」（以上各句語出《書·仲虺之誥》），「與人不求備，檢身若不及」（《尚書·伊訓》），這都是其日新工夫所致。《商頌·長發》稱贊湯「聖敬日躋」，更道出「敬」是其日新所本。周武王是聞湯之風而興起的聖人，武王踐阼之初，受太公丹書之戒，於其几席、觴豆、刀劍、戶牖、盥槃之間，無不銘刻其辭。湯、武戒謹恐懼的日新之功正是萬世帝王之法。

「苟日新，又日新，日日新」既是自明之至，也是新民之端。「作新民」是武王勉勵康叔鼓舞作興那些「染紂汙俗而失其本心」的餘民，使之振奮踴躍，去惡遷善，捨其舊而進乎新。《詩經·周頌·文王》說「周雖舊邦，其命維新」，講的正是周自后稷以來千有餘年，至於文王而聖德日新，民心歸向，奄有四海，其邦雖舊而天命猶新。

朱子對這段文字的解讀將其引申至君德和天命。朱子說「民之視效在君，而天之視聽在民」，若君德昏蔽穢濁而無以日新，民德也會隨之而日入於亂。民俗既壞，則天命去之，國勢衰弊，無復光華，如人向老，如日將暮，日凋日瘁，日昏日暗，不覺滅亡之將至。因此，人君要自新而推以及民，則天命之新將不旋踵而至。

天生烝民，有物有則，萬物庶事莫不各有其當止之所，但其所居之位不同，則所止之善不一，為人君要止於仁，為人臣要止於敬，為人子要止於孝，

爲人父要止於慈，與國人交要止於信，此皆出於天命之自然。眾人昏於氣稟物欲，不能常敬而失其所止，而聖人之心表裏洞然，無一毫之蔽，故能連續光明，所止莫非至善。學者誠能緝熙「其發於本心之不容已者」，因事推窮以至其極，又推類以盡其餘，則天下之物皆能有以見至善之所在而得其所止，敬止之功自與文王無異。講於學者精益求精（智），修於身者密而求密（仁），擇善固執，日就月將，正是止於至善的途轍。嚴敬存乎中，輝光著於外，晬面盎背，施於四體，正是止於至善的效驗。

聖人聖德仁熟，故都能極天下之至善，畏服民心，不必區區於紛爭辯訟之間而自無訟可聽。己德既明而民德自新，恰是知本、得本之明效。

「克明德」是希望學者自強其志以勝其氣稟之偏，勝其物欲之蔽而明其明德；「顧諟天之明命」是希望學者令天理心存目在而不可頃刻忘懷；「苟日新，日日新，又日新」是希望學者深自省察，一日沛然去惡遷善，則又如當日日加功而無所間斷；其言「如切如磋，如琢如磨」，是欲學者不以小善自足而益進其功，以求止於至善。凡此數者，其言雖殊，其意則一。朱子深願寧宗留意於此而實致其功，必使一日之間曉然有以見夫氣稟物欲之爲己害，脫然有以去之而無難，則天理之明瞭然在目，而有以爲日新之地。然後日日新之，又日新之，如既切而復磋之，如既琢而復磨之，以至於至善在我而無所不用其極，則宋雖舊邦，而天之所以命陛下者則新。

大學綱領有三，條目有八，而格物致知最爲先務，可是古本《大學》遺失了「格物致知」傳，僅殘存「此謂知之至也」一句，因而不知其發明此旨者果爲何說，十分可惜，好在有程頤及其門人之言尚可補其缺。程頤、謝良佐、尹焞對《大學》「格物致知」傳的理解雖非其原文，卻深得聖經之旨，可藉此而得傳文梗概：天道流行，造化發育，莫不各有當然之則具於人心。人同此心，心同此理，一人之心可盡知天下萬物之理，但氣稟之偏又使人不能窮盡其理。理有未窮，則知有不盡；知有不盡，則心之所發不能純於義理而無物欲之私。格物窮理、窮理盡性的這個前提沒有完成，則意有不誠，心有不正，身有不修，而天下、國家不可得而治。這就是人與物、聖與愚相差殊絕的所在。因此，聖人設小學而使人習其誠敬，養其德性，收其放心；設大學而使人窮究天下萬物之理而致其知識。若其用力之方，則或考之事爲之著，或察之念慮之微，或求之文字之中，或索之講論之際，使於身心性情之德、人倫日用之常，以至天地鬼神之變、鳥獸草木之宜，以此見其所當然而自不

容已者，從容反覆而日從事於其間，就能一日脫然貫通，天下之理皆能究其表裏精粗之所極，我之聰明睿知也能極其心之本體而無不盡。

「格物補傳」雖出管窺臆測，但都合乎聖經賢傳之意，是造道入德之方。上古之世，天下無不學之人，王子爲臣爲子時若能涵養其本原，開導其知識，君臨天下時就能內外凝肅，思慮通明，秉本執要，醻酢從容，取是捨非，賞善罰惡，姦言邪說不能亂其心術。後世教化不行，尊貴者幼不知小學之教，長無進乎大學之道，一旦居尊而臨下則不能應變制命。人君手握天下之圖，身據兆民之上，心若茫然不知所以禦之之術，將不免置身危累，因而要深思猛省，痛自策勵，兼取孟子、程氏之言，以敬求其放心，就可以涵養本原而致其精明，以爲窮理之本。

人心雖知善之當爲、欲爲，但氣稟之雜和物欲之私常常使人對善的體認有不實，故不免於自欺，於是外雖欲善惡惡，而其隱微之間常不欲、不惡。要誠其意，就不能自欺，好善如好好色，惡惡如惡惡臭，表裏如一，使方寸之間無纖芥不快不足之處。隱微之間的不善是人無法掩藏的，如十目之所同視，如十手之所同指，十分可畏。小人自欺，以爲可以欺人，其跡不惟形於念慮之間，也見於行事之際。同樣，隱微之間的善也會形之於外，就像多財之人，其屋必美；有德之人，其身必修；其心廣大，體必安舒。因此，君子要致謹於此，充實其善，盡去其私。

朱子還將誠意與致知聯繫在一起，因爲知至是意誠的前提。知至則能考量是非得失，剖析毫釐，無自欺之弊而謹於隱微之間；知有不至之處，必藏其惡而不免於自欺，雖欲謹獨而亦無所憑藉。人君託乎兆民之上，念慮之間一有不實，不惟要遭受天下的議論，還會讓難以遏止的禍亂有機可乘，可畏之處更甚於十目所視，十手所指。寧宗要對此深加省察，實用工夫，否則經筵上的區區講讀也不過是「觀聽之美」，不能窒禍亂之原，無益於治道。

二、朱子與聞寧宗朝的時政

朱子作爲寧宗帝師，並未僅僅以侍講爲職事，他雖立朝僅四十餘日，卻深深地捲入當時的政爭，由此而啓出了朱子生命之中最爲凶險的禍端，下就詳述之。

1. 關於孝宗的山陵議和祧廟議

孝宗山陵的最初選址不當，土肉淺薄，掘深五尺則有水石，而改選的新穴也僅比舊址高出尺餘。孫逢吉請求再寬時日，另行選址。但是，早先負責選址的留正、劉德秀等人為之懼憚，選址的奏議就不了了之。於是，朱子上書說：

> 壽皇聖德神功，宜得吉土以奉衣冠之藏。當廣求術士，博訪名山，不宜偏信臺史周上誤國之言，固執紹興坐南向北之說，委之水泉砂礫之中，殘破浮淺之地〔註73〕。

朱子堅持要為孝宗山陵重選理想位置，乃是因為他以忠鯁之心對孝宗的知遇感恩〔註74〕。疏上之後，未引起朝廷的回應。朱子就趁經筵留身，向寧宗面陳孝宗陵寢改兆事宜，但最後雖依舊不了了之。

孝宗山陵選址引發的爭議尚未平息，寧宗詔議祧廟事宜再次引起士大夫內部的爭端。先是，太祖始尊僖、順、翼、宣四祖之廟，英宗治平間以世數浸遠，遷僖祖於夾室。其後，王安石認為僖祖有廟，應與商周遠祖契、后稷有廟無異，遂復其舊。至孝宗祔廟，禮官孫逢吉、許及之、曾三復認為當祧僖、宣二祖，另建始祖廟四時尊奉，太廟則奉太祖居第一室。趙汝愚、陳傅良、樓鑰、彭龜年等人附和贊同。由於當年程頤也支持王安石的看法，朱子於此堅決反對。為避免不必要的口舌之爭，朱子上《祧廟議狀》說道：

> 熹今竊詳群議，其說雖多，而撥以《禮經》，皆有可疑。如曰藏於太廟之西夾室，則古者唯有子孫祧主上藏於祖考夾室之法，而無祖考祧主下藏於子孫夾室之文。昔者僖祖未遷，則西夾室者，僖祖之西夾室也。順、翼二祖之主藏焉而無不順之疑。今既祧去僖祖，而以太祖祭初室矣，則夾室者乃太祖之夾室。自太祖之室視之，如正殿之視朵殿也。子孫坐於正殿，而以朵殿居其祖考，於禮安乎？此不可之一也。至於祫享，則又欲設幄於夾室之前而別祭焉，則既不可謂之合食，而僖祖神坐正當太祖神坐之背，前孫後祖，此又不可之二也。如曰別立一廟以奉四祖，則不惟喪事即遠，有毀無立，而所立之廟必在偏位，其棟宇儀物亦必不能如太廟之盛，是乃名為尊祖而實卑之。又當祫之時，群廟之主祫於太廟，四祖之主祫於別

〔註73〕黃榦：《朱子行狀》，《朱子全書》第27冊，頁554。
〔註74〕《朱子大傳》，頁912。

廟，亦不可謂之合食。此又不可之三也。如曰藏主於天興殿，則宗廟、原廟，古今之禮不同，不可相雜，而不得合食，亦與別廟無異。此又不可之四也。凡此數者，反覆尋繹，皆不可行。議者亦皆知其不安，而不知所以然者，特以其心急欲尊奉太祖，三年一祫，時暫東向之故，而爲此紛紛，不復顧慮。殊不知其實無益於太祖之尊，而徒使僖祖、太祖兩廟威靈常若相與爭校強弱於冥冥之中，並使四祖之神疑於受擯，徬徨躑躅，不知所歸，令人傷痛不能自已。不知朝廷方此多事之際，亦何急而爲此也？今亦無論其他，但以太祖皇帝當日追尊帝號之心而默推之，則知太祖今日在天之靈於此必有所不忍而不敢當矣。……且孔子論武王、周公之孝而曰：「踐其位，行其禮，奏其樂，愛其所親，敬其所尊，事死如事生，事亡如事存，孝之至也。」今天下既踐太祖之位，行太祖之禮，奏太祖之樂矣，則當愛太祖之所親，敬太祖之所尊，所以事太祖者無以異於生存之時，乃爲至孝。而議者顧欲黜其所追尊之祖考置之他所，而又未有一定之處，是豈所謂愛敬其所親尊而事之如生存之時乎？……然今日宗廟之制未能如古，始以權宜而論之，則莫若以僖祖擬周之后稷而祭於太祖之初室，順祖爲昭，翼祖爲穆，宣祖爲昭，而藏其祧主於西夾室。太祖爲穆，擬周之文王爲祖而祭於太廟之第二室。太宗爲昭，擬周之武王爲宗而祭於太廟之第三室；其太祖、太宗又皆百世不遷而謂之世室。眞宗爲穆，其祧主亦且權藏於西夾室。仁宗爲昭，爲宗，而祭於第四室，亦爲世室，如太宗之制。英宗爲穆，藏主如眞宗之制。神宗爲昭，祭第五室。哲宗爲穆，祭第六室。徽宗爲昭，祭第七室。欽宗爲穆，祭第八室。高宗爲昭，祭第九室。孝宗爲穆，祔第十室。異時高宗亦當爲宗，爲世室，如太宗、仁宗之制。三歲祫享，則僖祖東向如故，而自順祖以下至於孝宗，皆合食焉，則於心爲安而於禮爲順矣〔註75〕。

寧宗覽奏，爲此宣引朱子入宮，入對賜食，讓他敷陳其說。朱子將事先準備好的圖本拿出，邊說邊指畫，貼說非常詳盡。寧宗再三稱善，且曰：「可於榻前撰數語，俟徑批出施行。」朱子正自不滿皇帝繞過大臣自作內批的作風，遂建議臣僚集中討論這件事。不過，趙汝愚已無意遷延時日，決意採納

〔註75〕　《晦庵集》卷十五《祧廟議狀並圖》，《朱子全書》第20冊，頁721～722。

陳傅良的建議，開始實施。等到朱子把上意曉喻廟堂時，他就聽說僖、宣之廟被毀，已經建好別廟祭祀僖、順、翼、宣四祖〔註 76〕。事已如此，朱子措手不及，不得不接受這個既成的事實。

　　朱子圍繞孝宗祔廟這個問題而與趙汝愚、陳傅良等人展開的爭論看起來是以僖祖爲始祖，還是以太祖爲始祖的問題〔註 77〕，但其實質卻是朱子與永嘉學派禮學之爭的延續，也是義理與功利之爭的延續。在這場爭論中，永嘉學者陳傅良爲僖祖祧遷提供了理論準備和精神支持〔註 78〕，他的高明之處在於將始祖廟和太祖廟分立（即僖廟從太廟遷出來之後，爲其另立萬世不毀的始祖廟），這樣既便於孝宗祔廟，又承認了僖祖作爲始祖的地位。陳傅良這種操作方法於經典有據，且行之便利，得到趙汝愚、樓鑰等人的支持自在情理之中。朱子則認爲，陳傅良此法的經典依據不可靠，因爲那些文字不是先秦時代就已流傳的經典原文，而是漢唐人所作的注疏。

　　朱子與陳傅良的祧廟之爭，既是向來學術取向不一致，也是爲各自學術地位而爭。永嘉學派向來關注漢唐以來的典章制度沿革，尤其注重「外王」制度層面的建設。祧廟之議的失敗無疑給朱子的學術自信以沉重的打擊和深刻的警醒。朱子意識到，他自己孜孜以求的性理之學若不能與具體的禮制結合起來，終究無法推展到施行層面，這也正是其晚年轉向禮學，作爲《儀禮經傳通釋》的內在原因〔註 79〕。

2. 圍繞妥善處置韓侂冑事宜而引發的風波

　　如果說圍繞孝宗後事展開的爭論尚多停留在士大夫群體之內，那麼，光宗內禪之後那些沒有得到妥善解決的問題所帶來的深重隱患則加劇了宋代政治環境的惡化。這其中最重要的問題，乃是如何妥善酬答韓侂冑的擁立之功。

　　寧宗之立，韓侂冑與有功焉。韓侂冑是北宋名相韓琦曾孫，其母乃高宗憲聖皇后的妹妹，其妻爲憲聖皇后的侄女，其侄女爲寧宗皇后。憑著這樣顯赫的出身和複雜的關係，韓侂冑便與宮廷大內產生千絲萬縷的關聯。孝宗崩，

〔註 76〕　《朱子年譜》紹熙五年閏十月「甲子上廟祧議」條，《朱子全書》第 27 冊，
　　　　　頁 380。
〔註 77〕　《朱子大傳》，頁 914。
〔註 78〕　據萬人傑所記，「先生獨建不可祧之議。陳君舉（傅良）以爲不然，趙撙（汝
　　　　　愚）亦右其說。」《朱子語類》卷一○七《朱子四・內任・寧宗朝》，頁 2660。
〔註 79〕　殷慧、肖永明：《學術與政治糾結中的朱熹祧廟之議》，《湖南大學學報》（社
　　　　　會科學版）2009 年 7 月第 23 卷第 4 期，頁 21～24。

光宗懾於皇后之威不能執喪，無以成服，中外言論洶洶。留正、趙汝愚議定逼迫光宗禪位，策立嘉王趙擴，一籌莫展之際纔遣韓侂冑密奏憲聖太后。韓侂冑兩至宮門不能獲命，正在徬徨欲退之際，遇到孝宗重華宮提舉關禮。關禮入白憲聖太后，言辭懇切，擁立新君的決議當即得到太后支持。當時日已向夕，趙汝愚得到韓侂冑的消息後，亟命殿帥郭杲帥兵守衛南北大內。翌日，憲聖太后垂簾聽政，趙擴即皇帝位，是爲寧宗。

寧宗在倉促之間被擁立大位，雖有不得已的因素在，但寧宗的心跡也有不可告人之處。王夫之對寧宗的心曲可謂推闡得淋漓盡致：

> 光宗雖云內禪，其實廢也。寧宗背其生父，正其不孝之罪；而急奪其位，且以扶立者爲有大勳勞而報之，天理民彝，其尚有毫髮之存焉者乎？寧宗以是感侂冑而重任之，加以不貲之榮寵。人知光宗之不孝，而不知寧宗之不孝，尤倍於光宗。忠定（趙汝愚）其忍以此自待，忍以此待其君乎？寧宗之立，忠定處於不得已之勢，無可曲全，而行非常之事。……所冀者，寧宗而有人之心邪？婉順以事父母，而消其嫌隙；抱愧以臨臣民，而勤於補過；塗飾以蓋君父之愆，隆恩以報孝宗之德。則寧宗可無疚於天人，忠定亦自安其夙夜。此之不務，施施然佩扳己者以爲德，獎廢父者以爲功，若奪拱璧於盜賊之手，而勒其勳勞於旂常以告天下。則忠定之生，不如其竄死，宋室之安，不如其瀕危矣〔註80〕。

職是之故，朱子首次入對，即對寧宗因政變即位而「不能無疑於逆順名實之際」深感憂慮，勸誡他要「充吾未嘗求位之心，則可以盡吾負罪引慝之誠；充吾未嘗忘親之心，則可以致吾溫清定省之禮。始終不越乎此，而大倫可正，大本可立矣」〔註81〕。

寧宗既立，韓侂冑認爲自己作爲宰執與太后間的線人而有擁立大功，但其官僅遷宜州觀察使兼樞密都承旨。趙汝愚對他說：「吾宗臣也，汝外戚也，何可以言功？惟爪牙之臣，則當推賞。」韓侂冑看到同樣作爲擁立之臣的郭杲得加節鉞（節度使），深感不平，他對趙汝愚的絕望可想而知〔註82〕。韓侂冑本想親近士大夫群體，而士大夫僅視其爲皇帝身邊的近習，既未肯定他的

〔註80〕 王夫之：《宋論》卷十三寧宗一，北京：中華書局，1964，頁 224～225。
〔註81〕 《晦庵集》卷十四《甲寅行宮便殿奏劄一》，《朱子全書》第 20 冊，頁 667。
〔註82〕 《宋史》卷四七四《姦臣傳四・韓侂冑傳》，頁 13771～13772。

功績，也未能深加敬禮。據《宋史·留正傳》載，韓侂胄爲參與寧宗朝時政，多次出入宰相辦公之地，留正令人申斥他說：「此非知閣日往來之地。」韓侂胄含怒而退〔註83〕。

朱子深知韓侂胄的複雜關係，深懼韓侂胄居中用事、干預朝政，乃上疏寧宗：「其實有勳庸而所得褒獎未愜眾論者，亦詔大臣公議其事，稽考命典，厚報其勞。」〔註84〕此外，他還多次託生徒給趙汝愚帶密信，認爲當初光宗內禪之際不得不仰賴韓侂胄，事定之後當以厚賞酬答其勞，處之大藩，出之於外，勿使干豫朝政。這樣纔能分界限、立綱紀，防微杜漸，保全朝廷事體。趙汝愚不以爲意，聽信韓侂胄「不愛官職」之言，一直把他視作好人，他的心腹謀臣也持祿苟安，沒有遠慮〔註85〕。

此時，韓侂胄在暗中與其黨徒謀劃攻去朱子之計。伶人王喜受韓侂胄的誘惑和唆使，刻木爲朱子像，於禁中模仿朱子峨冠博帶，講說性理，容止進趨，嬉戲玩樂，有意敗壞朱子師尊道嚴的形象。紹熙五年（1194）閏十月十九日，朱子感覺到巨大的危機已無可避免，就趁著晚講留身，繼續向寧宗施加壓力，提醒他留意近習干政之弊：

> 中外傳聞，無不疑惑，皆謂左右或竊其柄，而其所行又未能盡允於公議乎！此弊不革，臣恐名爲獨斷，而主威不免於下移，欲以求治而反不免於致亂。蓋自隆興以來，已有此失，臣嘗再三深爲壽皇（孝宗）論之，非獨今日之憂也。尚賴壽皇聖性聰明，更練世事，故於此輩雖以驅使之故，稍有假借，實亦陰有以制之，未至全墮其計。然積習成風，貽患於後，其害已有不可勝言者。如陳源、袁佐之流，皆陛下所親見也，奈何又欲襲其跡而蹈之乎！且陛下自視聰明剛斷，孰與壽皇？更練通達，孰與壽皇？壽皇尚不能制之於前，而陛下乃欲制之於後，臣恐其爲患之益深，非但前日而已，此又臣之所大懼也〔註86〕。

寧宗對朱子事事與聞朝政的做法更加不滿。朱子退後，寧宗內批徑下：「朕憫卿耆艾，當此隆冬，恐難立講，已除卿宮觀，可悉知。」趙汝愚獨袖內批

〔註83〕　《宋史》卷三九一《留正傳》，頁 11976。
〔註84〕　《宋史》卷四二九《道學傳三·朱熹傳》，頁 12764。
〔註85〕　綜合《朱熹年譜長編》卷下紹熙五年十月「致書趙汝愚」條，頁 1160～1162。
〔註86〕　《晦庵集》卷十四《經筵留身面陳四事劄子》，《朱子全書》第 20 冊，頁 681。

還上，且諫且拜，寧宗不可。韓侂冑必欲逐去而後快，乃於二十一日遣中使以內批授朱子。給事中樓鑰、中書舍人陳傅良等交章挽留，皆不報。

工部侍郎黃艾詢問爲何將朱子突然外放，寧宗說：「初除某（朱子）經筵爾，今乃事事欲與聞。」吏部侍郎兼侍講孫逢吉上書挽留，並講《秦風‧權輿》之詩〔註87〕，反覆諷諫善始善終之意，寧宗說：「朱熹所言，多不可用。」〔註88〕綜合寧宗回答黃艾、孫逢吉的話語可大致勾勒出朱子被逐的原因：朱子憑藉侍講的身份欲格君心之非，參與了寧宗朝諸多非常敏感的時政，而寧宗希望朱子「思不出其位」，並不願朱子越出其經筵講師的邊界而對朝政施加影響，何況朱子提出的建議往往迂闊而不周於事情。寧宗即位尚未改元，朱子立朝四十六日的侍講生涯就這樣戛然而止，不得不令人唏噓。朱子爲此作詩說：「徙倚非無計，心期莫與同。向來歡會處，離合太匆匆。」〔註89〕

此後，韓侂冑藉助臺諫之力先後排擠了宰執留正、趙汝愚，爲趙汝愚辯護的士大夫也紛紛被冠以「僞徒」之名遭到黜斥。韓侂冑反擊之淩厲，出乎道學家的想像，爲清除趙汝愚的支持者，他還復立「僞學」之名，入籍者凡五十九人，朱子亦遭受牽連。光宗內禪引發的宮廷巨變因利益分配不均而引發了文官集團的分化與決裂。朱子在寧宗面前攻擊韓侂冑時，實際上就已將這種衝突白熱化了。

綜合以上三事來看，朱子的從政經歷具有非常明顯的理想主義。他有意以「四書」作爲現實政治的思想資源和施政依據，著力實現他藉助「四書」而構建的「內聖外王」之理想。不過，他對現實政治缺乏足夠的經驗，且未能充分整合各學派的優勢，這使得他往往孤立無援地對抗整個世俗化的官僚集團，一次又一次的慘痛經歷既暴露出理想與現實的巨大差距，也充分說明朱子「內聖外王」的理想若要在現實政治中產生切實的影響還有很長一段道路要走（尤其是政制構建方面）。施政的失敗固然有人心人性的因素，但並不能將全部因素甚至主要因素歸之於人性之私、人情之僞，如何引導人爲善而不爲惡，除了道德的自我覺解，尚需有效的制度構建作爲約束或導引，但朱子學說強烈的排他性使他不可能眞正對此有所完善乃至認識到這個問題。這正是朱子「內聖外王」觀念局限性。

〔註87〕 《毛詩小序》：「《權輿》，刺康公也。忘先君之舊臣與賢者，有始而無終也。」
〔註88〕 《朱子年譜》紹熙五年十二月「丙子晚講」條，《朱子全書》第27冊，頁383。
〔註89〕 《晦庵集》卷二《即事有懷寄彥輔仲宗二兄二首》其一，《朱子全書》第20冊，頁304。

第八章　辨　朱
——對朱子聖人觀念的述評

一、多元的指向性：誰要成爲聖人

　　但丁（Dante Alighieri）《神曲・地獄篇》（*The Divine Comedy：The Inferno*）中有一個非常神奇的所在，這就是位於地獄第一圈的候判所（the First Circle，or Limbo），這個地方「沒有其它悲哀的表現，只有嘆息的聲音使永恆的空氣顫動。這種嘆息是一大群一大群的嬰兒、婦女和男人並非由於受苦而是由於內心的悲哀而發出來的」。維吉爾（Vergil）向疑惑的但丁解釋道：「我得先讓你知道，他們並沒有犯罪；如果他們是有功德的，那也不夠，因爲他們沒有領受洗禮，而洗禮是你所信奉的宗教之門；如果他們是生在基督教以前的，他們未曾以應該採取的方式崇拜上帝：我自己就在這種人之列。由於這兩種缺陷，並非由於其它的罪過，我們就不能得救，我們所受的懲罰只是在嚮往中生活而沒有希望。」但丁在這裡遇見了寫出《奧德賽》（*The Odyssey*）和《伊利亞特》（*The Iliad*）的荷馬（Homer）、詩人荷拉斯（Horace）、《變形記》（*The Metamorphoses*）的作者奧維德（Ovid）、記載凱撒與龐培戰爭的《法薩利亞》（*Pharsalia*）作者盧卡努斯（Lucan）。此外，不遠處的草地上，有些身形高大相貌堂堂，有些眼神權威而莊重，他們是歷史上偉大的英雄與哲學家，其中有赫克托爾（Hector）、凱撒（Caesar）、薩拉丁（Saladin）等人。令但丁久久無法忘懷的是，是他「稍微抬起眉毛仰望時，看見智者們的大師坐在哲學家

族中間」〔註1〕。維吉爾也處在這候判所之中，他只能引領但丁遊歷地獄、煉獄，而無法引領但丁進入天堂，所以只好由貝雅特麗齊（Beatrice）擔任但丁遊歷天堂的嚮導。荷馬、蘇格拉底（Socrates）、柏拉圖（Plato）、凱撒、維吉爾、奧維德等人因出生在基督之前，就無法進入天堂，而要在候判所經過漫長等待纔能迎來末日審判。相信，在但丁心中，這些人終究還是以天堂為其最後的歸宿。我在翻閱《朱子語類》的時候，看到朱子對古人的評價，不覺想起《神曲》候判所中的那些靈魂。於是，一種恍惚之感黯然而生：朱子並未把那些早已逝去的人物丟進「候判所」，而是直接把他們拉上「審判臺」，而朱子正是那位把握著權衡尺度的無上權威，不論帝王將相，都無法逃脫朱子的「天理」大網。

孟子說「人皆可以為堯舜」（《孟子‧告子下》），這激發起宋儒無限強烈的入聖願望，但是朱子說：「以某觀之，做箇聖賢，千難萬難。如釋氏則今夜痛說一頓，有利根者當下便悟，只是箇無星之稱耳！」因為，聖人是「仁且智」的，智識與德性是入聖的雙翼和兩輪，必於此毫無虧欠纔能悠然入聖，所以即便是顏回、曾子、孟子都不能算得上真正意義上的聖人。聖門高徒暫且不論，漢高祖、唐太宗這些世俗眼中的聖君賢主不但無一可取，甚至賢於盜賊不遠，歷代的聖君賢相也被朱子打落在地，所可取者不過杜甫、范仲淹等數人而已。

那麼，問題就來了：入聖的途徑既如此之艱難，歷史上真正稱得上聖人的少之又少，朱子為何還要耗費畢生的力氣探尋成聖的法門？余英時說道學家雖以成聖為理想，但人人成為聖人並非道學家的真正目的，而是要以此完成秩序的重建。這就意味著，朱子辛辛苦苦建立起來的入聖方法，雖則說是指向其自身的修養，也能以此化育風氣，但在根本上卻是指向君王的。朱子更希望在位的君王成為聖人，這纔是集權時代建立秩序的根本所在。

紹興三十二年（1162）六月，孝宗甫即位，詔求直言。八月，朱子應詔上封事（即《壬午應詔封事》），其核心要義乃在於「講學所以明理而導之於前，定計所以養氣而督之於後，任賢所以修政而經緯乎其中，天下之事無出乎此者矣。」也就是說，人君學與不學，所學正與不正，關乎天下國家的治與不治，所以講學不在於記誦文辭、釋老之書，而在於格物致知、正心誠意

〔註1〕 本段所引文字出自田德旺譯：《神曲》，北京：人民文學出版社，2002，頁22～25。

的「聖帝明王之學」，要留意而毋忽；修政事、攘夷狄應有一定不易之計，但由於這兩者都爲講和之說所牽制，使得氣爲勢所分，志爲氣所奪，因而要罷黜和議，閉關絕約，立綱紀，振風俗，更相激勵，以圖事功，數年之外，志定氣飽，國富兵強，然後視吾力之強弱，觀彼釁之淺深，徐起而圖之，中原故地必爲吾有；四海利病繫於斯民之戚休，斯民之戚休繫乎守令之賢否，監司爲守令之綱，朝廷乃監司之本，欲使斯民皆得其所，則要任人才以正朝廷〔註2〕，而所有的這一切都取決於人君對「聖帝明王之學」的領悟程度和修養所達到的境界。朱松、胡安國等人對於恢復事業的主張在這篇封事中依稀可見，但朱子較其前輩更注重以《大學》、《孟子》等經典作爲新的思想資源來引導、規範甚至約束帝王的觀念與行爲，因此，格物致知、正心誠意、立志養氣不僅關乎帝王自身的修養，更關乎天下的治亂。此後朱子向孝宗所上奏箚並未超出上述《壬午應詔封事》的內容，這也是朱子作寧宗的經筵講師時講授《大學》的原因所在。因此，朱子的入聖之學首先是約束帝王並成就帝王的「聖帝明王之學」。

於此相適應的道統之譜系，自孔子以後都是賢而在下位的人，而後人眼中的聖君賢相卻無一人入其選，於是有「道學」和「道統」之異。朱子的弟子黃榦更是直接混同了「道學」和「道統」，直以孔子以下的傳道者爲「道統」的接續者。這對後世君王來說不得不說是個警醒。「道統」在這個意義上成了儒者約束帝王世俗「治統」的關鍵力量。所以，朱子的入聖方法雖則具有理想化色彩，也沒有人遵循此途而眞正成爲聖人，但他建立起來的「道統」卻成爲與「治統」相抗衡的強大力量。這就使得集權帝王爲治天下時必須要考慮的道德因素。因此，在這個意義上可以說，朱子的聖人觀是積極的。

相比之下，王陽明討論入聖是以平凡人爲基礎，因爲朱子學說自南宋至明代的實踐已經證明，要以此引導大權在握的君王超然入聖無異於癡人說夢，所以王陽明的入聖方法更多地是面向普通的芸芸眾生，所以端茶的童子乃至滿大街的路人都可能成爲聖人。這自是陽明學與朱子學由於面向群體的不同而造成的取徑不同。

〔註2〕　《晦庵集》卷十一《壬午應詔封事》，《朱子全書》第20冊，頁569～580。

二、修證的內向性：轉向內在的道德涵養

　　西方文化傳統有「哲學王」的說法。「哲學王」雖與儒家（尤其是朱子）的「內聖外王」有類似之處，但究其實質，兩者的差異相當明顯。柏拉圖（Plato）在《理想國》（*The Republic*）中最初提出了「哲學王」理念：「除非哲學家成為我們這些國家的國王，或者我們目前稱之為國王和統治者的那些人物，能嚴肅認真地追求智慧，使政治權力與聰明才智合而為一。那些得此失彼，不能兼有的庸庸碌碌之徒，必須排除出去。否則的話，……，對國家甚至我想對全人類都將禍害無窮，永無寧日。我們前面描述的那種法律體制，都只能海客談瀛，永遠只能是空中樓閣而已。」〔註3〕貴族出身的柏拉圖悲傷於蘇格拉底（Socrates）之死，對雅典自我標榜的民主政制深深不滿，對萊庫格斯（Lycurgus）為斯巴達（Sparta）創立的憲法卻情有獨鍾。柏拉圖以斯巴達為原型構建了西方歷史最早的「理想國」（烏托邦）。這個「理想國」是精英領導的社會，而其基礎卻是一個靠幾代人的教育纔能使人聽信的「高貴的謊言」：神用不同的金屬創造了不同階層的人，用金創造的人是衛國者，用銀創造的人是士兵，用銅鐵創造的人是普通民眾。這個「高貴的謊言」一旦在幾代人之間形成習焉而不察的認知慣性，自會逐漸被人淡忘這個謊言的真實性。柏拉圖認為，「正義」是各階層各盡其分，各守其責，因此各階層之間的流動性很小。生活在這個理想國中的人們，更是過著斯巴達式的生活，幾乎沒有個體的私人空間，更難有自己的獨立生活。柏拉圖這種理想的社會政制雖然沒有也不可能真正實現，但「哲學王」的理念卻留存了下來，成為西方理想的統治人格，亞歷山大大帝（Alexander）、奧古斯都（屋大維，Gaius Octavius）、馬可·奧勒留（Marcus Aurelius）都是西方歷史上有名的「哲學王」。「哲學」經畢達哥拉斯（Pythagoras）闡發而成為「愛智慧」之義，因此所謂「哲學王」實則是智慧與權力的結合。在世界和歷史的這個時空大背景之下理解朱子的聖人理念，其典型特色和內在特質更為突出。

　　相比之下，朱子觀念中的聖人是「仁且智」的，聖人不僅要完成德性修養來成己，更要推以及人以成物，德性和智識因素是成聖的雙翼和兩輪，這兩者是並重並行而不可偏廢的。不過，若約而言之，這兩種因素說到底還是內在的自我修養問題，惟有完成這種修養，纔能「剛健篤實，輝光日新」，纔能治國、平天下。能否成為「王天下」的聖人，更多地要倚賴於修養層次的

─────────────────────

〔註 3〕　郭斌和譯：《理想國》第 5 卷 473－E，北京：商務印書館，1986，頁 214～215。

高下。因此，朱子的入聖方法存有很強烈的內在指向。相比於「外王」來說，朱子更注重「內聖」的完成。在他看來，「內聖」的問題解決了，「外王」的功業自是不用求而能自致的附帶問題。在這種意義上來看，朱子的聖人觀念與傳統儒家注重社會治理不同，他更看重人內在的道德力量。由於朱子學自南宋中後期的影響越來越廣泛而深遠，士大夫轉向內在自我修養的傾向越來越明顯。

　　這種轉向內在的修養方式具有很濃鬱的宗教情愫。不論是格物致知，還是正心誠意，都需以「敬」來貫穿始終。朱子將原始儒家本自具有的宗教情愫復活了。儒家以天為最高的存在，天是秩序和道理的源頭與象徵，孔子說「君子有三畏：畏天命，畏大人，畏聖人之言」(《論語・季氏》)，《論語》最後一章以「不知命，無以為君子也」(《論語・堯曰》)開頭，孟子也說「聖人之於天道也，命也，有性焉，君子不謂命也」，「君子行法，以俟命而已矣」(並見於《孟子・盡心下》)。人對天命的敬畏，轉化而為德性的修養，德性也就成為天命之在我的最佳體現。這種敬畏實則是敬畏生命，敬畏秩序。朱子是這一傳統的繼承者，「敬」的宗教情感、宗教意識轉而成為人的內在修養，將內在的「敬」轉化為外在的實踐工夫，這是成為聖人、實現天人合一境界的根本途徑。這種安身立命之學，使人超越了世俗世界所關注的禍福壽夭之說，進而關注於內在的自我修養，而這正是一種神聖的宗教情感〔註4〕。

　　牟宗三說孔子和孟子都未能得意於現實政治，他們的心思大抵用於立教。兩漢雖推尊儒學，但其重點在於傳經，未必真能瞭解孔孟立教的真精神、真形態及其真實內容。所以，孔孟立教的真精神在漫長的歲月中一直沒有機會得到弘揚和提煉。朱子把儒家原有的真精神弘揚成為純粹的「內聖」之教。這不僅是一種純粹的「士」之宗教，更是一種普遍意義上的「人的德行完成之教」，由於成德須有內聖的工夫，所以這又是一種「內聖之教」、「天道性命相貫通之教」。宋儒由於對抗佛教，而把原始儒家當中早就具有的內聖、成德等理念更進一步發揮和錘鍊〔註5〕。

　　因此，儘管朱子所最終完成的道學不屬於宗教，但它卻有著很濃厚的宗教意味。不管是內在的持敬，還是外在的靜坐，朱子都從佛道兩教充分借鑒

〔註4〕　《朱熹哲學十論》，頁149～155。
〔註5〕　《宋明理學的問題與發展》，頁20。

了其長處，恢復了儒家原本自具的宗教情愫，而這種情愫始終是人倫和天理的綰合。

這種轉向內在的修養方式本來是為了約束世俗的權力，而當朱子學說被立為官學之後，世俗的權力又巧妙地將這種約束滑落與轉嫁到普通讀書人身上。當世俗權力對自我修養進行功利性的標榜之後，朱子學說中那些嚴格的道德標準就變異為一種約束身心的強大思想力量，如宋元以來世人標榜節義的背後往往是血淋淋的殘酷現實。因此，戴震批評宋儒「以理殺人」也不是沒有道理，而這正是道德修養宗教化之後變異出來的惡果。

三、鮮明的差異性：兩類聖人的截然劃分

顧頡剛「層疊地造成的中國古史」歷史觀對考察朱子的聖人觀念具有很好的啓示意義。顧頡剛與錢玄同論古史談到，時代愈後，傳說的古史期愈長，如東周初年只有禹；東周末年便有《論語》中所稱述的堯、舜，於是禹之前有更古老的堯、舜了。從戰國到西漢，僞史的撰述又在堯、舜之前加上了伏羲、神農、黃帝等很多古皇帝，這樣禹的時代就近之又近了。同時，時代愈後，傳說中的中心人物形象反而愈放愈大，如《論語》中對舜的稱述很少，且事蹟不詳〔註6〕，對舜的描述還是空空洞洞的，只將他與堯推尊為道德最高、功績最大的古王。但在《論語》之後，堯舜的事蹟在《堯典》、《孟子》等書中卻變得愈發詳備，堯舜的翁婿關係、舜禹的君臣關係以及舜的家庭內部關係都有細節可尋。概言之，古史愈前，文籍越無徵，反而知道的古史愈多，正如「譬如積薪，後來居上」〔註7〕。在這種古史觀的觀照下，朱子的聖人觀念與前代儒者對聖人形象的描述差異就更為明顯。

朱子在描述舜、孔子等聖人形象時，繼承了自春秋戰國以來「內聖外王」這個核心觀念，進而以《大學》、《論語》、《孟子》、《中庸》等經典為基礎，儘量理性與客觀地展現舜、孔子等聖人「仁且智」的形象，這是朱子聖人觀念的核心要義。相對於此前儒者對往聖的頌贊（仰望式的稱引，抒情式的表達），朱子更多地關照他們如何成為聖人（分析式的探究，緊隨其後的追跡），希冀以他們的成聖之路對後世學者（尤其是大權在握的帝王）有所啓迪。在這個意義上來說，朱子繼承並發揚了孟子「人皆可以為堯舜」的觀念，拉近

〔註6〕 《論語》中孔子稱舜僅有三處，稱「堯舜其猶病諸」兩次（見於《論語·雍也》、《論語·憲問》），稱「舜有臣五人而天下治」（《論語·泰伯》）。
〔註7〕 顧頡剛：《古史辨自序》，北京：商務印書館，2011，頁1～7。

了普通人與聖人之間的距離，而朱子對入聖途徑的詳細論述，更使得即凡而聖具有一種現實的可能性。後世學者三讀之後，必會喚起聖人可學而至的豪邁。因此，朱子觀念中的聖人自不同於漢唐時代的聖人，因爲朱子剝離了一直披在聖人身上神秘而怪誕的外衣，將其作爲一生活中可親可敬的人來論述，這樣的聖人自然具有鮮活生命力。

事情的矛盾之處就在於，朱子認爲入聖是千難萬難的，一個人窮其一生之力都很難成爲眞正的聖人。除了上述入聖指向性的問題之外，更重要的恐怕還是因爲朱子對聖人的分類太過執著。《中庸》所說的「自誠明」和「自明誠」，以及「誠者」與「誠之者」，《孟子》中的「身（性）之者」與「反之者」，實際上已經揭示了兩類聖人的存在（即生而爲聖、學而入聖），於是就有了生知之聖和學知之聖。

朱子一再強調聖人可學而至，但實際上他更看重的是生而爲聖的聖人。儘管孔子一再強調自己好學，也一再強調自己並非生而知之，但朱子在注解《論語》相關章節時則一再強調聖人本是生知，孔子之所以否認自己的生知，乃是因爲他要以這謙而又謙的美德來勉勵後進。凡讀過《史記・孔子世家》的人都能夠感受到孔子即凡而聖有一個非常清晰的過程，但朱子正自看輕了孔子在後天修習的這個過程，而必使其成爲像佛陀、老子那樣具有一種天生的神性，這種近似於宗教的神秘性自然是普通人無法具備的。從這個意義上來說，朱子對生知之聖的論述實在出離常情，也遠遠地背離了他一再追求的理性精神。儒學並非宗教，相對於這種神性的描飾，孔子即凡而聖的經歷對普通儒者反而更具吸引力，但朱子一再將孔子描述爲生知之聖，實際上拉大了孔子與普通人的距離。孟子和朱子都談到生知之聖和學知之聖「及其成功一也」，但朱子實際上並未將這兩類聖人等同對待。這就爲後來陽明學的發展留下了很大的空間。《傳習錄》有這樣一段精彩的對話：

> 先生曰：「聖人亦是『學知』，眾人亦是『生知』。」問曰：「何如？」曰：「這良知人人皆有，聖人只是保全，無些障蔽，兢兢業業，亹亹翼翼，自然不息，便也是學；只是生的分數多，所以謂之生知安行。眾人自孩提之童，莫不完具此知，只是障蔽多，然本體之知自難泯息，雖問學克治，也只憑他，只是學的分數多，所以謂之學知利行」。〔註8〕

〔註 8〕 鄧艾民：《傳習錄注疏》卷上第 199 條，上海：上海古籍出版社，2012，頁 195。

　　王陽明的這番說法實際上縮小了學知之聖與生知之聖之間的距離，聖人之間的分別也僅僅成為德性量多與量少的問題，而非根本上質的差異。陳來說，王陽明把聖人與凡人的差異喻為精金成色的純雜有別。一個人是否成為聖人，與其社會地位、職業、學識甚至性別無關，他並不需要像堯、舜那樣創造帝王的業績，也不需要像孔子那樣萬世師表，開千秋學統。只要心中天理純然，不管是茶童還是販夫，他都可以成為當之無愧的聖人。王陽明的聖人觀把聖人變為平民，又把平民變為聖人；把聖人從先前不可企及的神聖中解放出來，又在每個人的內心世界建立起完滿的道德性；把道德性作為理想人格的惟一品質，使理想人格成為倫常日用中可以實現的精神飛躍，從而使有限的生命與無限的追求、平凡的事業與偉大的品格跨越了從前被視為不可逾越的鴻溝。王陽明視域中的聖人不再是傳統文士的聖人，而是擺脫了知性色彩的純粹道德人格和理想，進而對億萬民眾的心靈發生作用〔註9〕：

　　　　希淵問：「聖人可學而至。然伯夷、伊尹於孔子，才力終不同，其同謂之聖者安在？」

　　　　先生曰：「聖人之所以為聖，只是其心純乎天理，而無人欲之雜。猶精金之所以為精，但以其成色足而無銅鉛之雜也。人到純乎天理方是聖，金到足色方是精。然聖人之才力，亦有大小不同，猶金之分兩有輕重。堯、舜猶萬鎰，文王、孔子猶九千鎰，禹、湯、武王猶七八千鎰，伯夷、伊尹猶四五千鎰。才力不同，而純乎天理則同，皆可謂之聖人；猶分兩雖不同，而足色則同，皆可謂之精金。……蓋所以為精金者，在足色而不在分兩；所以為聖者，在純乎天理而不在才力也。故雖凡人而肯為學，使此心純乎天理，則亦可為聖人；猶一兩之金比之萬鎰，分兩雖懸絕，而其到足色處可以無愧。故曰『人皆可以為堯舜』者以此。學者學聖人，不過是去人欲而存天理耳，猶鍊金而求其足色。金之成色所爭不多，則鍛鍊之工省而功易成，成色愈下，則鍛鍊愈難；人之氣質清濁粹駁，有中人以上，中人以下，其於道有生知安行，學知利行，其下者必須人一己百，人十己千，及其成功則一。後世不知作聖之本是純乎天理，卻專去知

〔註9〕　陳來：《有無之境：王陽明的哲學精神》，北京：北京大學出版社，2013年第2版，頁267～268。

識才能上求聖人。以為聖人無所不知，無所不能，我須是將聖人許多知識才能，逐一理會始得。故不務去天理上著工夫，徒弊精竭力，從冊子上鑽研，名物上考索，形跡上比擬，知識愈廣而人欲愈滋，才力愈多而天理愈蔽。正如見人有萬鎰精金，不務鍛鍊成色，求無愧於彼之精純，而乃妄希分兩，務同彼之萬鎰，錫鉛銅鐵，雜然而投，分兩愈增，而成色愈下，既其梢末，無復有金矣。」

　　時曰仁在傍，曰：「先生此喻足以破世儒支離之惑，大有功於後學。」

　　先生又曰：「吾輩用力，只求日減，不求日增。減得一分人欲，便是復得一分天理，何等輕快脫灑！何等簡易！」〔註10〕

　　王陽明實際上更為注重修證聖人之學的人為工夫，肯定了人在這種積累與改變之中所發揮的巨大作用。在這個意義上可以說，相比於朱子的聖人觀念，王陽明對聖人的論述則更具平民特色，也更為強調人原本自具的道德力量。因此，朱子將聖人嚴格依照《中庸》、《孟子》等書分為「生知之聖」和「學知之聖」兩類，就不免顯得有點機械與僵硬。

四、施措的理想性：追跡三代的兩難

　　不管是孔子，還是孟子，他們對現實政治始終抱有一種嚴肅又嚴謹的批評態度，他們都不肯枉尺直尋，以道之行否為出處進退的依據。他們未之能行的施措，也就成為後來學者抱憾而欲行的聖人之政。在「四書」之中，孟子的政治思想尤其具有強烈的理想主義傾向，這成為儒者在幾千年之中不斷批判專制政權的重要力量。不過，孟子把政治生活視為一種「道德社區」，他特別強調道德領域的秩序建立起來後，政治領域的問題也會隨之解決，因而不願承認政治領域也是不同利益群體衝突與協調的場所，隨之也就不太重視政治活動的「自主性」，這使得道德優先性掩蓋了制度構建的重要性〔註11〕。

　　孟子思想在宋代復興之後，朱子所高蹈的理想主義和施政舉措主要以孟子為依歸，如其行經界，如其言恢復，如其格君心之非，無一不隱含著孟子的身影。朱子從政以來，多居宮觀之類的閒散之職，常年以著書立說、教授

〔註10〕《傳習錄注疏》卷上第99條，頁63～64。
〔註11〕黃俊傑：《孟子》，頁93～94。

生徒爲主，雖有外任，歷時也短，立朝更是僅有四十餘日，因而朱子比較缺乏實際的政治經驗，其行政也多依據經書，雖有變古的精神，但仍脫不開照書行事的執拗。

最具代表性的施措是朱子行經界之法。經界之法作爲王政之始雖在《孟子》有據可循，但畢竟廢之已久，諸儒雖有願望實現這一理想，但更多地只停留在討論層面，而朱子在其漳州任上以一己之力推而行之，最後不了了之。這個遺憾後來被賈似道作爲政治口號起而行之，不但沒有改變南宋衰頹的局勢，反而加速了其滅亡。朱子學說被大姦之人操而執之，成爲以此號令天下的嚆矢，這不得不令人深思。

如果說前文所引歐陽修所作策論是在追問經界之法的施措之宜〔註 12〕，那麼王夫之當明清之際對兩宋實施經界之法所進行的述評，恰好可以作爲歐陽修這篇策論的答案：

> 古之人民，……其耕其蕪，任其去就，田無定主，而國無恒賦。且九州之土，析爲萬國，迨周併省，猶千有八百諸侯，自擅其土以取其民，輕重法殊，民不堪命。故三代之王者，不容不畫井分疆，定取民之則，使不得損益焉。民不自爲經界，而上代爲之。非此，則擇肥壤，棄瘠原，爭亂且日以興，蕪萊且日以廣。故屈天子之尊，下爲編氓作主伯之計，誠有不得已也，夫豈以限萬世而使必服其征哉！……
>
> 及漢以後，天下統於一王，上無分土踰額之征，下有世業相因之土，民自有其經界，而無煩上之區分。至於兵火之餘，脫鋒刃而務菑畬者，或弱民有田而不敢自列於戶，或丁壯有力而不但自墾其田。夫亦患田之不辟而民之不勤，百姓不足而國亦貧耳。無與限之，弗勞募也。名爲募而實爲綜察，以與歸飛之雁爭稻粱，不已慘乎！

〔註 13〕

王夫之認爲經界之法隨時代產生又隨時代消亡，這本是自然而然的事，這也從側面說明這項措施本來就具有非常明顯的時代局限性，其產生是出於不得已，其消亡也是出於不得不然。時過境遷之後，經界之法的生存根基已經不復存在，若依舊固執地將其推行，這不但不會給民眾帶來便利，反而是

〔註 12〕 其文字大要詳見本書第七章第一節。
〔註 13〕 《宋論》卷二太宗十三，頁 51～52。

與小民爭利，造成實際效果與其主觀願望的背離。因而，王夫之認爲建炎三年（1129）林勳奏言行經界之法，實爲亂天下之言：

> 當建炎之三年，……有林勳者，勒爲成書，請行十一之稅。……書奏，徼一官以去。嗚呼！爲勳干祿之資，則得矣。其言之足以殺天下而亡人之國，亦慘矣！時亦知其不可而弗行，而言之娓娓，附古道以罔天下，或猶稱道之弗絕。垂至於賈似道，而立限以奪民田爲公田，行經界以盡地力而增正賦，怨讟交起，宋社以墟，蓋亦自此啓之也。……

> 夫勳固曰：「此先王之法也。」從而稱之者，亦曰：「此先王之制也。」建一先王以爲號，而脅持天下之口，誠莫有能非之者。……

> 奉一古人殘缺之書，掠其跡以爲言，而亂天下者，非徒勳也。……前乎勳而爲王安石，亦《周官》也；後乎勳而爲賈似道，亦經界也。安石急試其術而宋以亂，似道力行其法而宋亡〔註14〕。

林勳的經界之法未行，連陳亮都覺抱憾，更不用說執持著復興三代理想的朱子了。但在王夫之看來，林勳的經界之法恰自埋下了宋代社稷覆亡的隱患。相比於林勳的經界之法，王夫之對朱子行經界評價不低，如謂其「均平詳審，宜可以行之天下而皆準」，但終究未能實現，其遺患不僅在於未能減輕底層百姓的負擔，更使得「賈似道乃竊其說以病民，宋繇是亡，而法終沮廢」，由是而深深感慨「言之善者，非行之善，固如斯乎」。因此，在王夫之看來，朱子與林勳之經界法在根本並無實質上的不同：

> 今夫經界，何爲者邪？以爲清口分之相侵越者乎？則民自有其經界矣，而奚待於上？先世之所遺，鄉鄰之所識，方耕而各有其埒，方獲而各計其獲，歲歲相承，而惡乎亂？若其積漸匿侵，自不能理，鄉鄰不能詰；則以南北殊方、乍來相莅之文吏，唯辭是聽，睹此山川相繆之廣甸，亦惡能以一日之聰明，折群疑於不言之塊土乎？徒益其爭，而獄訟日繁，智者不爲也。……

> 以爲自此而可限民之田，使豪強之無兼併乎？此尤割肥人之肉置瘠人之身，瘠者不能受之以肥，而肥者斃矣。兼併者，非豪民之能鉗束貧民而強奪之也。賦重而無等，役煩而無藝，有司之威，不

〔註14〕《宋論》卷十高宗六，頁179～180。

可嚮邇，吏胥之姦，不可致詰。於是均一賦也，豪民輸之而輕，弱民輸之而重；均一役也，豪民應之而易，弱民應之而難。於是豪民無所畏於多有田，而利有餘；弱民苦於僅有之田，而害不能去。有司之鞭笞，吏胥之挫辱，迫於焚溺，自樂輸其田於豪民，而若代為之受病；雖有經界，不能域之也。夫豈必陻其溝洫，夷其隧垺，而後畸有所歸哉？……無已，則假立疆畛，而兼併者自若，徒資姍笑而已。若夫後世為經界之說者，則以搜剔民之隱田而盡賦之，於是逐畝推求，而無尺寸之土不隸於縣官。嗚呼！是豈仁人君子所忍言乎？……

夫原本《周官》，因仍《孟子》，不可謂非學也。規畫形勢，備盡委曲，不可謂未思也。……今則四海一王，九州殊壤，窮山紆曲，廣野浩漫……乃欲懸一式以驅民必從，賢智者力必不任，昏暴者幸以圖成。……此之所謂利者，於彼為病；此之所欲革者，彼之所因。固有見為甚利，而民視之如荼棘；見為甚害，而民安之如衽席。學不可知也，思不可得也。言之娓娓，行之汲汲，執之愈堅，所傷愈大。以是為仁，其蔽也愚，而害且無窮，久矣〔註15〕！

王夫之認為經界之行並不能在根本上改變貧富懸殊、土地兼並的局面，不但不能因此而成就王者仁政，反而壓縮了底層民眾的生存空間，善於治理土地的人應該「因其地而治之」，不必施行自古就廢壞已久的古人之政。若為了推行所謂的古人之政而繼之以刑名之法，就不但無孔孟仁政之實，反而有申韓酷烈之弊，因此朱子施行經界之法的舉措，正自遊走在孔孟與申韓的邊界。當他規規然倡導救民除弊的經界之法時，他顯然意識不到經界之法最終不但不會制民之產，反倒有可能令其失去已有之產。朱子行經界的另一重要目的是要避免民間逃避稅賦，增加朝廷收益，這更赫然揭示了行經界雖號為救民，但依舊無法出離其為官家理財的事實。這一點使得朱子行經界的施措更顯得矛盾重重。

以上以朱子行經界為例，討論了朱子將現實政治與歷史載籍相對應時所產生的兩難處境：回復上古三代之治需要施行上古三代之政，而上古三代之政在當下的政治現實中存在明顯的扞格與衝突。如何化解這種兩難的境地是朱子終其一生之力都在思索的大問題，但是這個問題卻最終沒有實際的答

〔註15〕　《宋論》卷十二《光宗二》，頁216～220。

案。在朱子的聖人觀念之中，他更爲重視「內聖」層面的修證方法，以爲「外王」不過是「內聖」的自然延伸，「內聖」一旦完成，則天下必靡然風向。職是之故，朱子對「外王」層面缺乏禁得起現實考驗的施措之宜，因而當其以聖人載籍施於有政的時候，其制度構建層面的缺陷就暴露無遺。朱子在推行這些舉措的時候，更多地是以一人之力對抗龐大而又僵化的官僚群體，但又得不到與其有共同政治理想的士大夫（如陳傅良、陳亮等）的支持。

五、強烈的排他性：另一種「一道德而同風俗」

《理想國》裏面有個非常有名「洞穴隱喻」（Allegory of the cave）。在這個隱喻中，一位常年受到束縛的人走出束縛他識見的洞穴，面對眞實的世界而有一番醒悟，當他再次回到洞穴，那些被束縛的同伴無論如何都很難相信他對外面世界的描述。若藉助這個比喻的啓示來討論朱子和與他同時代的各家所進行的辯論，那麼，顯而易見的情形是，朱子與陳亮、陸九淵、陳傅良等人都是走出「洞穴」的人，但是他們依舊對其在「洞穴」之外所見何物、所悟何理進行了激烈的爭論，他們都想試圖說服對方所見爲虛幻的影像而非眞實的本體。朱子由於「見得遠」或者「視域獨特」而顯得嚴謹周密，在與諸家的論辯中往往占據上風。同時，朱子又過於專信引導他走出「洞穴」的幾個嚮導（周敦頤、二程等），這使他忽略了其他人所「見」的價值。

「熙豐變法」以來，士大夫群體中的領袖人物（如司馬光、王安石等）都會不約而同地批評「人執私見，家爲異說」的局面（程顥語），期待著「一道德以同風俗」。但在詮釋「道德」之際，由於各自認知的局限，他們沒有脫出「君子」、「小人」的判分模式，不可避免地存在依事劃線的主觀傾向。因此，當朝廷致力於「人無議論」、「議論專一」時，就無可避免地導致思想上和現實中的專制傾向〔註16〕。實際上，宋代理學的不同流派（不論是程朱道學，還是浙東事功學派）都具有這種強烈的排他性，這種強烈的排他性使得他們不能折衷眾長。

如果說朱子與陸九淵之間的論爭更多地停留在「內聖」的修證層面，那麼他與陳亮、陳傅良、呂祖約等人曠日持久的論辯則主要是在「外王」的施措層面。朱子對三代和漢唐的截然劃分，使他不可能眞正認清漢唐以來在現實政治制度構建等方面所取得的成績。同時，朱子又將其視域集中在經部文

〔註16〕《祖宗之法：北宋前期政治述略》，頁452。

獻，對學者研讀史籍（尤其是制度之學）持有異見，這就使得朱子析理雖明，但在施措方面具有嚴重的缺陷。朱子強烈的道德核心傾向，使他不能充分吸取其它學派的長處而在實踐層面進行制度性的創設與改良，以致內政外事的施措多以慘敗而告終。直到「祧廟」之議，他纔徹底清醒地意識到這一點，垂垂老矣的朱子此時再去思考政制的構建顯然爲時已晚。朱子雖有《儀禮經傳通釋》之作，但其對制度性的創建顯然已無法眞正像其在道學層面那樣純熟。朱子死後，他的門生弟子又沒有他那樣一柱擎天的偉岸之力，因此朱子對於「外王」層面的施措建設也就不能不成爲一個永久的遺憾。

朱子與陳亮的爭論尤具代表性。朱陳的這場論戰宛如當年班固對司馬遷的評價。班固提及司馬遷的不足時說：「其是非頗繆於聖人，論大道則先黃老而後六經，序遊俠則退處士而進姦雄，述貨殖則崇勢利而羞賤貧，此其所蔽也。」〔註17〕這恰自說明班固、朱子有著相類似的身世背景和成長經歷，他們少負才名，在仕途雖有坎坷，但多半順遂，這使得他們不能理解司馬遷、陳亮對世俗功利的理解。朱子十九歲中進士，仕途雖平淡，但正是這種資歷給了他以道進退的底氣。相比之下，司馬遷因李陵之禍而遭遇宮刑，經過這樣一番災禍，他自能理解俠義和財富在關鍵時刻所發揮出來的作用。陳亮在與朱子的書信當中引用了《報任安書》中的「負下未易居，下流多謗議」，且談及自己仕途不順而遭受的諸多現實困難。陳亮在考中狀元之前，雖有「推倒一切之智勇，開拓萬古之心胸」，但艱辛坎坷，屢遭奇禍，他正在這世態炎涼、人情冷暖之中體悟到了漢唐帝王的功烈對像他這樣的士大夫具有怎樣號召力。因此，朱子因尊三代而陋漢唐的觀念，與其固有的學術體系有關之外，其根源上還是因爲這是上層知識階層的普遍觀念，孔子、孟子、朱子在這一點有著相類似的情境。

朱子對《易》、《詩》、《禮》等原始經典進行了闡釋，又進一步構建了不同於「五經」的「四書」系統，他的努力正是透過自己對經典的全新解讀讓人們更好地「親近經典」，更好地理解他的成聖之路。在這個意義上可以說，朱子的思慮不在一國而在天下，不在一時而在萬世。但事物的矛盾就在於，當朱子學術被樹爲官學，成爲那「一道德而同風俗」的折衷依據，其眞正的衰落也於茲開始。這樣的朱子學術是天下士子獲取功名的必經之路，更是中央王朝的致治之具。每讀吳敬梓《儒林外史》，見讀書人汲汲功利，幾乎無人

〔註17〕 《漢書》卷六二《司馬遷傳》，頁 2737～2738。

以成聖成賢自期。由是可知，朱子學術在被尊崇的同時，又不斷地被世俗化和邊緣化，關於《四書章句集注》的笑話在《笑林廣記》這樣的民間笑話集中往往而見。此情此景，朱子復起，將何言哉？朱子之心雖無時不充滿自信，卻免不了當世甚至後世的孤獨與落寞。這也許正是古今中外大哲學家所面臨的共同情境，柏拉圖、孔子等人的學說莫不如此。

六、基礎的脆弱性：由經籍辨偽所引發的系列問題

朱子在南宋愈演愈烈的「疑經惑傳」風潮中一直衝鋒陷陣，但朱子對典籍的整理與懷疑是在其嚴整周密的學術體系之中進行的，因而其「疑經惑傳」的行為是具有選擇性的。那些合乎其構建新道統、新典籍標準的經典，朱子更是使其熱情勝過了理性，如朱子對《尚書》確實有過懷疑，但至《大禹謨》及「虞廷十六字心訣」則闡發得不遺餘力。同時，為建立與佛教相抗衡的性理之學，朱子一直認為孟子只說「性善」，而沒有說「性所以善」，他為了解決「性所以善」的問題而在周敦頤的《太極圖》和《太極圖說》之中尋找依據。同時，朱子尊信《河圖》、《洛書》，「正以其義理不悖而證驗不差爾，……則未見有以指其義理之謬、證驗之差爾」。[註18] 但是，朱子對些內容因過於尊信而失於辨偽，終而導致其入聖方法遭受強烈的質疑。

勞思光說：「朱子遍注古籍，其旨趣主要不在於訓詁，而在於確立道統，故於古籍真偽之辨，未作客觀深入之研究。」[註19] 朱子立論「總是多以理論意義之是非作為考辨文獻真偽之標準，則終不能算作能從事客觀考證者也」。[註20] 束景南認為，朱子在經學上追求和標榜的最高目標是探求本義，按文化氣質來說，他屬於漢學派，而其思想氣質則屬宋學派。朱子的漢學精神往往受其理學偏見扭曲，因而其經學體系就出現一種觸目可見的兩極不協調：如果說他的「五經」學鮮明地體現了即經求實的漢學精神，那麼他的「四書」學卻鮮明地體現了一種借經注我的宋學精神。這是一種具有歷史內容的二律背反[註21]。

清儒閻若璩說「人心惟危，道心惟微。惟精惟一，允執厥中」這虞廷十六字是《尚書》偽古文中最為精密絕倫者，但其出處實為《荀子·解蔽篇》

〔註18〕 《晦庵集》卷三八《答袁機仲》（來教疑河圖），《朱子全書》第 21 冊，頁 1664～1665。
〔註19〕 《新編中國哲學史》三上，頁 204。
〔註20〕 《新編中國哲學史》三上，頁 239。
〔註21〕 《朱子大傳》，頁 815～816。

所引古《道經》「人心之危，道心之微。危微之幾，唯明君子而後能知之」，再加上此篇之前有「精於道、一於道」之語，遂隰括爲四字，復續以《論語》「允執厥中」以成十六字。這十六字在魏晉間竄入《大禹謨》後，人們久而忘其所自來。閻若璩極爲審愼地表達了這一點：

> 堯曰「咨！爾舜」，「允執厥中」，傳心之要盡於此矣，豈待「虞廷」演爲十六字，而後謂之無遺蘊與？且余之不信而加闢之者，亦自有説。讀兩漢書，見諸傳經之嫡派既如此矣；讀注疏，見古文卷篇名目之次第又如此矣。然後持此以相二十五篇（僞古文），其字句之脱誤愈攻愈有，攟拾之繁博愈證愈見，是以大放厥詞，昌明其僞。不然，徒以「道經」二字而輒輕議歷聖相傳之道統，則一狂病之人而已矣，豈直得罪焉已哉？……「人心之危，道心之微」，此語不知創自何人，而見之《道經》，述之《荀子》，至魏晉間竄入《大禹謨》中，亦幾沈埋者七八百年。有宋程、朱輩出，始取而推明演繹，日以加詳，殆眞以爲上承堯統、下啓孔教者在此。蓋以其所據之地甚尊，而所持之理原確也。噫！抑孰料其乃爲僞也乎[註22]？

閻若璩進而解釋道，荀子說「信信，信也；疑疑，亦信也」，辨僞古文正是爲了尊信眞經。「虞廷十六字」心訣實則源出於《荀子》的眞相所產生的影響主要有兩個方面：一則，朱子苦心孤詣建立起來的列聖相傳的「道統」因缺乏文獻依據和歷史依據而失去根基，列聖相傳的心訣竟然源自朱子排拒在道統譜系之外的荀子，這必然會引起學者強烈的心靈震撼；再則，這證明朱子以「仁且智」爲兩翼的入聖之途，實則兼有荀子學說，因爲相比於孟子而言，荀子對智識有超乎尋常的重視，塗之人可以爲禹，也正是因爲人是「智」的，而孟子更多地是在重視心性涵養，其單獨將智識的拈出來論的情形並不多見。

好在「虞廷十六字」心訣並非出自《中庸》，而是出自《尚書·大禹謨》，它只是衝擊了建立在此基礎之上的列聖相傳的譜系與心法，並未直接形成對《中庸》的衝擊力。但是，胡渭《易圖明辨》辨僞《太極圖》和《太極圖說》所造成的影響就沒有這樣幸運了。胡渭《易圖明辨》專辨宋以來所謂《河圖》、《洛書》，將《易》還諸羲、文、周、孔，將《圖》還諸陳摶、邵雍，而宋學已受致命傷。因爲《河圖》、《洛書》實爲宋學之主要根核，其所言氣、理、

〔註22〕閻若璩：《尚書古文疏證》第 31、32 條，上海：上海古籍出版社，2010，頁 122～125。

命、心、性，無不從此演出〔註23〕。這樣，朱子依照周敦頤《太極圖》及《太極圖說》所建立起來的「道德性命」之源頭就會頓然枯竭，純乎善的天理由此失去依據，道學家所苦心經營的心性學說又再次退回到《孟子》、《中庸》的原點。閻若璩、胡渭之說影響極為深遠，以致有視其人為洪水猛獸。

　　這些此前被奉為神聖的經典被證實為糞土之後，人心受刺激、起驚愕而生變化則在所難免〔註24〕。朱子對「五經」所執持的雙重辨偽標準最終還是造成了其整個學術體系的崩塌，其入聖之方法隨之給人帶來的困惑也在所難免。

〔註23〕 梁啓超著、朱維錚校注：《清代學術概論》，北京：中華書局，2010，頁 19～23。
〔註24〕 《清代學術概論》，頁 19～23。

－337－

參考文獻

一、朱子著述的點校及箋注

1. 朱熹：《四書章句集注》，北京：中華書局，2012 年第 2 版。
2. 黎靖德：《朱子語類》，北京：中華書局，1986 年。
3. 朱傑人、嚴佐之、劉永翔等編：《朱子全書》，上海：上海古籍出版社；合肥：安徽教育出版社，2002 年。
4. 郭齊：《朱熹詩詞編年箋注》，成都：巴蜀書社，2000 年。
5. 陳榮捷：《近思錄詳注集評》，臺北：學生書局，1992 年。
6. 大槻信良：《朱子四書集注典據考》，臺北：學生書局，1976 年。
7. 陳來：《朱子書信編年考證》，北京：讀書・生活・新知三聯書店，2007 年。

二、古代典籍及其點校注釋

1. 柳開：《柳開集》，北京：中華書局，2015 年。
2. 李覯：《李覯集》，北京：中華書局，2011 年第 2 版。
3. 胡宏：《胡宏集》，北京：中華書局，1987 年。
4. 陳亮：《陳亮集》，北京：中華書局，1974 年。
5. 陳榮捷：《王陽明傳習錄詳注集評》，臺北：學生書局，1988 年修訂版。
6. 郭鵬：《壇經校釋》，北京：中華書局，1983 年。
7. 程顥、程頤：《二程集》，北京：中華書局，2004 年。
8. 鄭玄等：《周禮注疏》，上海：上海古籍出版社，2010 年。
9. 孫詒讓：《周禮正義》，北京：中華書局，2013 年第 2 版。
10. 洪亮吉：《春秋左傳詁》，北京：中華書局，1987 年。

11. 杜預：《春秋經傳集解》，上海：上海古籍出版社，1997 年。

12. 高亨：《周易古經今注》，北京：清華大學出版社，2010 年。

13. 高亨：《周易大傳今注》，北京：清華大學出版社，2010 年。

14. 李燾：《續資治通鑑長編》，北京：中華書局，2004 年。

15. 黃以周：《續資治通鑑長編拾補》，北京：中華書局，2001 年。

16. 鄧艾民：《傳習錄注疏》，上海：上海古籍出版社，2012 年。

17. 吳光等編校：《王陽明全集》，上海：上海古籍出版社，2011 年。

18. 司馬遷：《史記》（三家注），北京：中華書局，1982 年第 2 版。

19. 韓兆琦：《史記》（全本全注全譯），北京：中華書局，2013 年。

20. 瀧川資言：《史記會注考證》，北京：文學古籍刊行社，1955 年。

21. 脫脫：《宋史》，北京：中華書局，1985 年。

22. 薛居正：《舊五代史》，北京：中華書局，1976 年。

23. 歐陽修：《新五代史》，北京：中華書局，1974 年。

24. 王懋竑：《朱熹年譜》，北京：中華書局，1998 年。

25. 王弼：《周易注》，北京：中華書局，2011 年。

26. 陳淳：《北溪字義》，北京：中華書局，1983 年。

27. 石介：《徂徠石先生文集》，北京：中華書局，1984 年。

28. 陳俊民：《藍田呂氏遺著輯校》，北京：中華書局，1993 年。

29. 戴震：《孟子字義疏證》，北京：中華書局，1982 年。

30. 黃宗羲：《宋元學案》，北京：中華書局，1986 年。

31. 黃宗羲：《明儒學案》，北京：中華書局，2008 年。

32. 樓宇烈：《老子道德經注校釋》，北京：中華書局，2008 年。

33. 郭慶藩：《莊子集釋》，北京：中華書局，2012 年。

34. 王夫之：《宋論》，北京：中華書局，1964 年。

35. 馬其昶：《韓昌黎文集校注》，上海：上海古籍出版社，2014 年第 2 版。

36. 楊伯峻：《春秋左傳注》，北京：中華書局，2009 年第 3 版。

37. 楊伯峻：《孟子譯注》，北京：中華書局，2010 年第 3 版。

38. 楊伯峻：《論語譯注》，北京：中華書局，2013 年第 3 版。

39. 程樹德：《論語集釋》，北京：中華書局，1990 年。

40. 王文錦：《禮記譯解》，北京：中華書局，2001 年。

41. 段玉裁：《說文解字注》，上海：上海古籍出版社，1988 年。

42. 劉寶楠：《論語正義》，北京：中華書局，1990 年。

43. 焦循：《孟子正義》，北京：中華書局，1987 年。

44. 閻若璩：《尚書古文疏證》，上海：上海古籍出版社，2013 年。

45. 孫星衍：《尚書今古文注疏》，北京：中華書局，1986 年。

46. 何晏：《論語集解》（元盱郡覆宋影印本），北京：故宮博物院，1932 年。

47. 趙岐：《孟子章句》（元盱郡覆宋影印本），北京：故宮博物院，1932 年。

48. 范能濬等：《范仲淹全集》，南京：鳳凰出版社，2004 年。

49. 黃靈庚等編：《呂祖謙全集》，杭州：浙江古籍出版社，2006 年。

50. 紀昀等編：《文淵閣四庫全書》（影印本），臺北：商務印書館，1983 年。

51. 永瑢等編：《四庫全書總目》，北京：中華書局，1965 年。

52. 張載：《張載集》，北京：中華書局，1978 年。

53. 周敦頤：《周敦頤集》，北京：中華書局，2009 年。

54. 陸九淵：《陸九淵集》，北京：中華書局，1980 年。

55. 邵雍：《邵雍全集》，上海：上海古籍出版社，2015 年。

56. 程元敏：《三經新義輯考彙評》，上海：華東師範大學出版社，2011 年。

57. 胡寅：《崇正辨・斐然集》，北京：中華書局，1993 年。

58. 阮元校刻：《十三經注疏》，北京：中華書局，1980 年。

59. 胡渭：《易圖明辨》，北京：中華書局，2008 年。

60. 孔安國傳、孔穎達疏：《尚書正義》，上海：上海古籍出版社，2007 年。

61. 皮錫瑞：《今文尚書考證》，北京：中華書局，1989 年。

62. 王聘珍：《大戴禮記解詁》，北京：中華書局，1983 年。

63. 蘇輿：《春秋繁露義證》，北京：中華書局，1992 年。

64. 沈德潛：《古詩源》，北京：中華書局，2006 年第 2 版。

65. 黎翔鳳：《管子校注》，北京：中華書局，2015 年。

66. 朱鑄禹：《全祖望集彙校集注》，上海：上海古籍出版社，2000 年。

67. 張宗祥：《論衡校注》，上海：上海古籍出版社，2010 年。

68. 傅亞庶：《孔叢子校釋》，北京：中華書局，2011 年。

69. 王先謙：《荀子集解》，北京：中華書局，2013 年第 2 版。

70. 孫詒讓：《墨子閒詁》，北京：中華書局，2001 年。

71. 楊伯峻：《列子集釋》，北京：中華書局，1979 年。

72. 王念孫：《廣雅疏證》，北京：中華書局，2004 年第 2 版。

73. 段玉裁：《說文解字注》，上海：上海古籍出版社，1988 年第 2 版。

74. 朱駿聲：《說文通訓定聲》，北京：中華書局，1984 年。

75. 王筠：《説文例釋》，北京：中華書局，1987 年。

76. 王先慎：《韓非子集解》，北京：中華書局，2013 年。

77. 楊朝明等：《孔子家語通解》，濟南：齊魯書社，2013 年。

78. 陳立：《白虎通疏證》，北京：中華書局，1994 年。

79. 周勳初主編：《宋人軼事彙編》，上海：上海古籍出版社，2014 年。

80. 陳澧：《東塾讀書記》，上海：上海古籍出版社，2012 年。

81. 孫海通：《困學紀聞注》，北京：中華書局，2016 年。

三、民國以來學人著述

1. 陳來：《朱子哲學研究》，北京：讀書・生活・新知三聯書店，2010 年。

2. 陳來：《有無之境：王陽明哲學的精神》，北京：北京大學出版社，2013 年。

3. 陳來：《宋元明哲學史教程》，北京：讀書・生活・新知三聯書店，2013 年。

4. 陳來：《中國近世思想史研究》，北京：商務印書館，2010 年。

5. 陳榮捷：《朱熹》，北京：讀書・生活・新知三聯書店，2012 年。

6. 陳榮捷：《朱子新探索》，臺北：學生書局，1988 年。

7. 陳榮捷：《朱學論集》，臺北：學生書局，1982 年。

8. 陳榮捷：《宋明理學之概念與歷史》，臺北：中央研究院中國文哲研究所籌備處，1996 年。

9. 勞思光：《新編中國哲學史》，北京：讀書・生活・新知三聯書店，2015 年。

10. 馮友蘭：《三松堂全集》，鄭州：河南人民出版社，2001 年。

11. 陳寅恪：《金明館叢稿初編》，北京：讀書・生活・新知三聯書店，2015 年第 3 版。

12. 陳寅恪：《唐代政治史述稿》，北京：讀書・生活・新知三聯書店，2015 年第 3 版。

13. 李劍農：《中國古代經濟史稿》，武漢：武漢大學出版社，2011 年。

14. 余嘉錫：《四庫提要辨證》，北京：中華書局，2007 年第 2 版。

15. 湯用彤：《漢魏兩晉南北朝佛教史》，北京：北京大學出版社，2011 年。

16. 湯用彤：《隋唐佛教史稿》，北京：北京大學出版社，2010 年。

17. 湯用彤：《魏晉玄學論稿》，北京：讀書・生活・新知三聯書店，2009 年。

18. 鄧廣銘：《陳龍川傳》，北京：讀書・生活・新知三聯書店，2007 年。

19. 鄧廣銘：《北宋政治改革家王安石》，北京：讀書・生活・新知三聯書店，2007 年。

20. 余英時：《士與中國文化》，上海：上海人民出版社，2013 年。

21. 余英時：《朱熹的歷史世界》，北京：讀書‧生活‧新知三聯書店，2004 年。

22. 余英時：《歷史與思想》，臺北：聯經出版事業公司，1976 年。

23. 鄧小南：《祖宗之法：北宋前期政治述略》（修訂版），北京：讀書‧生活‧新知三聯書店，2014 年。

24. 余敦康：《魏晉玄學史》，北京：北京大學出版社，2016 年第 2 版。

25. 錢新祖：《中國思想史講義》，上海：東方出版中心，2016 年。

26. 錢穆：《朱子新學案》，北京：九州出版社，2011 年。

27. 錢穆：《朱子理學三書隨劄》，北京：讀書‧生活‧新知三聯書店，2002 年。

28. 錢穆：《朱子學提綱》，北京：讀書‧生活‧新知三聯書店，2002 年。

29. 錢穆：《孔子傳》，北京：讀書‧生活‧新知三聯書店，2005 年。

30. 錢穆：《陽明學述要》，北京：九州出版社，2011 年。

31. 錢穆：《中國學術思想史論叢》，臺北：聯經出版事業股份有限公司，1998 年。

32. 中國哲學編輯部：《中國哲學》（第一輯），北京：讀書‧生活‧新知三聯書店，1979 年。

33. 皮錫瑞：《經學通論》，北京：中華書局，1954 年。

34. 皮錫瑞：《經學歷史》，北京：中華書局，2008 年第 2 版。

35. 葛兆光：《中國思想史》，上海：復旦大學出版社，2001 年。

36. 董洪利：《孟子研究》，南京：江蘇古籍出版社，1997 年。

37. 夏長樸：《李覯與王安石研究》，臺北：大安出版社，1989 年。

38. 黃俊傑：《孟子》，北京：讀書‧生活‧新知三聯書店，2013 年。

39. 秦家懿：《王陽明》，北京：讀書‧生活‧新知三聯書店，2011 年。

40. 楊立華：《宋明理學十五講》，北京：北京大學出版社，2015 年。

41. 牟宗三：《心體與性體》，長春：吉林出版集團有限責任公司，2013 年。

42. 牟宗三：《宋明儒學的問題與發展》，上海：華東師範大學出版社，2004 年。

43. 劉述先：《朱子哲學思想的發展與完成》，臺北：學生書局，1984 年增訂版。

44. 田浩：《功利主義儒家──陳亮對朱熹的挑戰》，南京：江蘇人民出版社，2012 年。

45. 赫伯特・芬格萊特：《孔子：即凡而聖》，南京：江蘇人民出版社，2010 年。

46. 宮崎市定：《中國史》，杭州：浙江人民出版社，2015 年。

47. 束景南：《朱熹年譜長編》，上海：華東師範大學出版社，2001 年。

48. 束景南：《朱熹研究》：北京：人民出版社，2008 年。

49. 束景南：《朱子大傳》，福州：福建教育出版社，1992 年。

50. 張立文：《朱熹思想研究》，北京：中國社會科學出版社，2001 年。

51. 島田虔次：《朱子學與陽明學》，西安：陝西師範大學出版社，1986 年。

52. 島田虔次：《中國近代思維的挫折》，南京：江蘇人民出版社，2005 年。

53. 金春峰：《朱熹哲學思想》，臺北：台灣東大圖書股份有限公司，1998 年。

54. 趙峰：《朱熹的終極關懷》，上海：華東師範大學出版社，2004 年。

55. 吳展良：《朱子研究書目新編》（1900～2002），臺北：台灣大學出版中心，2005 年。

56. 史少博：《朱熹易學和理學的關係探賾》，哈爾濱：黑龍江人民出版社，2006 年。

57. 田智忠：《朱子論「曾點氣象」研究》，成都：巴蜀書社，2007 年。

58. 曹海東：《朱熹經典解釋學研究》，武漢：湖北人民出版社，2007 年。

59. 王健：《在現實真實與價值真實之間》，上海：華東師範大學出版社，2007 年。

60. 唐蘭：《古文字學導論》，濟南：齊魯書社，1981 年。

61. 周法高主編：《金文詁林》，香港：香港中文大學出版社，1975 年。

62. 徐中舒主編：《甲骨文字典》，成都：四川辭書出版社，2006 年。

63. 容庚：《金文編》，北京：中華書局，1985 年。

64. 中國社會科學院考古研究所：《甲骨文編》，北京：中華書局，1965 年。

65. 宗福邦主編：《故訓匯纂》，北京：商務印書館，2003 年。

66. 趙誠：《甲骨文簡明詞典：卜辭分類讀本》，北京：中華書局，2009 年。

67. 梁啓超：《中國近三百年學術史》，北京：商務印書館，2011 年。

68. 梁啓超：《清代學術概論》，北京：中華書局，2010 年。

69. 周光慶：《中國古典解釋學導論》，北京：中華書局，2002 年。

70. 白壽彝主編：《中國通史》，上海：上海人民出版社，2013 年。

71. 葛兆光：《中國禪思想史》，北京：北京大學出版社，1995 年。

72. 容肇祖：《明代思想史》（民國叢書本），上海：上海書店出版社，1990 年。

73. 袁行霈等主編：《中華文明史》，北京：北京大學出版社，2006 年。

74. 彭林：《周禮主體思想與成書年代研究》（增訂版），北京：中國人民大學出版社，2009 年。

75. 葛兆光：《古代中國文化講義》，上海：復旦大學出版社，2012 年。

76. 閻步克：《士大夫政治演生史稿》，北京：北京大學出版社，2015 年。

77. 土田健次郎：《道學之形成》，上海：上海古籍出版社，2010 年。

78. 小島毅：《宋朝：中國思想與宗教的奔流》，桂林：廣西師範大學出版社，2014 年。

79. 杉山正明：《遼西夏金元：奔馳的草原征服者》，桂林：廣西師範大學出版社，2014 年。

80. 王健文：《流浪的君子——孔子的最後二十年》，北京：讀書・生活・新知三聯書店，2008 年。

81. 李零：《去聖乃得真孔子——〈論語〉縱橫談》，北京：讀書・生活・新知三聯書店，2008 年。

82. 艾爾曼：《從理學到樸學：中華帝國晚期思想與社會變化面面觀》，南京：江蘇人民出版社，2012 年。

83. 劉子健：《中國轉向內在——兩宋之際的文化轉向》，南京：江蘇人民出版社，2012 年。

84. 劉述先：《儒家哲學研究：問題、方法及未來開展》，上海：上海古籍出版社，2010 年。

85. 金安平：《孔子：喧囂時代的孤獨哲人》，桂林：廣西師範大學出版社，2011 年。

86. 朱維錚：《中國經學史十講》，上海：復旦大學出版社，2002 年。

87. 孔令宏：《朱熹哲學與道家道教》，保定：河北大學出版社，2001 年。

88. 蒙文通：《經學抉原》，上海：上海人民出版社，2006 年。

89. 祈潤興：《朱陸之辯：朱熹陸九淵哲學比較研究》，北京：人民出版社，2002 年。

90. 溫偉耀：《成聖之道：北宋二程修養工夫論治研究》，開封：河南大學出版社，2004 年。

91. 張岱年：《中國古典哲學概念範疇要論》，北京：中國社會科學出版社，2000 年。

92. 蔣維喬：《中國佛教史》，北京：中華書局，2015 年。

93. 李煌明：《宋明理學中的孔顏之樂問題》，昆明：雲南人民出版社，2006 年。

94. 蕭公權：《中國政治思想史》，北京：商務印書館，2011 年。

95. 郎擎霄：《孟子學案》（民國叢書第四編），上海：上海書店出版社，1992年。

96. 楊大膺：《孟子學說研究》（民國叢書第四編），上海：上海書店出版社，1992年。

97. 王桐齡：《儒墨之異同》（民國叢書第四編），上海：上海書店出版社，1992年。

98. 謝詒徵：《宋之外交》（民國叢書第五編），上海：上海書店出版社，1996年。

99. 張孟倫：《宋代興亡史》（民國叢書第五編），上海：上海書店出版社，1996年。

100. 郭斌和等譯：《理想國》，北京：商務印書館，1986年。

101. 杜敏：《趙岐、朱熹孟子注釋傳意研究》北京：中國社會科學出版社，2004年。

102. 黃俊傑：《孟學思想史論》臺北：東大圖書公司，1991年。

103. 周予同：《孔子、孔聖和朱熹》，上海：上海人民出版社，2012年。

104. 孫欽善等編：《北京大學古文獻研究所集刊》（第一輯），北京：燕山出版社，1999年。

105. 鍾肇鵬：《讖緯論略》，瀋陽：遼寧教育出版社，1991年。

106. 蒙培元：《朱熹哲學十論》，北京：中國人民大學出版社，2010年。

107. 印順：《中國禪宗史》，北京：中華書局，2010年。

108. 陳鍾凡：《兩宋思想述評》，北京：東方出版社，1996年。

四、期刊論文

1. 楊權：《從孟子升格看佛教對宋明理學的影響》，《湖南大學學報》2014年第4期。

2. 郭畑：《李覯非孟動因再探》，《孔子研究》2015年第6期。

3. 郭畑：《唐代古文運動視域下的〈孟子研究〉》，《四川文理學院學報》2014年第4期。

4. 周淑萍：《宋代孟子升格運動中的四種關鍵力量》，《史學理論研究》2006年第4期。

5. 周淑萍：《宋代雪人對兩宋非孟思潮的理論回擊》，《現代哲學》2007年第5期。

6. 束景南、王曉華：《四書升格運動與宋代四書學的興起》，《歷史研究》2007年第5期。

7. 龔來國：《試述唐宋間的「疑孟」、「非孟」思想》，《史學月刊》2003年第10期。

8. 徐洪興：《論葉適的「非孟」思想》，《浙江學刊》1994 年第 3 期。

9. 徐洪興：《唐宋間的孟子升格運動》，《中國社會科學》1993 年第 5 期。

10. 楊海文：《李泰伯疑孟公案的客觀審視》，《社會科學戰線》1999 年第 2 期。

11. 李承貴：《朱熹思想與佛老關係述論》，《福建論壇》2014 年第 5 期。

12. 張俊：《朱熹思想與佛教關係》，《船山學刊》2007 年第 4 期。

13. 李承貴：《朱熹視域中的佛教本體論》，《福建論壇》2007 年第 1 期。

14. 劉依平：《〈大學〉經典地位的確立與宋代理學的關係》，《現代哲學》2012 年第 6 期。

15. 郭齊：《道教對朱熹思想的深刻影響》，《中國道教》2000 年第 1 期。

16. 李傳印：《孟子在唐宋時期社會和文化地位的變化》，《中國文化研究》2001 年秋之卷。

17. 李承貴：《朱熹誤讀佛教之表現及其原因》，《合肥學院學報》2007 年第 3 期。

18. 高建立：《援佛入釋：朱熹理學的新特色》，《河南大學學報》2005 年第 2 期。

19. 施保國等：《外斥內援：朱熹佛教觀探析》，《江西社會科學》2010 年第 7 期。

20. 李承貴：《朱熹佛教常識論》，《江西師範大學學報》2004 年第 2 期。

21. 曾春海：《朱熹理學與佛學之交涉》，《哲學與文化》1999 年 9 月 26 卷第 9 期。

22. 許家星：《超凡與入聖——朱子四書學聖人觀略析》，《孔子研究》2010 年第 6 期。

23. 劉仲宇：《道教影響下的朱熹》，《中州學刊》1988 年第 1 期。

24. 韓煥忠：《佛性論與程朱人性論重建》，《孔子研究》2001 年第 6 期。

25. 郭淑新：《朱子、陽明聖人觀比較》，《安徽師範大學學報》2003 年第 1 期。

26. 范立舟：《論兩宋理學家的聖人史觀》，《江蘇社會科學》2009 年第 3 期。

27. 任天成：《中國早期儒家的聖人觀念及其意義》，《中國青年政治學院學報》1999 年第 1 期。

28. 吳震：《中國思想史上的「聖人」概念》，《杭州師範大學學報》2013 年第 4 期。

29. 賴永海：《朱子學與佛學》，《江西社會科學》2006 年第 2 期。

30. 王文亮：《聖人觀念論考》，《孔子研究》1992 年第 1 期。

五、重要數據庫及網路電子資源

1. 國家哲學社會科學學術期刊數據庫（http://www.nssd.org）
2. 台灣博碩士論文知識加值系統（http://ets.ncl.eu.tw）
3. 大學數字圖書館國際合作計劃（http://www.caal.zju.eu.cn）